Bruderschaft der Küste

Printausgabe, erschienen 2020
2. Auflage
Erstauflage, erschienen 2017

ISBN: 978-3-95949-211-9

www.main-verlag.de
www.facebook.com/MAIN.Verlag
order@main-verlag.de

Druck: Eisermann Media GmbH

Bibliografische Information der Deutschen Nationalbibliothek:
Die Deutsche Nationalbibliothek verzeichnet diese Publikation in der Deutschen Nationalbibliografie; detaillierte bibliografische Daten sind im Internet über http://dnb.d-nb.de abrufbar.

Chris P. Rolls

Bruderschaft der Küste

Unter vollen Segeln

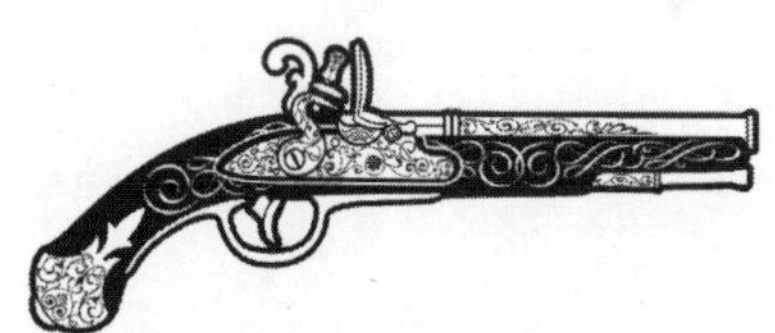

Band III

GAY HISTORICAL

Mit an Bord waren dieses Mal die Betaleser:

Sarah Barbara, Leonie Jakob,
Kristina Arnold, Doris Lösel,
Mana Manamana, Brigitte Melchers,
Tirsi Hess, Daniel Swan, Nora Lisa Stark,
Selma Entrop, Sabrina Schnürer.

Ganz herzlichen Dank euch allen.

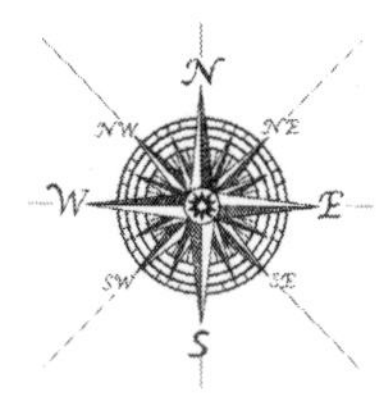

Inhalt

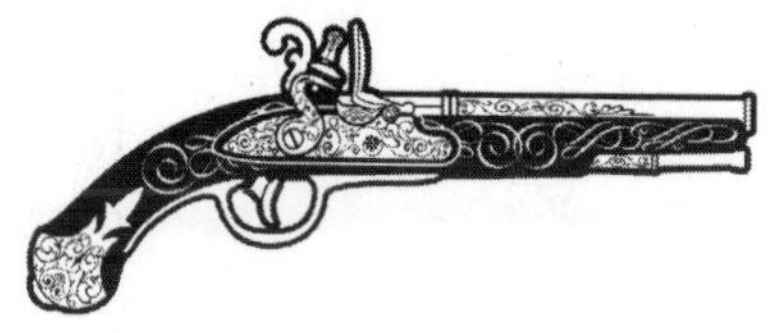

Das Geheimnis des Glücks
ist die Freiheit,
und das Geheimnis der
Freiheit ist der Mut.

Perikles

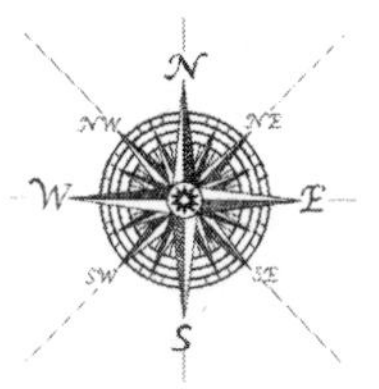

Im Wellengang

Leise stöhnend drehte Simon den Kopf zur Seite, drückte die Nase in das muffig riechende Kissen und versuchte, den Kopfschmerz auf einen Punkt in der Mitte der Stirn zu zentrieren. Immerhin war das harte Klopfen eines Hammers zu dem beständigen Pochen von Fingerknöchel herabgesunken. Dafür war das flaue Gefühl im Magen endlich fort. Auch wenn die Welt außerhalb seiner Koje noch immer hin- und herschaukelte, so wusste er wenigstens genau, dass dies dem Wellengang und nicht mehr seinem verrücktspielenden Körper zuzuschreiben war.

Wie sehr er es hasste, dass ihn diese Schwäche jedes Mal aufs Neue überkam, kaum setzte er den Fuß auf die Planken eines Schiffes. Wie viele Tage mochten vergangen sein, seit sie sich eingeschifft hatten?

Es war natürlich Miguel gewesen, der die Passage nach Spanien für sie organisiert und mit Münzen bezahlt hatte, die aus dem Erlös diverser Schmuckstücke stammten. Auf Simons Nachfrage, woher diese Stücke kamen, hatte er mit einem typisch verschlagen wirkenden Schmunzeln und dem Funkeln der nachtschwarzen Augen reagiert.

»Denkst du etwa, ich habe mich durch all diese gepuderten, aufgedonnerten und arroganten Gäste auf deiner Hochzeit gedrängt, ohne sie von einigen der viel zu schweren Klunker zu befreien? Da waren ein paar wirklich wunderschöne Stücke dabei. Oh, ich bin sicher, keiner der erlauchten Anwesenden wird Schwierigkeiten haben, sich ein ebensolches Schmuckstück erneut zuzulegen. Sie wussten den Wert derselben doch nicht einmal zu würdigen, ehe ich sie darum erleichtert habe.«

Ein Dieb blieb ein Dieb, dennoch verursachte der Gedanke bei Simon längst nicht mehr Magengrummeln, als ein stärkeres Heben und Senken des

Schiffes. Immerhin brauchten sie das Geld, wenn sie entkommen und nach Spanien segeln wollten. Jeder Tag, den sie in Jeans Reichweite verweilten, legte sich schwer auf Simons Seele. In den wirren Träumen der Seekrankheit hatte er Dutzend Male in die Mündung des Revolvers gesehen, den Pulverdampf geschmeckt, den Knall, das Zischen der Kugel vernommen. Jeans verzerrtes Gesicht gesehen, die gekrümmten Finger, die die Waffe hielten und auf ihn richteten. Allerdings mischten sich diese Träume auch gelegentlich mit der Erinnerung an seine Berührungen, die Sanftheit, die zur Schau gestellte Besorgnis, der flüchtige Kontakt seiner Lippen.

Als ob jener düstere, mordlüsterne Jean in dem Boot nur eine dunkle Version des anderen gewesen wäre. Aber es war kein Traum gewesen, es war real: Er hatte versucht, ihn zu töten.

Schaudernd rieb sich Simon über das Gesicht. Kratzige Stoppeln kitzelten unter seiner Handfläche, die Haut fühlte sich rau und trocken an. Viel zu lange schon lag er in diesem Bett und gab sich seinem Elend hin. Wie schön war es, wenn Miguel ihm Gesellschaft leistete, sich an ihn schmiegte, ihm zärtliche Worte in seiner Sprache ins Ohr murmelte. Leider verschwand er immer wieder an Deck und natürlich konnte Simon es ihm nicht übel nehmen. Zum einen war er nun wahrlich keine unterhaltsame Gesellschaft, zum anderen hatten sie sich als Herr und Diener eingeschifft und wollten selbstverständlich keinen Verdacht erregen. Anstatt auf dem Boden, wie es sich für einen Diener geziemte, schlief Miguel natürlich in seiner Koje. Mehr Luxus an Nähe konnten sie sich derzeit nicht erlauben.

Ächzend richtete sich Simon auf, verfluchte die unruhige Umgebung. Für einen Moment umklammerte er noch den hölzernen Rand der Koje, ehe er vorsichtig, ein Bein nach dem anderen, aus der Decke löste und die Füße auf den Boden stellte. Bei Gott, er stank erbärmlich und nahezu alle Kraft schien seine Beine verlassen zu haben. Mit fest zusammengepressten Zähnen zog er sich hoch, hielt sich an den Balken der Kajüte fest, bis das Zittern seiner Knie nachließ und er ihnen einen Schritt zutraute.

Gab es irgendwo Wasser zum Waschen? Ah, Miguel hatte, ganz der beflissene Diener, seine Kleidung zusammengelegt und auf einem Stuhl drapiert. Und es gab sogar eine Waschschüssel und einen nahezu blinden Spiegel. Wie der Kapitän des Schiffes ihnen zuvor versichert hatte, reisten des Öfteren »edle Herren« mit seinem Schiff und entsprechend verfügte er über zwei Kabinen mit einer minimalistischen Luxusausstattung.

Nach seiner Zeit bei den Bukanieren wusste Simon die kleinen Annehmlichkeiten durchaus zu schätzen, die ein zivilisiertes Leben ihm bot,

und dazu gehörte eindeutig warmes, wohlduftendes Wasser und saubere Kleidung. Noch in Port Royal hatten sie sich mit Reisegepäck ausgerüstet, zu dem mehrere Garnituren aus edlen Stoffen passten. Zwar hatten sie dem Kapitän Simons wahren Namen und gesellschaftlichen Status verschwiegen, nichtsdestotrotz hielt er Simon für einen betuchten Edelmann, der mit seinem treuen Diener von einer Studienreise heimkehrte.

Bedauerlicherweise enthielt die Waschschüssel nur einen mickrigen Rest Wasser, mit dem sich Simon gerade einmal die Stirn befeuchten konnte. Noch immer fühlten sich seine Beine instabil an, sein Körper geschwächt von den Folgen der Seekrankheit. Frische Luft würde ihm guttun und er konnte schauen, wo Miguel geblieben war. Sicher ließ sich frisches Wasser organisieren und er benötigte dringend eine Rasur.

Nachdenklich rieb er sich über das Kinn, versuchte sein Antlitz im matten Glas des Spiegels zu erkennen. Seine letzte Rasur lag schon so lange zurück, dass ein deutlicher Bart zu erkennen war, was ihn durchaus älter erscheinen ließ. Wenn er frisches Wasser bekommen hatte und der Wellengang ihn nicht zu arg schwanken ließ, war es höchste Zeit, die kratzigen Haare loszuwerden.

Prüfend strich sich Simon über die Wangen, erinnerte sich an nahezu dieselbe Berührung. Damals, kurz nach seiner Entführung, in der Zelle, unten im Bauch von Jeans Schiff.

»Du musst dich nicht vor mir fürchten«, raunte es abermals in Simons Ohren, er spürte die Finger auf seinen Schultern, geringer Druck, hinter dem sich so viel mehr verbarg. Da war Jeans Präsenz hinter ihm, das Geräusch seines Atems. »Ich werde dich nur von diesem unansehnlichen Bart befreien.«

Schlanke Finger, die Schaum auf seine Wangen verteilten, die Wärme, die sein Körper ausstrahlte, flüchtige Berührungen, die ihn verlockten, verführten, bezirzten. Wie sehr er gegen diese Versuchung hatte kämpfen müssen, wie sehr er ihr hatte erliegen wollen.

»Du gehörst mir, Simon«, raunte Jean, Lippen berührten sein Ohr. »Dein Leben, deine Seele, alles was du bist, gehört auf ewig mir.« Schaudernd fuhr Simon zusammen, starrte angestrengt in den Spiegel, nur um sich zu vergewissern, dass der Piratenkapitän nicht wirklich hinter ihm stand. Oder sein Geist.

Bei Gott, er hatte seine Worte noch im Ohr, würde nie diese Berührungen, die geflüsterten Worte und Zärtlichkeiten vergessen können. Nie, die auf ihn gerichtete Waffe, das vor Hass und Wut verzerrte Antlitz.

Aus Simons enger Kehle entkam ein krächzend klingender Laut und er umklammerte die Kante des Waschtisches fester, während das Schwanken, das Auf und Ab des Schiffes zunahm. Fest gruben sich die Fingernägel in das Holz, während er die Lider zusammenpresste und krampfhaft versuchte, die Erinnerung abzuschütteln.

»Ich allein werde darüber entscheiden, was mit dir geschieht. Ob du leben oder sterben wirst. Unser Schicksal ist untrennbar miteinander verbunden. Du bist Mein.«

»Nein«, wisperte Simon, riss die Augen auf, starrte in den Spiegel, rang nach Atem. Wie ein Fluch, den Jean über ihn gelegt hatte, blieb das Gefühl seiner Präsenz, der Art und Weise, wie er ihn angefasst, wie er ihn angesehen hatte. Auf welch perfide Manier er Simons Dämonen gefüttert hatte. Und erst als Miguel in seinem Leben erschienen war, hatte er erkannt, dass es sinnlos war, gegen sie zu kämpfen. Es waren keine Dämonen, die in ihm waren, die ihn verführten. Es waren die der anderen, engstirnigen Menschen, die sich in seinem Kopf eingenistet hatten, die man in ihm einzukerkern versucht hatte, bis er sich vor ihnen fürchtete.

Liebe.

Reine Liebe war niemals falsch, war kein Dämon, auch wenn er der Geliebte eines anderen Mannes war. Es gab keine Sünde, die ihrer körperlichen Vereinigung anhaftete. Außer eben in den Köpfen und Vorstellungen anderer Menschen.

Nur ein weiteres Mal hatte er sich Miguel hingegeben nach jenem ersten feurigen Zusammensein, bei dem ihm noch immer die Sinne verwirrt schienen. Schmerz, Sehnsucht und Lust hatten sich miteinander zu einer untrennbaren Einheit verwoben. Jenes zweite Mal war wesentlich bedachter, zärtlicher, liebevoller und nicht weniger leidenschaftlich gewesen.

Mit einem vagen Lächeln berührte Simon seinen Hals, spürte der Erinnerung an Miguels heiße Küsse nach, die jede empfindliche Stelle erspürt hatten, sein Stöhnen immer gieriger hatte werden lassen.

»Lass mich deine Lust hören«, hatte Miguel gewispert, leise gelacht, ehe er seine Lippen um Simons Brustwarze schloss, daran zog und wieder losließ. »In einem Hafenbordell stört sich niemand daran.« Die Lippen hatten die andere Brustwarze umschlossen, neckten ihn.

Ihr Zufluchtsort war ein winziges Zimmer in einem solchen Etablissement gewesen, denn: »Niemand vermutet einen so ehrenwerten und noblen jungen Mann an einem derart verruchten Ort«, hatte Miguel erklärt. »Außerdem ist mir die Besitzerin noch einen Gefallen schuldig.«

Während seine Zunge sich in einer schlängelnden Linie über Simons Bauch nach unten arbeitete und schließlich Simons empfindlichste Bereiche erreichte, wo sie sich hemmungslos austobte, hatte Simon wahrhaftig alles vergessen können, ihre Flucht, die Enttäuschung seines Vaters, die ständige Bedrohung durch Jean, der ihnen vielleicht folgen, sie aufspüren würde. Es war so einfach gewesen, alles abzustreifen, einzig den Bedürfnissen seines Körpers zu erliegen. Wie inbrünstig er Miguel geküsst hatte, wie ein Verdurstender hatte er von ihm gekostet, seine Fingerkuppen über das Wunder des anderen männlichen Körpers gleiten lassen. Diese kupferne Haut, die schwarzen Haare, die wundervollen Schauder, die über Miguels Haut rannen, sein schelmisches Lächeln, seine ermunternden Worte. Wie ein unerfahrener, staunender Junge war Simon sich vorgekommen, der zum ersten Mal ein faszinierendes Spielzeug entdecken durfte.

Miguel war indes so viel mehr. Sein Duft, die Wärme der Haut, seine Reaktionen, das Lachen, sein Stöhnen, die fast brummenden Laute, die seine Lust verrieten. Die Augen, in denen Simon ertrinken konnte. Jedes Mal, wenn er an ihn dachte, wurde sein Herz so groß und schlug so wuchtig, dass sein Brustkorb eng wurde.

Nicht nur nehmen, sondern auch geben zu dürfen hatten seine Bedürfnisse einerseits befriedigt, andererseits den Hunger noch stärker angefacht. Wäre er nicht der Seekrankheit verfallen, wäre es weitaus schwerer gewesen, die Nächte neben ihm zu verbringen, ohne dass sie etwas tun konnten, was sie verriet.

Sodomie nannten sie es, und auch wenn ihm Miguel versichert hatte, dass auf dem Meer die Erinnerung an Gottes Gebote sich schneller verflüchtigte, als das Land außer Sicht geriet, so war sich Simon dennoch sehr bewusst, dass ihre Beziehung eine verbotene war.

Entschlossen stieß er sich vom Tisch ab, bemühte sich, die Bewegungen des Schiffes auszuhalten, während er in seine Kleidung schlüpfte und sich nur zum Binden der Stiefel auf das Bett setzte.

Frische Luft und der ungehinderte Blick über die Weite des Ozeans würden die letzten Krallen dieses Übelkeitsdämons entschärfen. Er sehnte sich nach einem Schluck Wasser und Miguels Lachen.

Die Tür der anderen Kabine war geschlossen, als Simon ihre verließ und den kurzen Gang folgte. Noch ehe er das Deck betrat, erreichte ihn der würzig frische Duft des Meeres und er atmete ihn tief ein. Von irgendwoher erklangen die Töne einer Fidel und das Lachen und Grölen von

Männerstimmen. Die Luft im Gang war warm, es musste bereits Mittagsstunde oder noch später sein.

Die Sonne begrüßte ihn dann auch mit voller Macht, ließ ihn blinzelnd im grellen Licht auf den Deckplanken verharren, bis er sich an das Licht gewöhnt hatte. Das sanfte Auf und Ab des Schiffes wirkte mit dem Blick auf das wunderbare, türkisblaue Meer mit seinen schaumgekrönten Wellen eindeutig harmloser. Auch wenn Simons Knie noch immer an Stabilität missen ließen, bewegte er sich vorwärts, folgte dem Klang der Stimmen.

Hoch über ihm knarzten die Segel, pfiff der Wind sein eigenes Lied, während er sich immer an der Reling entlang an den Kanonen vorbeibewegte und bald die Gruppe der Seeleute entdeckte, die sich in einem lockeren Kreis zusammengefunden hatten.

Simon stutzte, als er entdeckte, wer dort die Fidel spielte und dazu mit tiefer, volltönender Stimme sang. Miguels Gesang wies mehr Begabung auf als seine Fidelkünste, oder das Musikinstrument war nicht besonders gut gestimmt. Was Miguels vorgetragener Weise nichts von ihrer lustigen, mitreißenden Art nahm. Der Hut lag auf dem Boden, seine pechschwarzen Haare rahmten das markante Gesicht ein, während er den ganzen Körper im Spiel der Fidel bewegte und dazu mit dem Fuß den Takt klopfte.

Was auch immer er sang, die Sprache schien Spanisch zu sein, es ließ die Seeleute immer wieder grölend auflachen und den Refrain lautstark und schräg mitsingen. Zwei von ihnen hatten sich eingehakt und tanzten barfuß einen neckischen Tanz, bei dem rasch klar wurde, dass sie eine Frau und ihren Verehrer parodierten. Der eine von ihnen hob ab und an seine imaginären Röcke, hielt sich die Hand in einer gespielt verlegen wirkenden Geste vor den Mund, während der andere ihm an die nicht vorhandenen Brüste fasste oder derbe auf den Arsch schlug.

Eine Hand um die Taue geklammert, damit er stabil stand, beobachtete Simon das lustige Treiben mit einem Schmunzeln. Die Sonne zauberte Reflexe in die Schweißperlen auf Miguels dunkler Haut, brachte seine schwarzen Haare zum Glänzen. Die raschen Bewegungen des Armes mit dem Bogen wirkten durchaus elegant. Dieser Spanier hatte eine so besonders wilde, feurige Schönheit, dass es Simon fast den Atem verschlug. Er konnte und wollte nicht vor sich verleugnen, wie sehr ihn dieser Mann anzog, wie stark er seine Lenden zum Vibrieren brachte, wie sehr seine Gefühle ihm zuflogen. Herrlich war seine natürliche, fröhliche und verruchte Art. Versonnen betrachtete Simon ihn, bis der Blick der dunklen Augen ihn traf und sich ein strahlendes Lächeln auf Miguels Gesicht aus-

breitete. Er wandte sich ein wenig zu ihm, nicht ohne sein Spiel und den Gesang zu unterbrechen, und deutete eine Verbeugung an. Die Blicke der anderen Seeleute folgten seinem Blick und sofort standen einige von ihnen auf, andere senkten das Haupt, zwei von ihnen verbeugten sich sogar ehrerbietig vor ihm.

Erstaunt kam Simon näher. Wieso begrüßten ihn die Männer derart respektvoll? Als Adeliger hatte er sich ihnen nicht vorgestellt, nur ein betuchter Mann auf Reisen. Aber wie sie ihn nun ansahen oder begrüßten, das war weit mehr, als ihm zustehen sollte. Argwöhnisch runzelte Simon die Stirn. Was hatte Miguel ihnen erzählt?

Dieser fiedelte indessen munter weiter, auch wenn das tanzende Paar hastig auseinandergewichen war und Simon ein wenig betreten anschaute. Kurzentschlossen ließ sich Simon auf einer der Taurollen nieder, tat so, als ob er das ehrerbietige Verhalten nicht bemerken würde und lauschte Miguels Gesang, der den frivolen Ton beibehielt. Es dauerte eine Weile, ehe ein paar der Seeleute wieder in den Refrain einstimmten, die Fußspitzen dem unwiderstehlichen Rhythmus folgten und ihre Hände den Takt mitklaschten.

Selbst Simon, der keins der Wörter verstand, erfasste die Fröhlichkeit des Liedes und er wippte mit. Das flaue Gefühl in seinem Magen verflüchtigte sich endgültig unter der Sonne und dem frischen Wind, der auch die intensiven Gerüche der Männer auf ein erträgliches Maß reduzierte. Und beim Anblick Miguels, dessen Zunge immer wieder die Lippen benetzte und dessen Blicke ihn liebkosten. Geschickt schaffte er es, sein Benehmen zu dem Lied passend zu halten, sodass wohl keiner misstrauisch werden würde. Nur Simon wusste, wie ehrlich diese Blicke waren, wie stark die Gefühle, die sie verbanden.

Bei Gott, diese Liebe war so ein starkes Gefühl. Sie ließ ihn schweben. Was auch immer man ihm darüber einzureden versucht hatte, es waren Lügen. Nichts konnte daran verwerflich sein, diese Gefühle für einen Mann wie Miguel zu empfinden.

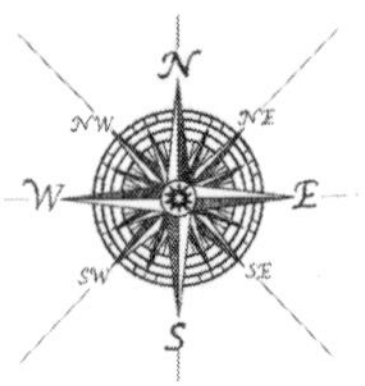

Von hohem Rang

Mit einem letzten, von allen gegrölten Refrain, den auch Simon mitsummte, schloss Miguel schließlich seine Darbietung ab, verbeugte sich tief und reichte die Fidel einem der Seemänner mit einer Dankesbezeugung. Heftig wehrte dieser ab, überschüttete Miguel mit einem Schwall spanischer Worte, bis dieser das Instrument mit einer tiefen Verbeugung zurücknahm.

»Verzeiht, mein werter Herr, wenn ich die Unterhaltung unserer Gastgeber nicht sofort unterbrach, um Euch zu Diensten zu sein. Mir scheint jedoch, ich konnte auch Euch ein wenig belustigen, ohne dass Euer Magen gegen mein schiefes Spiel und meinen stümperhaften Gesang protestierte.« Tief verneigte sich Miguel vor Simon, zwinkerte ihm verschwörerisch zu und reichte ihm die Hand zum Aufstehen. Augenblicklich pochte Simons Herz schneller, als er sie umfasste und sich aufhelfen ließ. Eine freundliche Geste, eine intime Geste. Es kam immer darauf an, wie man sie betrachtete. Doch die Seemänner schienen nichts hineinzuinterpretieren, grinsten höchstens und trollten sich an ihre Arbeiten, während Simon mit Miguel an die Reling trat.

»Ich sehe, dir geht es deutlich besser. Deine Nase ist nicht mehr so grün.« Lächelnd beugte sich Miguel über die Reling, spie in die schäumenden Wellen.

»Viel besser. Ich wusste gar nicht, dass du ein Instrument spielen kannst. Dieses Lied scheint eine gute Belustigung gewesen zu sein, wovon handelte es? Kannst du mir den Text beibringen?«, fragte Simon nach. Grinsend warf ihm Miguel von schräg unten einen Blick zu, schob die Zunge in die Wange.

»Oh weh, ich fürchte, dieses Lied enthält so viele schmutzige Wörter.

Ich kann es dir nicht übersetzen, ohne dass du bezaubernd rote Ohren bekommen wirst.« Leise lachte er, zwinkerte schelmisch.

»So unschuldig, wie du denkst, bin ich längst nicht mehr«, wandte Simon halb gekränkt, jedoch schmunzelnd ein. »Dieser unfreiwillige Aufenthalt unter den Bukanieren hat meinen Wortschatz, insbesondere in Bezug auf Flüche, deutlich vergrößert.«

»Mein lieber Simon, über deine schönen Lippen sind sicher bisher in etwa so viele verderbte Ausdrücke gekommen, wie ich in meinem umtriebigen Leben wohlduftende Bäder nehmen konnte.« Miguel zog bezeichnend die Augenbrauen hoch, zupfte an den Saiten der Fidel und grinste dabei über das ganze Gesicht.

»Davon bin ich überzeugt. Also, was deinen Teil angeht«, stimmte Simon ebenfalls lachend ein, rieb sich gleich darauf über das stoppelige Kinn. »Besteht die Möglichkeit, an frisches Wasser zu kommen? Ehe ich mich ganz in einen bärtigen Piraten verwandle?«

»Aber sicher doch. Ich eile, finde den Kapitän, der sicher ebenso bestrebt sein wird, sofort Euren Wunsch zu erfüllen, mein Herr.« Mit einem erneuten Zwinkern verbeugte sich Miguel. Augenblicklich fiel Simon das merkwürdig ehrerbietige Verhalten der Seemänner ein und er hakte argwöhnisch nach: »Was hast du ihnen eigentlich über mich erzählt?«

»Hm? Ich?« Miguels Überraschung war natürlich gespielt. Simon kannte ihn inzwischen gut genug, um in seinem dunklen Gesicht zu lesen und seine Gesten zu deuten.

»Miguel!«

»Ach, es könnte mir das eine oder andere herausgerutscht sein, aus dem sie vielleicht ein paar Schlüsse gezogen haben.« Gespielt verlegen drehte Miguel an seinem Schnurrbart herum.

»Die da wären?« Simon gab sich Mühe, streng zu wirken. Er war sich zwar sicher, dass Miguel nichts von seiner wahren Herkunft preisgegeben hatte, nichtsdestotrotz ließ das Verhalten darauf schließen.

»Och nun«, druckste Miguel herum, schlug kurz auf die Fidel und zuckte die Schultern. »Es könnte sein, dass sie die verwegene Vermutung haben, Ihr wärt nicht nur mit dem englischen Königshaus, sondern auch auf ein wenig verzwickte und tragische Weise mit dem spanischen verwandt. Und ganz vielleicht dient Eure Reise dem Zweck, Euren rechtmäßigen Platz in der Hierarchie anzunehmen. Im Zuge dessen seid Ihr ganz sicher all jenen dankbar, die Euch auf der Reise in eine solch glorreiche und machtvolle Zukunft wohlgesonnen sind. Tja …«

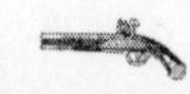

»Du hast ihnen nicht ernsthaft vorgeflunkert, ich wäre ein Thronerbe?« Pikiert schaute Simon Miguel an, der ein wenig in sich zusammenzusinken schien. Das vage Vibrieren seiner Nase bewies, wie richtig Simon lag. Ein untrügliches Zeichen bei Miguel.

»Nun, jeder auf See liebt Seemannsgarn. Wer wäre ich, wenn ich ihnen eine so gute Geschichte vorenthalten würde? Was kann ich denn auch dafür, wenn sie derartige Rückschlüsse aus gewissen Andeutungen ziehen, mein werter Lord? Aber ich eile nun lieber und besorge Euch das Gewünschte.« Hastig marschierte er davon.

Mit einem hilflosen Schnauben schaute Simon ihm nach. Miguels Zunge liebte das Lügen, das würde sich wohl nie ändern. Ob er sich je daran gewöhnen würde? Für einen Moment beschlichen Simon Zweifel, ob nicht auch die Geschichte von dem Gut in Spanien eine Flunkerei gewesen war. Allerdings hatte Miguel in den Nächten, wenn sie nebeneinanderlagen, erschöpft von ihrer Lust, die nackten Körper noch miteinander verbunden, mit seinen Worten wunderschöne Bilder davon gemalt. Er hatte mit lebendigem Ausdruck gesprochen, Simon die warme Sonne auf der Haut spüren lassen, den Duft der Blüten in seine Nase gezaubert. Nichts davon hatte geklungen, als ob es rein der Fantasie entsprungen wäre. Genau würde er es ohnehin erst wissen, wenn sie Spanien erreichten. Eine lange Überfahrt.

Vorsichtig linste Simon hinab über die Bordwand in das Auf und Ab der Wellen, richtete den Blick jedoch sofort auf den Horizont, als sein Magen sich zusammenzog. Ah, das war besser.

Hoch über ihm knarzte die Takelage, schlugen die Segel, ächzten die Taue im Takt der endlosen Musik eines Segelschiffes. Mittlerweile ein überaus vertrautes Geräusch. Scheinbar endlos erstreckte sich vor Simon die Wasserfläche, den Himmel zierten nur wenige Wolken, die wie hingeworfene Seidentücher wirkten. Wie schon zuvor spürte er tiefe Ehrfurcht vor der Schönheit des Meeres. Auch Jean hatte davon geschwärmt, wie stark ihn dieses anzog. Wie konnte ein derart empfindungsloser, kaltblütiger Mann dieselben Regungen, denselben Respekt für Schönheit und Anmut empfinden? In einem so kalten Herzen sollte doch kein Platz für diese Art Emotion oder gar andere Gefühle sein. Oder doch? War Jean, so grausam und berechnend er auch erschien, vielleicht doch in der Lage, etwas wie Liebe zu empfinden? Nein. Keine Liebe, eher Besessenheit.

Schaudernd fuhr Simon zusammen, umklammerte fester die Bordwand, suchte instinktiv den Horizont nach einem weiteren Schiff ab. Was für ein

Unsinn. Sehr wahrscheinlich war Jean auf der Flucht oder verwickelt in Gefechte mit den Schiffen seines Vaters, die sein Versteck angriffen. Sie würden die Piraten ausräuchern und jeden einfangen, ihrer gerechten Strafe zuführen und sie verurteilen.

Das war es, was er gerne glauben wollte. Miguel hingegen war sich sicher, dass Jeans Nase es meilenweit riechen konnte, wenn ihm jemand auf der Spur war und es daher sehr wahrscheinlich war, dass er seinen Zufluchtsort bereits verlassen hatte. Sie selbst hatten ihre Spuren sehr sorgfältig verwischt. Wie sollte Jean sie daher finden? Das Meer war groß und es gab viele Schiffe, die nach Spanien segelten. Dennoch …

In der Zeit bei seinem Vater, als er über so vieles hatte schweigen müssen, was er erlebt und erfahren hatte, da war Jeans Geist stets präsent gewesen. Wie oft war Simon nachts hochgeschreckt, weil er glaubte, seine Stimme zu vernehmen oder in die Mündung der Waffe zu blicken.

Furchtbar einsame Nächte, in denen die Sehnsucht nach Miguels Nähe seine Gedanken folterte, die Erinnerung an jene kostbaren Augenblicke von Glück wie Scherben waren, die in seine Seele schnitten. Wie ein Gefangener war er sich vorgekommen, eingekerkert im Anwesen seines Vaters, jeder Schritt bewacht, jede Regung besorgt beobachtet. Sie hatten es auf seinen labilen Zustand und die lange Gefangenschaft geschoben, dass er sich strikt geweigert hatte, sich einem Priester anzuvertrauen. Dabei wusste keiner von ihnen, was der eigentliche Grund war.

Wenn es eins war, dass ihn Jean gelehrt hatte, dann, dass er ganz sicher keine Beichte mehr ablegen würde. Nicht einmal in die Nähe des Beichtstuhls würde er wieder geraten, zu stark waren die Erinnerungen an die Folgen seiner jugendlich gutgläubigen Beichten. Oh, er hatte gebetet. Jeden Tag. Mal stumm, mal gemurmelt, hatte er darum gebetet, dass Gott ihm einen Ausweg zeigen, seine schützende Hand über Miguel ausbreiten würde, wo auch immer dieser sein sollte.

Als Miguel auf der Hochzeit dann aufgetaucht war, da war es, als ob Gott ihm nun endlich wenigstens dieses eine Flehen erfüllt hätte. Jeans Schatten war blass geworden, nahezu verschwunden, wagte sich nicht in die Nähe, wenn Simons Herz erfüllt von dem warmen Gefühl der Zuneigung zu dem feurigen Spanier war.

Und nun? War es seiner körperlichen Schwäche geschuldet? Oder war es das Meer, das einen Teil von Jeans Blut und Seele enthielt, was seinen Geist näher kommen ließ? Er würde ihn wohl erst ganz abschütteln können, wenn er das Festland betrat und sein neues Leben beginnen würde.

»Mein werter Herr? Ich habe alles für Eure Reinigung und die Rasur vorbereitet«, unterbrach Miguels Stimme ihn und er wandte sich um. Neben Miguel stand ein stämmiger Mann in Seemannskleidung, mit sehr dunkler Haut, einem bärtigen, wettergegerbten, zerfurchten Gesicht, aus dem grünliche Augen ihn wach musterten.

»Dank unseres Kapitäns José Martín González, steht frisches Wasser parat. Allgemein muss ich sagen, mein Herr, dass er sich redlich Mühe gibt, Euren Aufenthalt so angenehm wie möglich zu gestalten.«

»Eure Hoh…« Ein zischendes Geräusch von Miguel unterbrach den Kapitän in seiner Verbeugung. Hastig korrigierte er: »Eure Lordschaft sind unter meinem Kommando bestens aufgehoben.« Ehrerbietig verneigte er sich vor Simon, lächelte ein fast zahnloses Lächeln.

»Diese Art von Förmlichkeit ist nicht notwendig«, erklärte Simon unbehaglich. »Ich freue mich an Bord Eures Schiffes zu sein. Besonderer Aufwand ist jedoch nicht nötig. Ich bin nur ein einfacher Passagier. Ihr solltet gewissen Gerüchten nicht einfach so glauben.« Tadelnd warf Simon Miguel einen Blick zu, der González natürlich nicht entging. Noch tiefer verbeugte dieser sich.

»Sicher, ich verstehe. Ihr wollt natürlich unerkannt bleiben. Verzeiht mir meine Ungeschicklichkeit. Ich werde mich bemühen, Euch wie einen gewöhnlichen Herrn zu grüßen. Doch seid versichert, dass ich alles in meiner Macht Stehende tun werde, um Euch eine angenehme Passage zu verschaffen, Eure Ho…, Eure Lordscha…, mein Herr«, versicherte er übereifrig. »Wenn es Eure Gesundheit zulässt, wäre es mir eine Ehre, Euch zum Speisen in meine Kapitänskajüte einzuladen. Gerne können wir uns dann ein wenig austauschen über die Politik …« Abermals unterbrach ihn Miguel mit einem scharfen Laut.

»Es ist alles für Euch vorbereitet, mein Herr. Folgt mir bitte, wenn das Wasser nicht kalt werden soll.« Auffordernd machte Miguel eine Geste, zwinkerte Simon zu, als dieser sich von der Reling abstieß, und schritt energisch voran. Mit einer wedelnden Geste scheuchte er González fort, der sich erneut verbeugte und Simon beinahe verzückt anschaute, als dieser sich genötigt fühlte, die Einladung anzunehmen: »Es wird mir eine Ehre sein, mit Euch zu speisen. Selbstverständlich gibt es viele Themen, die wir anschneiden können und einige, die besser weiterhin ungesagt bleiben.« Hoffentlich verstand der Kapitän den Hinweis. Höchstwahrscheinlich hatte Simon von der aktuellen Politik keines der Königshäuser viel mehr Kenntnis als dieser Seemann. Nun gut, er würde sich stets mit Geheimhaltung herausreden können.

Ganz galanter Diener, öffnete Miguel ihm die Tür, rückte ihm den Stuhl zurecht und lud ihn ein, Platz zu nehmen. Simon tunkte seine Finger in das Wasser, welches wirklich ein wenig warm war, zwar nicht gerade wohlduftend, aber akzeptabel war. Er hatte bei den Bukanieren weit Schlimmeres erlebt.

»Na, mein Herr!« Energisch entzog ihm Miguel den Rasierpinsel. »Dies ist doch sicher meine Aufgabe, nicht die Eure.«

»Wir sind alleine, niemand sieht zu. Ich kann mich selbst rasieren«, wandte Simon ein. Fatalerweise erinnerte ihn die Situation an die mit Jean und er war nicht sicher, ob er sie zulassen sollte.

»Und deshalb darf ich dich auch dabei küssen«, murmelte Miguel, berührte ihn flüchtig mit den Lippen im Nacken, während er Schaum schlug. Seine Finger fuhren durch Simons Haare, blieben an der Wange liegen. »Darf ich dir sagen, wie wunderschön du bist? Also ohne Bart. Dein Anblick lässt mein dunkles Herz jedes Mal vor Freude springen. Seit du in jenem Lagerraum wie der gottgesandte Engel meines sündigsten Begehrens und stärksten Sehnens erschienen bist, vermag ich kaum die Augen von dir abzuwenden.«

»Du solltest mir nicht so viel schmeicheln«, flüsterte Simon gerührt, schmiegte sich in die Handfläche, fühlte seine Haut unter der Berührung kribbeln. »Es war nicht meine Schönheit, die dich auf die Knie gezwungen hat bei unserem Kampf.« Lächelnd rieb er seine raue Wange an Miguels Hand, während dieser die andere Seite einzuschäumen begann.

»Oh nein. Es war weit mehr als deine Schönheit, die mich dir verfallen ließ. Dein Stolz, deine Unschuld, dein Kampfwille, die Blitze aus deinen Augen, die den Klabautermann selbst zum Teufel schicken würden. Wie du Jean die Stirn geboten hast. Trotz seiner Manipulationen.« Lachend nahm Miguel seine Hand fort und fügte auch der anderen Seite Schaum hinzu.

»Und ich hielt diese Gefühle zunächst nur für ein Spiel zwischen dir und Jean«, wisperte Simon ehrlich. »Ein Spiel um eine Beute, die keinem von euch zustand.«

»Für mich warst du immer mehr als das.« Über seinen Kopf hinweg, schaute Miguel Simon im Spiegel an. »Ich habe in meinen Leben nur einmal zuvor wirklich geliebt, mi amado. Sie war jung, von hohem Stand und recht hochnäsig. Ich ein Kind der Gosse. Meine Bewunderung nahm sie nur zu gerne an, ließ mich ihr huldigen, sie anschmachten, doch kalt war ihr Herz, ohne Zuneigung blieb es. Schließlich schenkte sie es einem

anderen, der, außer Gold, wenig zu bieten hatte. Die Verzweiflung trieb mich fort, und je mehr Meilen zwischen uns lagen, desto mehr wurde mir bewusst, dass ich einen Fehler begangen hatte.«

»Du bist zurück und hast die Hochzeit verhindert?«, fragte Simon, lauschte aufmerksam, während Miguel das Messer ansetzte und kratzend die ersten Stoppeln verschwanden. Selbst in dem halbblinden Spiegel funkelten Miguels Augen.

»Oh nein. Ich wollte umkehren, ihr Glück zerstören, nur um sie mit mir zu nehmen, fort von ihm. Aber ich sah meinen Fehler ein: Ich habe sie besitzen wollen. Ungeteilt, einzig, ganz und gar meins. Ihre Wünsche erschienen mir weit weniger wichtig. Ich hätte sie nur zu gerne geraubt, in einen Käfig gesperrt und darin bewundert, in dem Wissen, dass sie Meins ist. Ein furchtbarer Gedanke, nicht wahr?«

Überrascht fuhr Simon zusammen, doch Miguel hatte das Messer ohnehin gerade zurückgezogen. Das klang ganz wie … Nein, an ihn wollte er gerade nicht denken.

»Das ist keine wahre Liebe, Simon. Ich war töricht, stolz und egoistisch. Aber meine Gefühle für sie waren so unglaublich stark. Nun, sie sind längst erkaltet. Der Schmerz ist zu einem fernen Jucken geworden, welches deine Gegenwart nahezu ganz verschwinden lässt.« Sanft strich er mit zwei Fingern über die frisch rasierte Wange. »Wahre Liebe, sie brennt, sie lodert heiß und stark, und sie hat mir eines gezeigt: Liebe fesselt nicht, Liebe setzt frei. Du wirst immer wählen können, ob ich der Mann an deiner Seite sein darf oder es irgendwann … ein anderer werden wird.«

Scharf sog Simon die Luft ein, sein Herz pochte mit einem Mal hart in der engen Brust. Unvorstellbar. Nein, das würde nie geschehen. Dieser Mann hatte alles für ihn getan, ihn von Jean befreit, von seinem Vater, ihm gezeigt, was Liebe ist und Freiheit. Ihn von der Sünde erlöst und die Dämonen vertrieben.

»Niemals«, wisperte Simon erschüttert, packte Miguels Hand und zog sie an seine Lippen. Miguels Lächeln wirkte nachsichtig, das Brennen in den Augen anders als zuvor. Doch vielleicht war der Hauch von Traurigkeit darin auch dem Spiegel geschuldet.

»Mi amado«, wisperte er, küsste Simon auf das Haar. »Und nun verwandle ich dich zurück in jenen Engel. Unter diesem Bart muss er doch irgendwo verborgen liegen. Ich werde ihn schon noch freilegen. Halt still.«

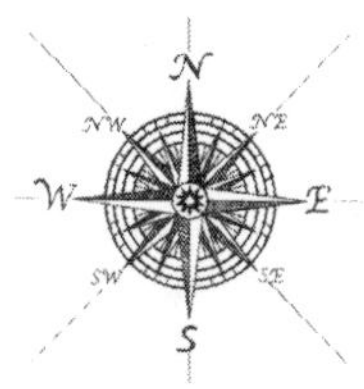

Unter der Erde

Simons Lider flatterten. Das warme Wasser, die sanften Berührungen und gezielten Küsse, die Miguel in die Rasur einflocht, ließen ihn schaudern. Es schien nun, da die Flamme seiner Leidenschaft einmal entzündet worden war, dass sie wesentlich schneller Funken schlug und seinen Körper in Brand zu setzen vermochte als zuvor. Die Hitze kroch über seine Brust, regte sich im Unterleib und prickelte in den Fingerspitzen. Nur zu gerne hätte er Miguel auf die Koje gedrückt, sich über ihn geschwungen und seine Hände auf die wundersame Suche nach den empfindsamen Stellen seines Geliebten geschickt. Jeden Zoll dieser dunklen Haut wollte er berühren, die Muskeln beben spüren, die Kraft und Anmut versprachen. Miguel war faszinierend und er würde nie müde werden, ihn weiter kennenzulernen. So wie er jedes Detail seines Körpers erforschen durfte, so würde er auch die Seele dieses Mannes offenlegen.

»Auch wenn ich sehen kann, wie sehr dir meine Rasur gefällt, so fürchte ich doch, dass die Wände dieser Kajüte den Lauten unserer Leidenschaft nicht standhalten würden«, wisperte Miguel ihm ins Ohr, während er eine Hand schwer auf die beträchtliche Ausbuchtung in Simons Schoß legte und ihm ein gequältes Stöhnen entlockte. Die Hitze der Haut drang durch den dünnen Leinenstoff, ließ die Erektion ihr entgegen anschwellen und sandte Schauder über Simons Rücken.

»Dann wäre es sicher besser, du nimmst deine Hand von dort fort«, murmelte Simon, bezwang mühsam den Wunsch seiner Hüften, hochzustoßen, den Widerstand zu suchen.

»Meinst du? Mein stolzer Lord, habt Ihr keine Selbstbeherrschung gelernt?« Das Rasiermesser glitt über Simons Wange bis hoch zum Ohr. Das schabende Geräusch kitzelte in jedem Nerv, der leichte Druck des Handballens gegen seinen Ständer erregte Simon noch weiter.

»Ich habe gründlich gelernt, keine Hand an mich zu legen«, raunte Simon zurück, legte den Kopf leicht seitlich, als das Messer erneut über die Wange kratzte. Augenblicklich hielt Miguel inne, seine Hand zog sich ein wenig zurück.

»Du hast dir keine Freude mit der Hand verschafft? Bei Gott, wie grausam!«, stieß Miguel perplex hervor. »Kein einziges Mal?«

Vorsichtig schüttelte Simon den Kopf, spürte ein anderes Brennen in den Wangen und Scham ihn mit düsteren Erinnerungen überschwemmen.

»Sünde«, wisperte er atemlos, ballte die bebenden Finger zu Fäusten. »Gott wird denjenigen strafen, der nicht zum Zwecke der Fortpflanzung seinen Samen vergießt. Bei Gott, ich habe mich so furchtbar dafür geschämt, als es die ersten Male im Schlaf passierte. Der Priester sagte, der Teufel sende seine Dämonen im Traum zu mir, um mich zu prüfen, und ich müsse lernen, ihnen zu widerstehen.«

»Dummes Gewäsch! Diesem Priester stand sein eigener Samen gammelnd bis zum Hals. Ich könnte einen See füllen mit dem von mir lustvoll vergeudeten und Gott hat mich nicht einmal beachtet ob dieser Dreistigkeit. Der werte, oberste Hüter der Seelen hat ganz sicher anderes zu tun gehabt.« Lachend strich Miguel das Messer ab, fuhr prüfend über Simons Wangen.

Unbehaglich rutschte Simon auf dem Stuhl nach hinten. Noch immer ängstigte ihn Miguels gotteslästerliche Zunge, die lässig all das aussprach, was man ihn so fürchten gelehrt hatte. Nicht einmal zu denken hatte er dergleichen gewagt, ein permanenter Zustand der Furcht vor sich selbst. Das war vorbei. Miguel bewies es ihm. Wenn Gott einen Mann wie ihn nicht strafte, der womöglich nahezu jede Sünde begangen, jedes Laster ausgelebt hatte, wovor fürchte er sich dann noch?

»Damals habe ich ihm geglaubt«, brachte er hervor, versuchte die Erinnerung an das harte Holz unter seinen Knien abzustreifen, an die Kälte, das unsagbar schmutzige Gefühl, während er auf dem Fußboden kniete und beichtete. Hatte er all das wirklich vergessen geglaubt?

»Simon.« Finger hoben sein Kinn an, Miguel sank auf Augenhöhe herab, drückte seinen Kopf bestimmt zu sich herum, bis sie sich in die Augen sahen. Dunkle Augen. Wie in jenen Träumen. Miguel war die Verkörperung seiner Sehnsüchte, die real gewordene Gestalt jenes Dämons, der ihn immer wieder heimgesucht hatte, egal wie viel er dafür hatte erdulden müssen.

»Was ist damals geschehen?« Nur ein Flüstern, eindringlich genug, um keinen Widerstand zu dulden. Auch wenn Simon dem Blick auszuweichen suchte, es gelang ihm nicht.

»Es ist lange her«, nuschelte er, nicht wirklich gewillt, die düstere Vergangenheit heraufzubeschwören, die ihn auch jetzt noch zittern ließ. Was Miguel selbstverständlich nicht entgehen konnte.

»Erzähle es mir.« Das war kein Befehl, es schwang wahres Interesse mit, während Miguels Daumen über die weiche Haut am Kinn rieb. »Was lässt dich die Dunkelheit und das Eingesperrtsein so sehr fürchten?«

Erschrocken fuhr Simon zusammen, starrte ihn fassungslos an. Woher wusste er davon? Wie konnte er es wissen? Hatte Jean es ihm verraten? Wozu?

»Oh Simon, denkst du, diese Augen können nicht sehen? Denkst du, diese Ohren können nicht hören? Seit jenem ersten Moment deines Anblicks haben sie praktisch nichts anderes getan.« Mild lächelnd zwinkerte Miguel ihm zu, sanft fuhr der Daumen über Simons Lippen. »Menschen genau zu beobachten und ihre Geheimnisse zu erfahren, gehört dazu, wenn man ein guter Dieb sein will. Sei es das Versteck einer Geldbörse oder das Verbergen von Gefühlen und Ängsten. Ich habe deine Blicke gesehen, wie sie an den Lampen hängen bleiben, das Beben deiner Finger, wenn das Licht zu verlöschen drohte. Das Flackern in deinem Blick, wenn eine Tür sich schließt. Und ich habe natürlich auch deinen gemurmelten Träumen gelauscht. Was fürchtest du in der Dunkelheit?«

Keuchend holte Simon Atem, gefangen in dem harmlosen Griff, in der vollen Aufmerksamkeit und in der Anteilnahme Miguels. Die Kehle war eng, sein Herz pochte schmerzhaft und Kälte kroch wie an einem kalten Wintertag über seine Schultern. Oh Gott! Er hatte all diese Ereignisse doch wirklich nahezu verdrängt. Würde es ihnen nicht zu viel Macht geben, sie lebendig werden zu lassen? Würden sie geballt über ihn herfallen?

Er erinnerte sich. An den Priester, dessen Namen indes nicht. An seine Augen, an die Kälte und Selbstverständlichkeit, mit der er die Strafen vollzog. An die Sorge seiner Mutter und der Gouvernante. Wie ernst sie genickt hatten. Ja, es war notwendig. Nur so würde er auf dem rechten Weg bleiben. Und er erinnerte sich an seine Hilflosigkeit, die Zweifel, die Panik, die ihn zu überwältigen drohte und von der er sich dennoch nichts anmerken lassen durfte. Kein Flehen, kein Bitten, keine Furcht zeigen. Ein Fenderwick klagte nicht. Ein zukünftiger Lord gab sich keine Blöße. Ertragen, stark sein, dem teuflischen Einfluss trotzen.

»Simon! Sieh mich an. Atme ruhig. Nichts wird dir geschehen.« Hart drang Miguels Stimme durch die geballte Wucht der Erinnerungen, wischte das längst verhallte Geräusch der Tür fort, die ins Schloss fiel, des Schlüssels, der umgedreht wurde und das Zeichen für die Dämonen war, sich auf ihn zu stürzen. Gierig sog Simon die Luft ein. Sein Hals war so eng, als ob er gewürgt worden wäre, kalter Schweiß stand ihm auf der Stirn.

Schwarze Augen blickten ihn an. Nicht voller Hass und Häme, sondern durchdringend, besorgt wirkend. »Geht es dir gut? Du musst es mir nicht erzählen. Es hat Zeit, es …«

»Nein. Es schwärt schon zu lange in mir. Ungesagt. Bei Gott, Miguel, ich hatte einen Teil davon längst vergessen geglaubt. Aber das ist er nicht. Ich erinnere mich und …« Noch einmal sog er die Luft ein, sammelte seinen Mut und stellte sich den Dämonen.

»Da war dieser Priester meiner Mutter, er war schon älter, die Stirn und Schläfen ganz licht. Ich habe ihn immer gefürchtet, dachte, Gott sieht prüfend durch seine Augen. Wenn er in unserer privaten Kapelle predigte, gestikulierte er immer sehr wild, seine Stimme schwankte von dunkel bis ganz grell und seine Worte konnten die Hölle lebendig werden lassen«, begann Simon stockend, spürte das weiche Streicheln von Miguels Finger an seiner Schulter, während der Griff um sein Kinn unverändert blieb. Bei Gott, wie sollte er Worte finden, die beschrieben, welche Qualen seine Seele erlitten hatte? Nicht einmal seiner Mutter hatte er je davon zu berichten gewagt. Es war Gottes Wille. Wie hätte er das je anzweifeln können?

»Als es mir das erste Mal passierte, dass ich feucht im Schritt erwachte, da hat er mir in der Beichte erklärt, dass ich nun zum Manne reifen und Gott mich würdig genug befinden würde, geprüft zu werden. Nur die Starken testet er auf diese Weise, hat er mir erklärt und ich sei ein Fenderwick, ich müsse standhaft sein und dem Namen meines ehrenwerten Vaters gerecht werden.«

Die Hand auf seiner Schulter rutschte zum Hals, Miguels warmer Atem, versetzt mit einem Hauch Alkohol, hüllte ihn ein. Die Kälte konnte er nicht vertreiben.

»Dann kamen diese Träume dazu. Und er sagte mir, es seien Dämonen, die der Teufel in Verkleidung sende. Ruchlose Dirnen, die mich verführen wollten. Nur, es waren gar keine … Frauen. Er wollte, dass ich sie ihm beschrieb, dass ich jedes Detail beichtete. Oh Gott, natürlich wusste ich, wie furchtbar die Sodomie ist. Ebenso die der lügnerischen Zunge. Ich … Wie entsetzlich habe ich mich geschämt.«

Wie damals drohte die Verzweiflung ihm die Kehle zuzuschnüren, ihn ersticken zu lassen. Gefangen zwischen der Qual der Beichte und dem Bewusstsein, dass die Lüge eine ebensolche Sünde sei. Hatte er doch damals wirklich geglaubt, der Priester würde ihm helfen wollen.

»Du hast es ihm wirklich erzählt«, stellte Miguel fest, klang leicht verwundert, schüttelte den Kopf. »Du hast ihm gebeichtet, dass es Männer waren, die deine Fantasie zum feuchten Höhepunkt brachten? Oh Simon!«

»Natürlich. Ich beichtete die Träume der Wahrheit gemäß, beschrieb die Bilder und sündigen Gedanken, die mich heimsuchten. Alles wollte er wissen, jede Kleinigkeit musste ich ihm beschreiben.« Abermals rang Simon nach Luft, fühlte sich zurückversetzt in die kleine Kammer, in die ihn der Priester befohlen hatte. »Dann unterrichtete er meine Gouvernante und meine Mutter. Ich musste vor ihnen wiederholen, was ich geträumt hatte. Ich brachte die Worte kaum über meine Lippen. Sie wirkten so entsetzt und enttäuscht, ich wäre am liebsten im Höllenschlund versunken und im Fegefeuer verbrannt.«

Keuchend holte er Luft, schauderte und griff Halt suchend nach Miguel. »Der Priester erklärte, sie sollten sich keine Sorgen machen, Gott wüsste, wie stark ich sei, dass ich widerstehen könnte und er mir mit seiner Hilfe diese Sünden schon austreiben würde. Für jede Verfehlung musste ich danach in diesen engen Raum, ein alter Schacht, in die Erde gegraben und mit Steinen ausgemauert.« Das Zittern übermannte ihn, seine Fingernägel gruben sich in Miguels Unterarm, der indes nicht zurückwich, nicht einmal zeigte, dass er den Schmerz spürte.

»Unter der Erde sei ich der Hölle am nächsten, erklärte der Priester. Dort, und nur dort, könne ich die Dämonen und den Teufel besiegen. Und damit ich das auch verstand …« Die Stimme stockte ihm, die Worte verloren sich beinahe in der Furcht der Erinnerung. Verflucht sollten seine Gefühle sein. Er war erwachsen, längst zum Mann gereift, dennoch ließen sie ihn beben wie damals, als er noch ein Kind gewesen war.

Diese rauen Wände, die nicht nachgeben wollten, egal wie sehr er die Fäuste und Füße dagegen hatte prallen lassen. Das unnachgiebige Holz der Tür, die den letzten Schimmer Licht mit sich nahm, sobald sie zufiel. In seiner Panik hatte er den harten Lehmboden mit den Fingern aufzukratzen versucht. Kein Ausweg. Kein Entkommen vor den Schmerzen, der Angst, den unsichtbaren Augen, den nur in seinem Kopf wispernden Stimmen und der Scham.

»Die ersten Male hat er mich mit dem Gürtel geschlagen.« Scharfer

Schmerz, der ihm die Tränen in die Augen trieb. Das furchtbare Geräusch, wenn das Leder durch die Luft pfiff. Die Lippe hatte er sich blutig gebissen, nur um keinen Schmerzlaut entkommen zu lassen. Ein wahrer Mann ertrug Schmerzen tapfer.

»Dann mit einem Stock. Manchmal waren die Schläge so hart, dass ich mehrere Tage nicht sitzen, noch mich anlehnen konnte. Und dennoch kamen die Träume immer wieder. Trotz der Schläge, trotz der Gefangenschaft in der totalen Dunkelheit.« Zögernd schluckte Simon, erinnerte sich nur zu gut an seine Verzweiflung, gefangen in dem unerfüllbar scheinenden Wunsch, keine der Sünden mehr zu begehen.

Ja, er hatte sogar vor der einen großen Sünde gestanden. Dort auf den Felsen an der Steilküste, das tosende Meer unter sich, das mit Macht gegen die Steine donnerte. Es wäre nur ein Schritt hinaus gewesen, ein tiefer Fall und ewige Verdammnis. Wenn ihm sein Leben auf Erden schon wie die Hölle erschien, wie viel schlimmer würde es dort werden, wenn er sie nach einem Freitod betrat? Genau diese Überlegung hatte ihn davon abgehalten und weiter ertragen lassen.

»Was geschah? Hat deine Zunge letztlich das Lügen gelernt? Wie bist du der Tortur entkommen?«, fragte Miguel, noch immer vor ihm hockend.

»Nein, natürlich nicht. Ich … Es wurde nicht besser, ich konnte die sündhaften Gedanken nicht loswerden. Viermal prügelte er mich bis zur Bewusstlosigkeit und dann …« Unwillkürlich musste Simon lächeln. Und es fühlte sich nun, nach all den Jahren, befreiend an, nicht falsch.

»Der Priester erlitt einen Unfall. Eine der Glocken in dem Turm neben der Kapelle fiel herab und erschlug ihn.«

»Gottes gerechte Strafe. Schau nicht gleich wieder pikiert. Genau das wirst du auch gedacht haben«, stieß Miguel hervor, machte eine entsprechende Geste vor seiner Kehle und ergänzte: »Dieser Bastard hätte mir vor ein Messer kommen sollen. Auch wenn ich noch nie jemanden getötet habe, er hätte es verdient gehabt.«

»Ich kann nicht verleugnen, dass sein Tod Erleichterung auslöste. Und ein schlechtes Gewissen, dass ich so denken konnte. Der neue Priester, der zu uns kam, hielt nichts von den Methoden seines Vorgängers. Wenn die Schläge und das Einsperren meine sündigen Gedanken nicht hatten vertreiben können, dann würden es Gebete tun, meinte er. Also ließ er mich beten. Wieder und immer wieder. Er gab mir ein Amulett mit einem Kreuz daran, das ich küssen sollte, wann immer ich das Gefühl hatte, ich müsse Gott nahe sein.«

»Hat es geholfen?«

Durch Simons enge Kehle brach ein lachender Laut, der die Beklommenheit sprengte, die seine Brust wie eine Fessel umgeben hatte.

»Nicht wirklich. Aber ich bat Gott in jedem meiner Gebete um Verzeihung und er ersparte mir die Dunkelheit«, schloss Simon, legte seine Hände auf Miguels Schultern. Die Kälte war fort, die Erinnerungen blasser geworden.

»Hat Jean es dir abgenommen? Ich weiß, er hasst diese Dinger, wie er alles hasst, was mit Gott und Kirche zu tun hat. Er hätte diesem Priester den verdienten Tod gegeben. Langsam und grausam genug, damit er sich bewusst geworden wäre, was er dir angetan hat, mi amado«, stieß Miguel empört hervor.

»Ich kam dem Wunsch meines Vaters nach und schiffte mich nach Saint Ibell ein. An dem Tag, als wir die Küste der Neuen Welt erstmals erkennen konnten, da habe ich es über Bord geworfen. Ich war sicher, es nicht mehr zu benötigen, ein neues Leben zu beginnen«, erklärte Simon, konnte sich plötzlich des Gedankens nicht erwehren, dass es das Meer war, das sein Amulett verschlungen hatte. Jenes Element, was Jean über alles liebte. Hatte seine achtlose Geste womöglich erst all diese Ereignisse in Gang gesetzt? Nein, das war Aberglaube. Er fing schon an, diese lächerlichen Geschichten ernst zu nehmen, die die Bukaniere sich so gerne erzählten.

»Und das hast du«, erklärte Miguel in dem Brustton der Überzeugung, legte seine warmen Hände auf Simons Oberschenkel und lächelte ihn an.

»Ja. Wenngleich ich nicht davon ausgegangen war, in den Fängen der Piraten zu landen und um ein Haar einer von ihnen zu werden.«

»Och, du wärst nie einer von ihnen geworden. Dir fehlt die angeborene Ruchlosigkeit. Deine Fertigkeiten lassen da noch in dem einen oder anderen Punkt zu wünschen übrig. Besonders was deine Zunge und Lippen betrifft. Ja, erröte nur, mein hübscher Lord, dieses Mal meine ich indes etwas anderes.« Kurz blitzte Miguels Zungenspitze zwischen den Lippen hervor, als er sich ein wenig vorbeugte, die Hände näher an Simons Schritt schob. »Du musst lernen, diese zu beherrschen und manchmal auch zu schweigen, wenn du schon nicht lügen kannst. Über deine Lippen sollte stets nur kommen, was jeweils nötig ist.«

Härter pochte Simons Herz in seiner Brust, die Daumen drückten sich in die Muskeln seiner Oberschenkel, dicht, ganz dicht an seinen Genitalien. Die Hitze schoss zurück in seinen Leib, drängte ihm ein lusterfülltes Stöhnen über die Lippen.

»Genau das meine ich.« Süffisant lächelnd, schob sich Miguel dichter heran, nahm eine Hand fort und legte sie auf Simons Mund. »Dann schauen wir mal, wie leise du sein kannst, wenn es nötig ist.«

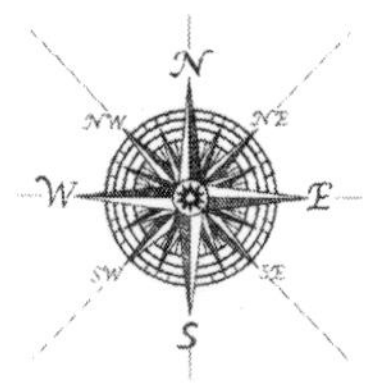

Mit eigener Hand

Verdammt, Miguel meinte das ernst. Fest presste sich die Hand auf seinen Mund, während die andere sich an den Bund seiner Hose legte, Miguel sich zwischen seine Beine schob. Halbherzig versuchte Simon, ihn aufzuhalten, sein Körper indes wollte dies, all jene so lange unbefriedigten Gelüste übermannten ihn. So viele Träume, ohne je wirklich zu wissen, wie es sich anfühlen würde und dann erleben zu können, was wahre Lust bedeutete, welche Freuden sich Männer wahrhaftig schenken konnten. Einmal von dem Nektar gekostet und er war süchtig geworden. Insofern hatte der Priester die Wahrheit gesagt.

Das kurze Stöhnen prallte gegen die Hand, die ihm sicher den Mund verschloss, als seine Hose geöffnet wurde, Finger sich tastend unter den Stoff schoben.

»Hm, da ist es dir schon einmal nicht gelungen«, bemerkte Miguel, die Zunge fuhr über seine Lippen. Wie er ihn von unten, zwischen seinen Beinen kniend, ansah, machte es Simon verdammt schwer, Stillschweigen zu bewahren. Unmöglich wurde es, als Miguel den Kopf neigte, seinen Atem über den Stoff blies, dort, wo seine Hand Simons Erektion umfasst hatte. Kurz berührten Lippen den rasch anschwellenden Schaft, dann machte Miguel einen missbilligend schnalzend klingenden Laut und zog sich zurück.

»Mir scheint, du genügst nicht einmal den geringsten Anforderungen, mein junger Lord«, brummte er milde lächelnd, stützte sich mit beiden Händen auf Simons Oberschenkeln ab und erhob sich.

Was tat er? Wollte er wirklich nicht fortfahren? Mit fest zusammengepressten Lippen starrte Simon ihn flehend an. War Miguel wirklich von

ihm enttäuscht? Hart schluckte Simon, kam sich plötzlich lächerlich und anmaßend vor, wie er hier breitbeinig saß und erwartete, dass Miguel seine Lust befriedigte. Beschämt senkte er das Haupt, wollte mit fahrigen Fingern seine Hose schließen, als Miguel seine Handgelenke packte und sich über ihn beugte.

»Nein. Es gibt rein gar nichts, wofür du dich schämen musst. Die Lust ist in dir, sie ist ein Teil von dir. Ich habe sie lediglich geweckt und du selbst wirst sie dir erfüllen. Komm, steh auf.« Energisch zog er Simon hoch, riss ihm mit einem Ruck die Hose herab. Instinktiv wollte Simon seine Blöße bedecken, umso mehr, als er nun einen respektablen Ständer hatte. Auch dies ließ Miguel nicht zu, packte seine Hände und nahm sie hoch, hauchte auf jede davon einen Kuss.

»Die rechte Hand. Benutze sie.« Auffordernd nickte er nach unten. Sein Atem kam flach und schnell und auch unter dem Stoff seiner Hose zeichnete sich eine deutliche Erregung ab.

Zögernd ließ Simon seine Hand sinken, die Finger berührten den Oberschenkel, doch er vermochte sie nicht gleich um seine Erektion zu schließen. So lange verboten, so lange Teufelswerk. Er spürte jeden der Schläge auf seinem Rücken brennen, erwartete den scharfen Schmerz, wusste, dass die Tränen erst laufen durften, wenn die Dunkelheit ihn umklammerte.

»Simon, fass dich an«, befahl Miguel, führte seine Hand, während die dunklen Augen keinen Widerspruch duldeten und zugleich wie ein helles Licht wirkten, dem er nur folgen musste. Einfach vertrauen.

Mit einem leicht keuchend klingenden Laut legte Simon seine Finger um den Schaft, spürte weiche Haut, unter der das Blut pulsierte, Wärme, die in Wellen durch seinen Körper lief. Dies war anders, als wenn er beim Waschen das Tuch oder einen Schwamm darüber gleiten ließ. Und Miguels Nähe tat ihr Übriges.

»Sehr gut so. Fester zupacken. Und nun bewegen. Auf und ab. Ist das gut?« Feuchte Lippen küssten seine Antwort fort und erneut verschlossen Miguels Finger seinen Mund, während er hinter ihn trat, die andere Hand sich auf Simons Oberschenkel bewegte.

»Leise, beherrsche dein Stöhnen, mein schöner Lord. Nicht so zaghaft. Stell dir vor, es sei meine Hand. Würde ich dich berühren, wie ein scheues Mädchen ein ekliges Getier? Simon, dies ist ein Geschenk von Gott an dich. Er hat dich zu einem Mann gemacht und dir einen Penis gegeben, der äußerst empfindsam ist, der dir wundervolle Lust bereiten kann. Wie könnte dies falsch sein?«

So sehr sich Simon bemühte, ein winziges Stöhnen entfloh, wurde von der Hand abgeblockt, als Miguels Finger seine Hoden umschlossen. Bei Gott ja, dort war er empfindsam. In seinem Kopf vernahm er die verhasste Stimme des Priesters, spürte dessen missbilligenden, abfälligen Blick. Er zögerte, kämpfte und schob trotzig das Kinn vor, während seine Finger fortfuhren. Niemand bestimmte aus dem Grab über ihn und sein Leben. Es gehörte ihm. Und auch wenn es widersprüchliche Gefühle auslöste, sich selbst anzufassen, dieselben Bewegungen zu machen, die Miguel nutzte, so war es dennoch ein überaus stimulierendes Erlebnis.

Zunächst eher ein Streicheln, dann umfasste er sich stärker, spürte sein Glied anschwellen, mehr verlangen, während sich das Kribbeln vom Unterleib aus über den ganzen Leib ausbreitete. Oh wie empfindlich seine Eichel war, wie sehr es ihn schaudern ließ, wenn er den Daumen mit nur mäßigem Druck über die kleine Öffnung gleiten ließ, aus der zähe Tropfen quollen. Tief sog Simon seinen eigenen Duft ein, schloss die Lider und erlaubte sich zum allerersten Mal, sich von der Lust leiten zu lassen. Wenn seine Bewegungen zaghaft wurden, wurde es auch Miguels Griff, wurde er schneller und energischer, so massierte auch Miguel ihn stärker. Unterdessen platzierte er einen Kuss nach dem anderen auf Simons Wangen, seinen Nacken, die Ohren und den Ansatz des Rückens, wisperte spanische Worte, voller Zärtlichkeit und Begehren.

Immer schneller wurde Simon, das süße Ziehen seiner Lenden nahm zu, die Bewegungen wurden unkoordinierter. Immer öfter blockte die Hand seine Laute ab, brachte ihm zu Bewusstsein, wo sie sich befanden, dass ihr Tun nur ihnen alleine gehörte. Wenn ihn derlei Gedanken zuvor abgeschreckt hatten, steigerten sie nun sogar sein Empfinden. Längst hatte Miguel seine Hand auf Wanderschaft über seinen Leib geschickt, den Weg unter das Hemd gefunden, die Finger widmeten sich Simons Brustwarzen.

Wild jagte sein Herz, zuckte zusammen, wenn ein kurzer Schmerz durch das Kneifen sich zu den Empfindungen addierte. Lippen saugten an seinem Nacken, die Finger vor dem Mund bebten unter derselben Erregung, die er verspürte, und Miguel rieb sich immer stärker an ihm, nahm indes keine Hand fort.

Es war wie eine Umarmung, er stützte ihn, er bestärkte mit seinem Körper, was Simon empfand. Sein herber Geruch, die Nähe, der heiße Atem, das Wissen, dass er für ihn da war. Bereit, ihn zu halten, ihn aufzufangen, ihn zu begleiten. Fern jeder Dunkelheit.

Der Schmerz alter Schläge verblasste, die Stimme, die ihn gemahnte, verhallte, die Dunkelheit vermochte nicht länger, ihren giftigen Atem in ihn dringen zu lassen. Nichts konnte falsch sein, was sich derart atemberaubend anfühlte.

»Du machst das sehr gut. Bald schon wirst du genauer wissen, was dir besonders gefällt. Bei jedem Mal wird es leichter und besser werden. Ich werde dich so viel lehren. Simon …« Sein Name war gehaucht, erfüllt mit Sehnsucht. »Ich werde dich hören wollen. Wie dieser verteufelte Priester. Jede deiner Fantasien. Jedes Detail, alles, was deinen Leib in Ekstase versetzt und deine Träume feucht werden lässt. Und, mein wundervoller Lord, ich schwöre dir bei meiner nicht vorhandenen Ehre, ich werde jede dieser Fantasien umzusetzen wissen.«

Kein echtes Bild, nur eine vage Reihe von Empfindungen und Situationen. Mit voller Wucht brachen sie über ihn herein. Allein der Gedanke, diese Fantasien Miguel gegenüber zu artikulieren …

Simon stöhnte, krümmte sich, stieß in seine Hand. Das Feuer entlud sich, die dunklen Augen, die diese Fantasien stets begleitet hatten, schossen Flammen in seine Körpermitte, ließen den Samen hervorschießen. Saugende Lippen, heiße Küsse, ein Arm, der um seine Hüfte geschlungen wurde, eine Hand, die jeden seiner Laute machtvoll unterband. Der Orgasmus war heftig und seine Hand wollte nicht aufhören, umschloss den Ständer so lange, bis jede der Wellen abebbte, die Spannung nachließ, der letzte Tropfen den Weg hinausgefunden hatte.

»So ist es gut und richtig. Und sieh: Kein Gott, der einen Blitz niedergehen lässt. Nicht einmal ein Sturm. Dabei ist das so viel vergeudeter Samen. Zum Teufel auch! Auf dem Tisch, am Boden. Schau, du hast sogar den Spiegel getroffen.« Lachend hielt Miguel ihn, löste endlich die knebelnde Hand und umschlang ihn mit beiden Armen, zog Simon ganz eng an sich und vergrub das Gesicht in der seitlichen Halsbeuge.

Noch immer heftig atmend folgte Simon mit dem Blick der Spur seines Ergusses und musste tatsächlich leise lachen. Es stimmte, wie Miguel, wie Jean es schon gesagt hatte: nichts geschah. Gott zürnte nicht.

»Was ist mit dir?«, brachte er hervor, erinnerte sich an Miguels reibende Bewegungen, hatte augenblicklich das Bedürfnis, ihm zurückzugeben, was er ihn erleben hatte lassen.

»Mein Samen wurde ebenfalls reichlich vergeudet, und ehe ich wieder an Deck gehe, sollte er noch etwas trocknen oder ich muss eine jener schönen neuen Hosen nehmen, die mir perfekt stehen«, brummelte Miguel,

lockerte seinen Griff etwas, sodass Simon sich herumdrehen konnte. Ein Kuss traf seine Nasenspitze.

»Es sei dir versichert, dass ich beim nächsten Mal durchaus gerne deine Dienste in Anspruch nehmen werde und deine Zungenfertigkeit Gelegenheit bekommen wird, sich zu verbessern.«

»Denkst du denn, du kannst dein Stöhnen beherrschen?«, gab Simon flüsternd zurück, sich plötzlich wieder bewusst, wie leicht man sie hören könnte. Und Miguel war für gewöhnlich alles andere als leise. Spontan grub er seine Hände in Miguels schwarze Haare, fixierte ihn.

»Nun, gegebenenfalls wirst du dich eines Knebels bedienen müssen. Mir kommen viel zu oft Dinge über die Lippen, die andere nicht hören wollen«, raunte Miguel grinsend zurück, schloss die Lider genießerisch, als Simon ihn küsste. »Besonders Priester scheinen mit meinen Worten des Öfteren ihre Probleme zu haben. So einer wie dein damaliger Folterknecht wäre mir gerade recht gewesen. Ein Ruf ist schnell zerstört.«

»Das wäre auch nicht rechtens gewesen«, wandte Simon ein, wusste, dass er dafür ein belustigtes Schnauben ernten würde und konnte dennoch nicht anders denken.

»Darf ich Euch reinigen, mein Herr? Wie der folgsame Diener, der ich sein soll?«, wisperte Miguel gegen die Lippen, schmunzelte auf seine besondere Miguel-Weise, als Simon nickte. Anstatt nach dem Lappen in der Waschschüssel zu greifen, sank Miguel erneut auf die Knie, schaute noch einmal nach oben, ehe seine Zunge hervorschnellte und mit langen Strichen über das erschlaffte Glied, die Innenseiten der Beine und den Bauch glitt, um jedes bisschen seines Samens zu erwischen. Fasziniert, zugleich abgestoßen wie angezogen, schaute Simon ihm zu und konnte nicht umhin, ein erneutes Prickeln zu spüren.

Bei Gott, Miguel war Versuchung pur. Ja, er mochte ein Dämon sein, oder zumindest viel Dämonisches an sich haben, aber genau das war es, was ihn so an ihm anzog. Verrucht, schamlos, weit weg von allen religiösen Zwängen. Ein Verführer und Befreier.

»Ah, Ihr schmeckt so köstlich, mein süßer Lord. Es ist so eine Vergeudung, all jenen Saft zu verspritzen. Ich wüsste schon, was du stattdessen …« Miguel erhob sich, leckte über Simons Kinn und die Lippen, ließ ihn den bitter salzigen Geschmack kosten. »… damit füllen könntest.«

Augenblicklich zuckte Simon zusammen, riss die Augen auf und hatte das Gefühl, sein Herz würde aussetzen. Meinte Miguel, was er dachte? Oh Gott, natürlich hatten seine Fantasien dergleichen beinhaltet, wenngleich

er erst in der letzten Zeit konkretere Vorstellungen von der eigentlichen Ausführung bekommen hatte.

»Oh ja, genau das. Du wurdest als Mann erschaffen, dein Penis dafür, sich tief in ein Loch zu versenken«, wisperte Miguel ganz nahe an seinem Ohr. »Sei versichert, dass ich es kaum erwarten kann. Allerdings fürchte ich, es wird wahrhaftig warten müssen, bis wir die spanische Küste erreichen. Ich will keinen Grund haben, mich zurückhalten zu müssen. Oder du dich.«

Schwer schluckte Simon, versuchte die Bilder, die der Gedanke mit sich brachte, zu verdrängen, ehe er noch über Miguel herfallen konnte. Teufel auch, das war schwer, diese Vorstellung derart erregend und lustvoll. Zuvor war er sich sicher gewesen, dass Miguels Vergnügen eher darin lag, ihn zu nehmen, und das hatte ihm Lust bereitet, daher fand er nichts daran, es als gegeben hinzunehmen. Dass Miguel wünschte, er würde ihn nehmen, versetzte ihn hingegen in Aufregung und machte ihn des Weiteren unglaublich stolz.

Aber sicher, wenn er so darüber nachdachte: Jean und Miguel hatten beieinandergelegen und Jean war doch sicher nicht derjenige, der sich beglücken ließ.

»Hat … Hast du … Habt ihr …« stammelte Simon, wusste partout nicht, wie er es formulieren sollte. Da war es wieder. Alleine dergleichen auszusprechen, wollte ihm seine Erziehung verbieten. »Du und Jean. Wie …?« Es wollte nicht gelingen. Die Vorstellung war zu erotisch. Diese beiden Männer. Wie sie beieinanderlagen. Der heißblütige Spanier, der kühle Franzose. Simon schauderte, sein Unterleib regte sich prompt. Hatte er sich gerade vorgestellt, wie er zwischen beiden zu liegen kommen würde? Nein! Das war ganz sicher nichts, was er sich weiter ausmalen sollte. Und gewiss keine der Fantasien, die er Miguel berichten würde. Wie konnte er das nur denken?

»Oh ja. Das war eine wahrhaft heiße Zeit. Jean hat gewisse Vorzüge, und er ist ganz sicher jemand, der weiß, wie er seine Gottesgabe zustoßend einsetzen kann.« Grinsend verdrehte Miguel die Augen, machte eine sehr bildliche Geste mit Finger und Hand. »Zum Teufel auch, ich glaube, ich war überall wund und kam kaum aus der Koje.«

»Oh!«, entkam es Simon, dem nicht nur die Wangen brannten. Die Hitze überlief seinen ganzen Leib, wie Feuerfunken auf der Haut. Seine Fantasie war eindeutig zu lebendig geworden.

»Oh! Ja, so etwas in der Art habe ich auch gesagt. Glaub ich. Mein Hals war recht rau. Teufel auch, ich hatte schon einige Liebhaber, doch nieman-

den wie Jean Baptiste Ledoux!« Lasziv biss sich Miguel in die Unterlippe. »Um auf deine unausgesprochene Frage zurückzukommen: Es gibt wenig bis nichts, was wir nicht ausprobiert hätten. Da hast du etwas, was deine Fantasien in den Schatten stellen oder wahlweise auch anregen kann.« Verdammt! Simon entkam der Atem stoßweise. Dank dieser Andeutungen würde seine Fantasie ganz sicher angeregt werden, und nicht gerade nur in seinem Sinne. Er wollte doch nicht mehr an Jean denken, nicht daran, wie verführerisch er war, oder gar wie er Miguel verführt hatte.

»Denkst du …?« Betont langsam atmete Simon aus, versuchte sich aus den Fallstricken seiner sexuellen Fantasien herauszuwinden. »Glaubst du, er wird weiter versuchen, mich zu … finden?«

Miguel schnaubte, fuhr zärtlich durch Simons Locken, drehte eine davon in nahezu derselben Manier um seinen Finger, wie Jean es getan hatte. Da war wieder dieses seltsame Funkeln von Traurigkeit in seinen Augen, die Schultern versteiften sich kaum merklich. »Natürlich wird er das. Jean ist besessen von dir. Deiner Reinheit, deiner Unschuld. Du bist all jenes, was er nicht ist. Ein Ideal, nach dem er greifen und es festhalten möchte. Bis zum letzten Atemzug wird er versuchen, deiner habhaft zu werden. Vielleicht sogar über den Tod hinaus.«

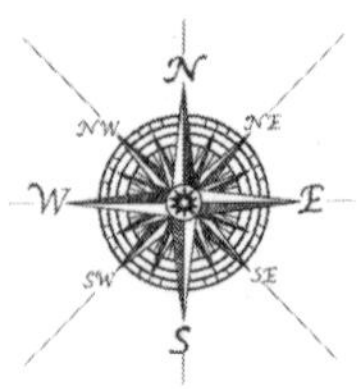

Vom Wind getrieben

Der Wind hatte aufgefrischt, blies Simon mit seiner herben, salzigen Note den Duft von Seetang ins Gesicht. Das Schiff schoss nur so über die Wellen, die großen Segel gebläht, während in den Wanten die Seemänner hantierten und Befehle gebrüllt wurden.

Es schien, als ob der Wind auch das letzte bisschen Übelkeit fortgeblasen hatte. Oder Miguels besondere Behandlung hatte dies erledigt. In jedem Fall fühlte Simon sich gut, hielt das Gesicht in die schäumende Gischt, die über die Reling getrieben wurde und ihm glitzernde Tropfen entgegenschleuderte. Das Heben und Senken des Schiffes hatte etwas Vertrautes, und auch wenn sein Gang noch ein wenig unsicher war, spürte er dieselbe Spannung wie auch auf Jeans Schiff, wenn es Fahrt aufnahm, wie ein rassiges Pferd seine Sprünge verlängerte, dahinjagte, getrieben vom Wind. Es war tatsächlich ungewohnt, nur zuzusehen, kein Teil des Treibens zu sein.

»Spanien, Heimat! Wir kommen geflogen.« Miguel lachte in den Wind hinein, breitete die Arme aus, als ob er die Elemente umarmen wolle, kletterte kurzerhand in die Wanten und riss sich den Hut vom Kopf. Der Wind blies seine schwarzen Haare zurück, ließ sie flattern wie ein lebendiges, ungezügeltes Wesen.

Heftig pochte Simons Herz, quoll über vor Gefühlen beim Anblick dieses herrlichen Mannes in seiner wilden Schönheit. Miguel war impulsiv, leidenschaftlich und dazu auch noch empathisch. Nie hatte er jemanden wie ihn erlebt. Hinter der rauen Schale eines gemeinen Diebes verbarg sich so viel mehr.

»Schaut nur, mein Herr! Hier kommt Euer Ehrengeleit!« Aufgeregt

wedelte Miguel mit seinem Hut und dann sah Simon sie auch schon: grauschwarze Schatten, die neben dem Schiff durch die Wellen schossen.

»Wusah! Da fliegen sie!«, brüllte Miguel, tanzte beinahe auf den dünnen Seilen, während neben dem Schiff die Delfine aus dem Wasser sprangen, als ob sie sich tatsächlich von ihm anfeuern lassen wollten.

Begeistert lehnte Simon sich über die Reling, konnte sich kaum sattsehen an dem Anblick der herrlichen Meeressäuger, die so geschmeidig schwammen. Was für Sprünge sie vollführten. Als ob sie wahrhaftig fliegen könnten, ihre Flossen kurzfristig gegen Flügel austauschen würden.

»Ein wirklich gutes Omen«, rief ihm der Kapitän González vom Steuerrad aus zu, wo er wohl den Kurs angegeben hatte. »Sie treiben die Wellen an und halten alle bösen Geister von uns fern. Schaut, wie sie Euch grüßen, Eure Hoh…, äh, Eure Lord…, werter Herr.«

Simon lag eine Entgegnung auf der Zunge, die Delfine strahlten jedoch so viel übermütige Freude und Euphorie aus, dass er sie kurzerhand hinabschluckte und lächelnd nickte, als González zu ihm herabkam.

»Ein günstiger Wind. Und meine ›Belleza de la Madera‹ ist eins der schnellsten Schiffe, die je diese Wellen gepflügt haben«, erklärte er mit vor Stolz geschwellter Brust. »Ich sehe, die Farbe ist in Eure Wangen zurückgekehrt. Wenn Euer Magen es verträgt, dann lasse ich den Schiffskoch eine Mahlzeit anrichten, die Ihr und Euer musikalisch so begabter Diener mit unserem anderen Passagier, Señor Carrasco, sehr gerne in meiner bescheidenen Kajüte einnehmen dürft. Wenn es Euch genehm ist.« Unterwürfig neigte er sein Haupt, wollte sich ganz verbeugen und besann sich hastig.

»Es wäre mir eine Ehre, Señor González«, erwiderte Simon, sich bewusst, dass es auch hier an Bord gewisse Etiketten gab, an die er sich halten musste. Zwar war ihm nicht wirklich nach dieser Gesellschaft, es tat jedoch sicher gut daran, sich des Wohlwollens dieses Mannes zu versichern. Zudem war er nun auch etwas neugierig auf den anderen Passagier, von dem er noch nichts gesehen hatte. Offenbar war dieser in seiner Kajüte und genoss nicht das Schauspiel an Deck.

»Und mir erst, Eure Ho… Verzeiht, ich werde den Koch sofort unterrichten.« Eilig wandte sich González ab und eilte unter Deck. Mit einem Satz landete Miguel neben Simon, die Haare zerzaust, die dunklen Wangen wirkten leicht gerötet, die Augen sprühten nur so vor Lebensfreude und Übermut. Beinahe rechnete Simon damit, dass er ihn ergreifen und mit ihm über das Deck tanzen würde. Nichts dergleichen geschah und wäre ganz sicher auch nicht angebracht gewesen.

»So sehr ich die würzige Erde meiner Heimat liebe, die den besten Wein von allen hervorbringt, voll süßer Schwere und süffiger Eleganz, so sehr liebe ich das Meer, wenn es mich einem Vogel gleich auf den Planken eines solchen Schiffes dahinfliegen lässt«, sprudelte Miguel hervor.

»Nun, da mein Magen seinen angestammten Platz eingenommen hat, kann ich dieses Gefühl durchaus nachvollziehen«, erklärte Simon. »Der Kapitän hat gerade behauptet, dies sei eins der schnellsten Schiffe in diesen Gewässern. Ich hoffe, das stimmt.«

»Oh, mein schöner Lord, denkt Ihr noch immer an den französischen Schatten? Ich hoffe doch sehr, dass ich ihm genügend falsche Fährten gelegt habe, dass er nicht einen Gedanken daran verschwenden wird, wohin wir unterwegs sind. Denn leider muss ich sagen, verfügt unser rachsüchtiger Freund ganz sicher über eins der schnellsten Schiffe und ich möchte meinen Bart nicht darauf verwetten, welches davon die Jagd gewinnen würde, sollte es dazu kommen.«

»Großartig«, murmelte Simon, plötzlich leicht bedrückt, und schaute sich instinktiv sichernd um. Nein, weit und breit war kein anderes Schiff zu sehen.

»Suche keine Schatten, wo keine sind«, mahnte ihn Miguel augenzwinkernd. »Lass die Dunkelheit einfach hinter dir und genieße das Leben. Es hat so herrlich viele Farben zu bieten.« Womit er natürlich recht hatte. Seufzend nickte Simon.

»Ich komme mir vor, als ob diese Art zu leben bisher gänzlich an mir vorbeigegangen wäre. All die Jahre habe ich immer versucht, der Sohn zu werden, den mein Vater hätte haben wollen, den alle in mir sahen. Ich habe viel gelernt und trainiert und doch bin ich eigentlich völlig unerfahren. Nichts weiß ich von der wahren Welt.«

»Oh ich wette, du hast weit mehr Bücher gelesen und wertvolle Musik genossen, als ich es je durfte«, meinte Miguel. »Ich habe erst spät lesen und schreiben gelernt und der Zugang zu Büchern war … nicht ganz einfach.«

»Du hast sie gestohlen?«, vermutete Simon und versuchte, sich Miguel dabei vorzustellen, wie er in eine Bibliothek einbrach. Seltsam, daran konnte er kaum etwas Verwerfliches finden.

»Natürlich. Und ich habe jeden Buchstaben verschlungen, dessen ich habhaft werden konnte. Hach, da waren so wundervolle Worte. Da taten sich Welten auf, die fern meiner Gosse lagen und, außer in den Büchern, völlig unerreichbar erschienen. Gedichte, von solcher Macht, dass sie schaudernd in meine Knochen drangen und mein Herz berühren konnten.

Und dann waren die Worte auch in mir, drückten meine Sehnsüchte aus. Doch wer wollte diese schon lesen? Wen sollten sie berühren, wenn sie nur von einem schmutzigen Gossenkind stammten?« Nachdenklich schaute Miguel auf einen unbestimmten Punkt auf dem Meer, ein verträumt wirkendes Lächeln auf den Lippen.

»Ich …« Zögernd schaute Simon ihn an, erinnerte sich an das Buch in Jeans Besitz, an die Worte. »Ich glaube, ich habe eins deiner Gedichte gesehen.« Kurz besann er sich und murmelte:

»Suchst lange vergebens,
Fern der Heimat, am Ende der Welt,
Reist über blaue Meere, tiefe Abgründe.
Das Glück hingegen liegt in dem Paradies,
Welches du dir selbst schaffst.«

Überrascht sog Miguel die Luft ein, starrte ihn mit einem seltsamen Ausdruck an. »Teufel noch eins! Das hat er aufbewahrt?«

»Ja. Es war ein Pergament in ein Buch geschoben. Ich … Ich hätte es nicht lesen sollen, doch es fiel heraus, als ich das Buch ansah und diese Worte … sie haben mich ergriffen. Du hast das Gedicht für ihn geschrieben, nicht wahr?«

»Oh ja, das habe ich. Allerdings hätte ich nicht geglaubt, dass er …« Miguel kratzte sich am Hinterkopf, wirkte eigentümlich verlegen. »Tja, offenbar hat er es dann ja doch nicht verbrannt.«

Simon zögerte, musterte ihn eindringlich. Hatte Miguel nicht behauptet, zwischen ihm und Jean wäre es nur Leidenschaft gewesen? Sie hätten einander nur gegeben, was sie gebraucht hatten? War da doch mehr? Bedeuteten seine Worte: *»Mögest du finden, wonach du suchst, mein Freund. Ich vermag es dir nicht zu geben«*, doch etwas?

»Was war das zwischen euch?«, wagte er zu fragen, fürchtete die Antwort, auch wenn er Klarheit haben wollte.

»Er geht dir nicht aus dem Kopf, nicht wahr? Sollte das mir zu denken geben?«, fragte Miguel, wirkte schelmisch wie immer, dennoch schien es Simon, er wolle ein wenig ablenken. Nichtsdestotrotz überkam ihn augenblicklich ein schlechtes Gewissen. Er sollte nicht mehr von Jean reden. Das war vorbei und lag meilenweit hinter ihm.

»Verzeih, ich sollte nicht an ihn denken«, meinte er zerknirscht, berührte flüchtig Miguels Handrücken. Mehr wagte er nicht, angesichts der Seemänner, die überall auf dem Schiff zugange waren.

»Da gibt es nichts zu verzeihen. Jean hat eine sehr einnehmende Persönlichkeit. Es wäre verwunderlich, wenn du nicht an ihn denken würdest. Immerhin hast du doch einige Zeit in seiner Nähe verbracht. Simon, er ist ein atemberaubender Mann. Ach, schau nicht so pikiert. Im Gegensatz zu dir, weiß ich um seine beachtlichen Qualitäten im Bett. Du magst ihn für grausam und rücksichtslos halten, das trifft nicht auf sein Liebesspiel zu.«

Das leichte Brennen in Simons Wangen wollte auch der Wind nicht kühlen.

»Und ich würde dennoch das, was zwischen uns gewesen ist, nicht als Liebe bezeichnen. Zuneigung, Faszination, nenne es: einander verwandte Seelen. Kein Grund, eifersüchtig zu sein.« Neckend stieß Miguel ihn an, ohne sich zu vergewissern, ob man sie beobachtete. Wie immer scherte er sich kaum um den Eindruck, den andere haben würden. Auch das schätzte Simon an ihm.

»Verwandte Seelen? Du bist kein Mörder, du bist in keiner Weise wie er«, protestierte Simon augenblicklich.

»Nein, ich bin nicht wie er. Allerdings teilen wir Leidenschaften, und der Gedanke der absoluten Freiheit war uns gemein. Freiheit des Lebens, sexuelle Freiheit, ein gänzlich von Zwängen freies Leben zu führen, das hat uns geeint. Für eine gewisse Zeit. Und, Simon, du wirst auch einen Teil seines anderen Selbst kennengelernt haben, nicht wahr?«

»Was meinst du?« Leicht irritiert schüttelte Simon den Kopf. Wie oft Miguel viel mehr zu wissen schien, als möglich war. War dies wirklich nur seine gute Beobachtungsgabe? Verfügte er über geheime Talente, die sich der normalen Wissenschaft entzogen?

»Es gab einst einen Jean, der dir sehr ähnlich gewesen zu sein scheint«, begann Miguel nachdenklich, sein Fuß stieß gegen Tauwerk. »Ein junger Mann von hoher Geburt, eingezwängt in ein Leben, das er nicht führen wollte, gegängelt von Konventionen, gegeißelt von seiner Religion und stets in Furcht vor der Entdeckung seines größten Geheimnisses.«

Mit enger Kehle schluckte Simon. Ja, er erinnerte sich, dass Jean einen Teil davon angedeutet hatte. Und wie sein Weg hinaus gewesen war. Über die Leichen der Menschen, die sein Geheimnis hatten verraten können und jedes anderen, der ihm den Weg versperren wollte.

»Wir hatten die Wahl«, brachte er wenig überzeugend hervor. »Wir beide. Und er hat …«

»Welche Wahl hattest du?«, unterbrach ihn Miguel, machte eine lässige

Geste mit seinem Hut. »Hättest du dich befreien können, wenn Jean es nicht getan hätte?«

»Du hast mich befreit!«, warf Simon empört ein, sein Herz schlug härter, er fühlte sich in die Enge gedrängt. Hatte er eine Wahl gehabt? Nun, erst auf seiner eigenen Hochzeit und nur angesichts all der vorherigen Ereignisse hatte er den Mut aufgebracht, sich seines weiteren Lebensweges entziehen zu wollen. Wenn Miguel nicht aufgetaucht wäre, hätte es ihm gelingen können? Und hätte er den Mut gefunden, wenn er nicht aus jener Kutsche entführt worden wäre?

»Ich war nur zur rechten Zeit am rechten Ort. Darin bin ich gut. Aber es war Jean, der dir eine andere Welt gezeigt hat. Oh, und sicher, ich natürlich auch. Einen kleinen, nicht einmal so unbedeutenden Teil.« Forsch stieß Miguels Zunge in die Unterlippe und er zog die Augenbrauen verwegen nach oben. Perplex verstummte Simon, ließ die Worte in sich sinken. Sie enthielten zweifelsohne Wahrheit. Nachdenklich starrte er auf die Planken, ließ den Wind durch seine Haare streichen. Wie Finger. Zärtlich. Das leise Raunen wie eine ferne Stimme. Sanft. Eindringlich. Geweckte Wünsche.

Tief holte er Luft, richtete den Blick hoch in die Segel, die der Wind bis zum Bersten spannte.

»Ob er zu einem anderen Menschen geworden wäre? Wenn …?« So recht wollten ihm die Worte nicht einfallen. Andere Umstände? Andere Entscheidungen? Aber Jean hatte sich entschieden. Für den Weg, der mit Blut besudelt war.

»Vielleicht. Jean hat mehr als eine Seite. Mir scheint, in ihm schlummern zwei Seelen. Die eine füttert er, lässt sie stärker, immer mächtiger und unnachgiebig werden, die andere ist womöglich verkümmert, doch existent. Ich denke, du hast diese Seite wiedererweckt und nun sehnt er sich nach mehr, hungert und dürstet danach«, erklärte Miguel, lauschte seinen eigenen Worten nach, als ob auch er sie kaum glauben könnte.

»Was sieht er in mir? Ist es Begehren? Was sollte ich ihm schon geben können?«, wagte Simon einzuwerfen, zupfte unbehaglich an seiner Weste herum.

Lächelnd trat Miguel ein wenig näher, die Finger hoben sich, als ob er sein Gesicht berühren wollte, und sanken wieder herab. »Mein wunderschöner Lord. Hinter deinem Mut und Stolz verbirgt sich Zerbrechlichkeit. Du bist rein und unschuldig. Kostbare Eigenschaften, ein Schatz, der Jean magisch anzieht. Wenn er deine Liebe erringen könnte, dann hofft er wohl, deine Reinheit würde auch seine Seele befreien, die er in diesen

Kerker aus Wut und Hass gesperrt hat«, murmelte Miguel, als ob er einer inneren Stimme lauschen würde.

»Oh, ich bin nicht länger unschuldig«, wandte Simon ein, zwang sich zu lachen, auch wenn Miguels Worte schwer auf ihm lasteten.

»In deinem Herzen bist du unschuldig. Womöglich ist es das, was auch Jean so fasziniert. Ich bin ein Betrüger, ein Dieb, ich kann flunkern, dass sich die Planken biegen, Jean hingegen … Für ihn gibt es kein Gesetz und keine Hürde. Er würde alles tun, um sein Ziel zu erreichen. Doch du, du weißt um die Bedeutung von Ehre und Vertrauen. Und Liebe. Tugendhaft. Genau deswegen begehrt Jean dich, du bist all das, was er verloren hat und möglicherweise auch nie besaß. Wenn er dein Herz besitzt, dann erlangt er eventuell diesen Schatz zurück.«

»Und du?« Ganz flach atmete Simon, fühlte sich aufgewühlt und verunsichert. Hatte er eine solche Macht? Hätte er Jeans Werben nur nachgeben müssen, um … Bei Gott! Was für ein Gedanke.

»Oh, mir reicht die Reinheit an dir völlig aus. Ich bleibe gerne müffelnd und mich gelegentlich, besonders nach gewissen Aktivitäten, nach einem Bad sehnend. Meine schwarze Seele gefällt mir ganz und gar so, wie sie ist.« Grinsend verbeugte Miguel sich mit seinem Hut und setzte ihn wieder auf.

»Mir genügt sie auch voll und ganz. Übrigens hat uns der Kapitän zu einem offiziellen Abendessen eingeladen. Also sei mein perfekter Diener und löffle aus, was auch immer du an Gerüchten gestreut hast«, erwiderte Simon, schüttelte die bedrückenden Nachwirkungen des Gespräches ab und hoffte, dass der frische Wind sie bald schon fortgeweht haben möge.

Sie waren auf dem Weg in ein neues Leben. Ihr Leben. Schatten hatten darin keinen Platz, darin stimmte er absolut mit Miguel überein.

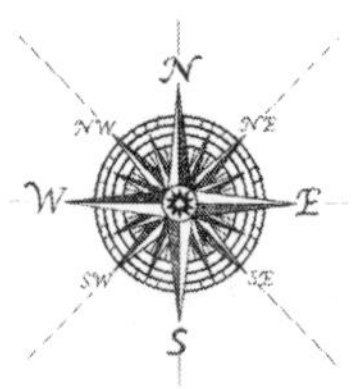

An die Segel

Die Augen noch geschlossen, gähnte Simon, wollte sich recken und musste lächeln, weil Miguel derart eng an ihn gedrängt lag, dass er kaum Bewegungsfreiheit hatte. Selig schnarchte es in seinem Nacken, obwohl der Wellengang das Schiff viel stärker schaukeln ließ, als noch am Abend. Hin und her ging es, und wenn Miguel seine Arme nicht um Simons Brust geschlungen hätte, würden sie beide vermutlich recht unsanft herumrollen. Seufzend dachte Simon an die Hängematten auf Jeans Schiff, die in dieser Hinsicht viel mehr Komfort geboten hatten. Tatsächlich waren sie, besonders bei Sturm, wenn sich das Schiff so stark zu einer Seite neigte, dass man das Gefühl hatte, es würde umkippen, der einzig angenehme Ort gewesen.

Beim Abendessen in der Kapitänskajüte hatte sich Simon wohlweislich noch etwas zurückgehalten, seinem Magen nicht zu viel zugemutet und das war sicher nur gut so gewesen. González hatte während ihrer Gespräche schon prophezeit, dass der Wind auffrischen, womöglich zu einem Sturm heranwachsen würde.

Es war ein anstrengendes Essen gewesen. Señor Carrasco, ein blasser, etwas korpulenter Mann mit Glatze, schien die Seekrankheit noch ärger als Simon getroffen zu haben, denn er brachte kaum einen Bissen hinab und war auch in den Gesprächen recht einsilbig. Was allerdings auch daran liegen mochte, dass der Kapitän aus Rücksicht auf Simon auf einer in Englisch geführten Konversation bestand. Nachdem er ihnen den anderen Gast vorgestellt hatte, hatte Miguel es mit gezieltem Räuspern geschafft, den Kapitän gerade noch daran zu hindern, Simons vermeintliche Identität preiszugeben.

»Kaffee. Damit handeln mein Bruder und ich«, hatte Señor Carrasco in stark gebrochenem Englisch auf die Frage von González nach seinem Beruf hervorgebracht. Immerhin erfuhren sie außerdem, dass er Geschäfte zu erledigen gehabt hatte. Hilfe suchend wandte er sich jedes Mal in Spanisch an Miguel, wenn ihm das passende Wort nicht einfallen wollte.

»Sturm? Ihr meint, das jetzt ist noch keiner?«, hatte Señor Carrasco mit entsetzt hervorquellenden Augen gefragt und sich stöhnend mit den Fingern die Stirn massiert.

»Aber nein, Señor? Dies ist genau die Sorte Wind, die der *Belleza de la Madera* liegt«, hatte González lachend gemeint. »Dies ist ein ehemaliges französisches Schiff, auf maximale Schnellig- und Wendigkeit ausgelegt. Ihr werdet bemerkt haben, dass wir lediglich zwölf Kanonen führen. Mehr sind auch nicht nötig, da wir den Bukanieren schlicht davonsegeln, wenn sie auftauchen. So mancher hat schon versucht, mein Schiff zu fangen, und hatte das Nachsehen.« Mit erkennbarem Stolz hatte der Kapitän die Daumen in den Bund seiner Hose geklemmt, sich zurückgelehnt und Portwein für sie geordert.

»Genau aus diesem Grund bevorzugte mein Herr die Überfahrt auf Eurem geschätzten Schiff. Schnell und sicher in die Heimat«, hatte Miguel aus dem Hintergrund eingeworfen, wo er dem Stewart beim Auftragen geholfen hatte. Wie Miguel Simon später erklärt hatte, war die *Belleza de la Madera* dafür bekannt, noch nie Opfer eines Übergriffs geworden zu sein.

»Eine kleine Legende ist diese Schönheit.« Schmunzelnd hatte Miguel über die Taue gestrichen und den Blick zu den Sternen erhoben, nachdem sie sich verabschiedet hatten und noch einmal an die frische Luft an Deck gegangen waren.

»Ein Schiff, ganz nach meinem Geschmack. Praktisch, und mit einer kleinen Mannschaft zu segeln. Wie ein Falke, der schnell zustößt, sein Opfer umkreist und es sich packt. Wenn man denn ein Bukanier ist.«

»Als Passagierschiff gefällt sie mir ebenso gut«, hatte Simon erwidert, sich zugleich jedoch gefragt, wie es sein würde, auf einem derart schnellen, wendigen Schiff etwas anderes als Delfine zu jagen.

Gähnend öffnete er die Augen, befreite sich vorsichtig aus Miguels Griff und erhob sich, um sich zu reinigen. Grummelnd zog ihn Miguel noch einmal zu sich, bestand auf einen Kuss, ehe er ihn aufstehen ließ.

»Eigentlich sollte ich Euch dabei wohl zur Hand gehen, mein Lord. Ich fürchte, das wird indes nicht ohne hörbare Folgen bleiben, daher erlaubt mir vorerst, Euren Anblick voll und ganz zu genießen, während die

Träume der Nacht sich in den Traum vor mir wandeln. Gott muss Euch wahrhaftig selbst geschaffen haben, so viel Schönheit. Seid gründlich mit Eurer Reinigung. Womöglich kontrolliere ich doch noch, ob Ihr wirklich in jedem Bereich rein genug seid.« Zwischen Miguels Lippen blitzte die Zungenspitze hervor, während seine Blicke über Simon glitten, dem Weg des Tuches folgten. Die Begehrlichkeit darin ließ Simons Lenden heiß werden. Und er schämte sich nicht dafür.

Es war ihm nicht einmal unangenehm, wie Miguel ihn musterte. Ganz im Gegenteil, er fühlte sich zum ersten Mal begehrt, bewundert und wertgeschätzt, als das, was er war: einfach nur ein Mann. Nicht, was er an Fähigkeit erworben hatte, nicht sein Rang, nicht seine Zukunftsperspektiven waren relevant. Einfach nur er selbst. Nackt und genau so, wie er geboren worden war. Erstaunlich, wie leicht es Miguel gelang, ihm diese Art von Gefühlen zu geben. Lächelnd beendete er seine Wäsche, zog sich an und stieß dann Miguel aus dem Bett.

»Wie nachlässig würde der Diener wirken, wenn der Herr vor ihm das Deck betritt? Also schwinge dich aus der Koje, mein müder Freund. Du hättest gestern dem Portwein wohl weniger zusprechen sollen. Oh nein, du brauchst nicht zu protestieren. Ich habe sehr wohl bemerkt, wie der Pegel der Flasche jedes Mal mehr abgesunken war, wenn du uns neu eingeschenkt hast. Viel mehr, als in drei Gläser passen würde. Und wenn ich mich recht entsinne, standen anstatt der drei Flaschen bei unserem Weggang nur noch zwei auf dem Seitentisch. Vermutlich erklärt das auch die Ausbeulung deiner Tasche.«

»Ach Simon, deine Beobachtungsgabe ist ebenso bewundernswert, wie die Jugend und dein morgendlicher Elan.« Stöhnend rappelte sich Miguel auf, verwandte nicht viel Zeit auf die Wäsche, schritt allerdings doch energisch aus, kaum hatten sie die Kabine verlassen. Wenn sein Schädel noch brummte, merkte man es ihm nicht an.

Das gute Essen zeigte Wirkung und Simon war sich recht sicher, die Folgen der Seekrankheit endgültig hinter sich gelassen zu haben. Mit der Kraft kehrte auch der Tatendrang zurück und so wanderte er nach dem Frühstück ein wenig rastlos über das Deck. Das Schiff war nicht sehr groß und bot wenig Abwechslung. Der frische Wind machte ihn zusätzlich unruhig. Miguel war irgendwo unter Deck. Offenbar gehörte die Flasche Portwein zu irgendeinem Geschäft mit den Matrosen, von dem Simon nichts wissen wollte.

Noch stärker wurden die Böen, das Schiff bewegte sich in dem schaukelnden Auf und Ab eines gewaltigen Riesenpferdes im Galopp. Spanische

Befehle flogen über das Deck, einige Männer der Besatzung kletterten in die Wanten, hoch auf die Rahe, die nackten Füße auf dem Seil des Fußpeerds. Weitere Männer machten sich unten an den Tauen zu schaffen. Ah, sie wollten das Rahsegel brassen, der Wind drehte.

Es geschah instinktiv. Simon packte ein loses Seil und zog mit den anderen im Takt. Auch wenn er die Befehle nicht verstand, ihre Bedeutung war ihm durchaus geläufig. Jeder der Bewegungsabläufe war ihm längst in Fleisch und Blut übergegangen und als er mithalf, wurde ihm auch bewusst, dass er diese Arbeit durchaus vermisst hatte. Wie selbstverständlich packte er mit an und erst als einer der Männer ihn bemerkte und erstaunt oder fluchend klingend einige Wörter ausstieß, wandten sich die anderen zu ihm um. Perplex starrten die Männer ihn an, während er das Seil befestigte, sich die Hände rieb und erwartungsvoll auf den nächsten Befehl wartete.

»Eure Ho…! Mein Herr, was …?« Das war González, dessen Augen groß wirkten, während er vom Quarterdeck herabgeeilt kam. Simon wandte sich um, genoss wahrhaftig das leichte Brennen seiner Hände. Oh, es tat gut, sich körperlich wieder betätigen zu können. Keine Übungsstunde im Kämpfen hatte ihm dieses befriedigende Gefühl geben können und viel mehr hatte er in der Residenz seines Vaters kaum tun dürfen. Hatte er einst die harte Arbeit auf Jeans Schiff verflucht, so hatte sie ihm danach doch ein wenig gefehlt. Zumindest das Gefühl, ein Teil der Gruppe und vor allem nützlich zu sein.

Hinter ihm erklang Getuschel, während von oben einer der Männer auf der Rahe verärgert fragend herabbrüllte. Für einen kurzen Moment überlegte Simon, sich zurückzuziehen, dann reckte er das Kinn. Zu lange war er einer von ihnen gewesen, wusste, was getan werden musste und die Überfahrt würde sehr lang werden. Besser, er fand einen sinnvollen Weg, die Zeit auszufüllen.

»Señor González.« Er nickte dem Kapitän zu, der ihn entgeistert anstarrte. »Ihr verfügt nicht gerade über viele Männer. Erlaubt mir, ihnen ein wenig zur Hand zu gehen, damit wir das Segel schneller gebrasst bekommen. Der Wind wird immer stärker und er dreht sich.«

»Aber das ist doch keine Arbeit für Euch, Ho…, mein Herr. Ihr könntet Euch verletzen und, mit Verlaub, sie erfordert einiges an Wissen und Können«, wandte González ein, schaute beinahe Hilfe suchend zu seinen Männern.

»Seid versichert, dass dies nicht das erste Mal ist, dass ich auf einem Schiff segle und keine dieser Arbeiten mir unvertraut ist. Erweist Ihr mir die Ehre, Euer Schiff und Eure Mannschaft zu unterstützen? Oder wollt Ihr mir meine Zeit an Bord endlos und unerfüllt werden lassen? Soll ich etwa später Euch und Euer Schiff auf diese Weise in Erinnerung behalten?«, meinte Simon, richtete sich bei den letzten Sätzen auf und ließ seine Züge einen leicht hochmütigen Ausdruck annehmen. Ein wahres Erfolgskonzept, wenn man mit gesellschaftlich niedrigeren Menschen zu tun hatte, auch wenn er diese Art hasste.

»Nein! Natürlich nicht, mein Herr. Doch ich kann kaum riskieren, dass Euch etwas geschieht. Das wäre unverzeihlich. Für uns alle. Für Spanien, für England«, wandte González ein, unterstrich seine Bedenken mit hektischen Gesten. Über ihnen brüllte abermals einer der Männer, der Kapitän brachte ihn jedoch mit einem harschen Ruf zum Schweigen.

»Das Leben beinhaltet so einige Gefahren, denen ich mich bislang erfolgreich gestellt habe. Glaubt mir, ich bin dem Tod bereits begegnet und entkommen. Ich gedenke nicht, ihn so leicht wieder zu treffen. Also. Gewährt Ihr mir die Mitarbeit?«

»Ho…, Herr! Ich …« Verzweifelt rang der Kapitän mit sich, die Hände fuhren nervös über seine Hose.

»Besser, Ihr gewährt ihm seinen Wunsch«, erklang Miguels Stimme vom Niedergang her. »Oder wollt Ihr etwa derjenige sein, der meinem Herrn ernsthaft etwas untersagt?« Verdammt, Miguel ließ es klingen, als ob er den Kapitän dafür aufhängen lassen könnte. Missmutig verzog Simon das Gesicht. So viel Druck war sicher nicht nötig.

»Nein! Nein, natürlich nicht, Euer … Herr. Es sei Euch erlaubt, zu tun, was Ihr tun wollt«, stieß González hektisch aus, ehe Simon etwas sagen konnte, verbeugte er sich fast bis zu den Deckplanken. »Euer Wunsch sei Euch gewährt. Es wird uns eine Ehre sein.« Die Männer starrten Simon mit offenem Mund an, als González auf Spanisch einige weitere Befehle ausstieß, sich noch einmal verbeugte und rasch zurückkehrte. Nur zögernd nahmen die Männer wieder ihre Positionen ein. Immer wieder vernahm Simon getuschelte Worte, die er ignorierte, sich ganz auf ihre Aufgabe konzentrierte. Miguel hatte sich derweil wieder die Fidel geschnappt, begann zu spielen und nahm den Takt der Rufe auf, mit denen sie die Seile anzogen.

Bald schon rann Simon der Schweiß über den Rücken, die Hände waren rau, die Muskeln brannten. Nichtsdestotrotz fühlte er sich rundum wohl, als die Segel alle in Position waren, das Schiff dem Ruf des Windes folgte und der Stoff bis zum Zerreißen angespannt wirkte. Welche Faszination, ein

Teil davon zu sein, wie sie als winzige Menschen die Elemente bezwangen und sich untertan machten.

»Mein Herr? Ich denke, Ihr werdet beides nötig haben.« Mit einer ehrerbietigen Geste reichte ihm Miguel ein feuchtes Tuch und einen Krug Wasser. Kein Wort verlor er über Simons Entscheidung, schaffte es jedoch im weiteren Verlauf des Tages ihm unauffällig bei all den Arbeiten an Deck zu folgen und war stets mit einer Erfrischung zur Stelle, wenn ihnen der Wind eine Pause vergönnte.

Nach und nach schienen die Seemänner ihre Scheu vor Simon abzulegen. Er vernahm einige anerkennend klingende Worte und lächelte zurück, wenn er angelächelt wurde. Dies war gänzlich anders als auf Jeans Schiff. Den Respekt hatte er sich dort hart erarbeiten müssen und die Isolation, in die Jean ihn getrieben hatte, hatte später jeden Kontaktversuch vereitelt. Diese Männer hingegen hielten nur die Gerüchte über seine wahre Identität zurück. Mit seinem Können und engagiertem Einsatz hatte er eine faire Chance, ihre Zurückhaltung zu überwinden.

Natürlich trug auch Miguel mit der Musik und frivolen Sprüchen seinen Teil dazu bei, dass bald schon eine gelöste Stimmung herrschte, einer der Seemänner Simon sogar anerkennend auf die Schulter klopfte.

Über ihnen strahlte die Sonne, der Duft des Meeres in der Nase, die Frische der Luft in den Lungen. Bei Gott, das Leben konnte schlechter sein.

Die folgenden Tage an Deck waren erfüllt von den Arbeiten rund um das Schiff, sowie dem Flicken von Tauen und Segeln, abgerundet von Tanzeinlagen zu der Musik, die Miguel spielte und fröhlichen Runden in der Gesellschaft der anderen Männer.

»Du wirst noch ein rechter Seemann. Die Blässe eines Aristokraten kannst du nicht länger dein Eigen nennen«, meinte Miguel, während seine Finger geschickt die Nadel durch die Leinwand führten. Zwar hielt er sich von einigen der Arbeiten, besonders denen in der Takelage, fern, war sich indes nicht zu schade, handwerkliche Tätigkeiten auszuführen. Wie er Simon verlegen gestanden hatte, befiel ihn bei mehr als einer Manneslänge über dem Deck bereits Höhenangst. Kaum zu glauben, denn es schien sonst nichts zu geben, was Miguel fürchtete.

»Ich kann nicht leugnen, dass dieses Leben einen gewissen Reiz ausübt«, gab Simon grinsend zu, klemmte sich seufzend eine lose Haarsträhne hinter das Ohr, die sich aus dem provisorischen Zopf gelöst hatte, in den er seine zu langen Haare gezwungen hatte. Unbarmherzig brannte die

Sonne herab, die Hitze erreichte sie selbst im Schatten des Beibootes, wo sie eine kleine Mahlzeit eingenommen hatten und sich dem Flicken eines Segels widmeten.

»Auf Dauer würden mir jedoch die Annehmlichkeiten eines Lebens an Land fehlen, der Geruch dunkler Erde, das Grün der Pflanzen und das Gefühl, auf festem, solidem, unbeweglichem Boden zu stehen.«

»Darin stimmen wir überein. Ja, das Meer hat seine schönen Seiten und ich bin sicher, wir werden sie in einigen Reisen zu schätzen lernen. In dem Wissen, heimzukehren, zu einem weichen Bett und dem Gezirpe der Zikaden in der Nacht. Oh, wie sehne ich mich nach steinernen Wänden und viel Platz. Besonders aber nach den Ohren, die zwar hören können, aber Mündern, die verschlossen bleiben.« Energisch stieß Miguel die Nadel durch den festen Stoff. Bedächtig nickte Simon, dachte schuldbewusst daran, dass er ihm beinahe in die Hand gebissen hätte, die sein Stöhnen gefangen hielt, während Miguels Hand ihm eine Lehrstunde gab. Wahre Befriedigung wollte sich bei ihren heimlichen, intimen Momenten nicht recht einstellen, zu bedrückend war der Gedanke, man könne sie hören oder erahnen, was sie wirklich waren. Dabei hatten sie sich offenbar in der Mannschaft bisher äußerst beliebt gemacht. Dazu trug auch bei, dass Simon bemüht war, Spanisch zu lernen, und die Seemänner wahre Freude daran hatten, ihm eine Menge Wörter beizubringen, deren Verwendung am Hofe allerdings eher unwahrscheinlich schien.

»Erzähl mir von dem Gut«, schlug Simon nicht zum ersten Mal vor. »Wir waren bei dem Rundgang im Weinkeller stehen geblieben. Du hattest die Vorzüge von gewissen Fässern gelobt, hinter denen man sich verbergen könne.« Es war unglaublich, wie plastisch Miguel erzählen konnte. Längst hatte Simon keinen Zweifel mehr an der Existenz des Gutes und freute sich umso mehr darauf, es zu Gesicht zu bekommen.

»Ah ja. Diese Plätze werde ich dir gewiss alle noch direkt zeigen. Dann folge mir doch einfach die steinerne Treppe ganz hinten hinauf. Sie führt zu einer kleinen Tür, die ein wenig klemmt. Efeuranken versuchen, sie jedes Jahr aufs Neue zuzuwuchern. Wenn man sie aufstemmt, dann …«

Ein Ruf über ihnen lenkte ihre Aufmerksamkeit zum Ausguck. Der Mann dort wedelte mit den Armen und brüllte. Augenblicklich ließ Miguel das Segel sinken, seine Züge wurden hart.

»Was ruft er?«, fragte Simon nach, hatte ein äußerst beklemmendes Gefühl im Magen.

»Segel. Am Horizont sind die Segel eines Schiffes aufgetaucht«, erklärte Miguel mit versteinertem Gesicht, zuckte zusammen und schüttelte sich wie ein nasser Hund. »Nur ein anderes Schiff. Wir sind immerhin nicht alleine in den Weiten des Meeres unterwegs. Das muss nichts bedeuten.«

Er musste nicht aussprechen, was er befürchtete. Sie beide dachten dasselbe, und der Gedanke kroch wie ein nasser, kalter Wurm durch die Eingeweide. Simons Finger zitterten ganz leicht, als er sich zwang, die Nadel in den Stoff zu drücken, während der Kapitän einen weiteren Mann mit Fernglas in den Ausguck schickte.

Nur ein anderes Schiff. Nichts weiter.

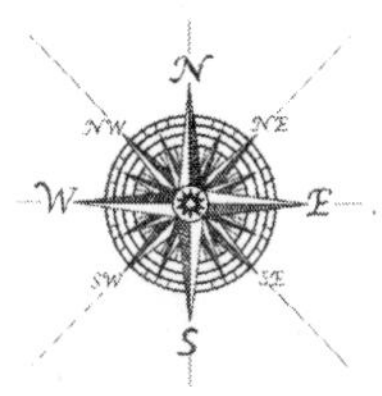

Hart am Wind

»Der Wind dreht erneut.« Besorgt blickte Simon nach oben zu den Segeln. Bisher waren sie vor dem Wind gesegelt und der Abstand zu dem fremden Schiff hatte sich ein wenig vergrößert. Eingedenk der Aussage des Kapitäns, dass sein Schiff besonders schnell sei, hatte er versucht, das ungute Gefühl zu ignorieren, das ihn hartnäckig heimsuchte. Seit Stunden folgte ihnen das Schiff, und auch wenn González versichert hatte, dass es lediglich, wie sie, den günstigen Wind nutzte, konnte er sich des Gedankens nicht erwehren, dass auf dem anderen Schiff jemand nach ihnen Ausschau hielt.

Vom Heck der *Belleza de la Madera* erklangen Flüche und neue Befehle. Hastig packte Simon mit an. Mittlerweile waren die spanischen Worte für das Manöver ihm geläufig. Statt sich vom Wind vorwärtstreiben zu lassen, der sie nun unweigerlich näher an das fremde Schiff bringen würde, hatte González sich zum Kreuzen entschlossen. Dicht am Wind würden sie so vermutlich rasch außer Sichtweite gelangen können, auch wenn sie das Manöver von ihrem bisherigen Kurs abbringen würde. Nun würde sich wohl auch zeigen, ob das Schiff ihnen folgte oder seinen Kurs beibehielt.

Bald darauf wischte sich Simon mit dem Handrücken den Schweiß von der Stirn und trat neben Miguel, der mit einem Fernglas den Horizont absuchte.

»Verflucht soll er sein. Da, schau. Er folgt uns«, stieß Miguel zwischen den Zähnen hervor, reichte ihm das Fernglas. Die *Belleza de la Madera* legte sich ein wenig mehr auf die Seite, während der Wind an ihren Segeln entlangstrich. Nicht lange und sie würden die Richtung erneut ändern müssen, um nicht zu weit abzutreiben.

Mit angehaltenem Atem suchte Simon nach den Segeln des anderen Schiffes. Da, dort war es. Ganz offensichtlich hatte es ebenfalls den Kurs gewechselt, kreuzte hart am Wind ihnen nach. Verdammt. Abermals wurden Befehle gerufen. Simon drückte Miguel das Fernglas in die Hand und half der Mannschaft. Während er mit vollem Einsatz half, konnte er sich größtenteils davon abhalten, zurückzuschauen. Miguels besorgte Miene sagte ihm genug, wann immer er an ihm vorbeieilte.

»Er ist es«, murmelte Miguel, kaum machte Simon eine kleine Verschnaufpause zwischen den Manövern.

»Wir können nicht sicher sein«, wandte Simon ein, fügte leiser hinzu, weil González sich ihnen näherte: »Was macht dich so sicher?«

»Mein linker kleiner Finger kribbelt. Das ist immer ein untrügliches Zeichen für Unglück«, wisperte Miguel, ohne das Glas abzusetzen. Wie ein Stück Eis sanken seine Worte in Simons Bewusstsein. Plötzlich vermeinte er, schlanke Finger auf sich zu spüren, ein Wispern am Ohr, zittrige Erregung, als ein Hauch von Atemluft seinen Nacken streifte. Dann sah er sie schlagartig wieder vor sich: die Mündung der Pistole, Jeans vor Wut verzerrtes Gesicht, hörte den Schuss, roch den Pulverdampf, ehe kalte Wellen über ihm zusammenschlugen. Hart krallte er seine Finger in die Reling, presste die Kiefer so fest zusammen, dass es schmerzte. Wie wild raste sein Herz, trieb seine Beine zu einer völlig sinnlosen Flucht an. Von diesem Schiff gab es kein Entkommen.

»Mein Herr, seid unbesorgt, dieses Schiff wird uns nicht einholen können«, erklärte González ein wenig atemlos. »Wir sind schneller. Es müsste so hart am Wind segeln, dass es riskieren würde, zu kentern, um uns näher zu kommen. Bald schon wird es ablassen, selbst wenn es einer der gottverdammten Bukaniere ist.«

»Davon könnt ihr ausgehen«, brummte Miguel missmutig. »Es ist ein Bukanier. Und einer der schlimmsten. Und er wird alles riskieren, um uns einzuholen.«

»Erkennt Ihr das Schiff? Wer ist es?«, hakte González nach, zog sein eigenes Fernglas hervor und inspizierte die See.

»Ich spüre es im kleinen Finger ziehen. Schaut hin, wie er segelt. Ich kenne nur einen, der ein wirklich großes Interesse hat, dieses Schiff einzuholen: Jean Baptiste Ledoux.«

Zischend holte González Luft, schüttelte indes energisch den Kopf. »Ach nein, werter Herr. Schaut hin, er segelt einen anderen Kurs, die Segel verschwinden. Wir sind keine lohnende Beute für ihn.«

»In Ledoux' Augen habt ihr das Wertvollste an Bord, was es geben kann«, knurrte Miguel, suchte weiterhin hektisch den Horizont ab.

»Ihr meint, er würde keine Hemmungen haben, unseren geschätzten Gast …? Aber nein, so verwegen wäre selbst ein Ledoux nicht«, warf González grübelnd ein.

»Wäre er.« Miguel setzte das Fernglas ab, zögerte einen Moment und schaute noch einmal hindurch. »Wahrhaftig, er ist verschwunden. Warum juckt mein Finger dann noch immer?«

»Werter Herr, selbst wenn er uns einholen sollte, was äußerst unwahrscheinlich ist, wir verfügen über Kanonen, wir wissen uns zu wehren. Zudem hat mein Schiff genügend Verstecke unter Deck. Glaubt mir, darin habe ich schon viel vor zu neugierigen Augen verbergen können.« Verschmitzt grinste González und bestätigte Simons Verdacht, dass Schmuggel zu einem seiner Geschäfte gehörte.

»Und ich versichere Euch, dass ein Ledoux jedes davon zu entdecken vermag. Er weiß, wo er suchen muss und er denkt ebenfalls wie jemand, der etwas gut verbergen will«, grollte Miguel unzufrieden. Seine Nervosität war ansteckend, so sehr sich Simon auch einzureden versuchte, dass das Schiff verschwunden war.

»Woher sollte er wissen, dass wir uns auf diesem Schiff befinden?«, warf er zaghaft ein, erntete einen langen, nachdenklichen Blick von Miguel sowie ein unbestimmtes Schulterzucken.

»Eigentlich sollte er davon keine Kunde bekommen haben. Wir waren sehr vorsichtig. Niemand im Hafen kann mitbekommen haben, wo wir uns eingeschifft haben. Es war viel zu dunkel.« Erneut suchte Miguel den Horizont ab, seufzte leise und unzufrieden.

»Lasst uns hoffen, dass das Schiff verschwunden bleibt«, meinte Simon, widerstand der Versuchung, sich das Unbehagen abzuschütteln. Die Vorstellung, irgendwo in dem dunklen Bauch dieses Schiffes verborgen darauf hoffen zu müssen, dass Jean ihn nicht fand, ließ die altbekannte Übelkeit aufflammen.

»Irgendwo dort draußen ist er«, raunte Miguel, schob sich den Hut tiefer in die Stirn. »Was auch immer geschieht, ich werde dir nicht von der Seite weichen.«

Obwohl das fremde Schiff augenscheinlich verschwunden war, hielt der Kapitän den Kurs bei. »Lieber kreuze ich ein wenig länger, ehe ich uns auf den alten Kurs bringe. Vielleicht dreht der Wind noch einmal, dann wird er uns direkter segeln lassen«, meinte González, ehe er seine Mannschaft

erneut in die Takelage schickte. Es war eine mühselige Arbeit und extrem anstrengend, das Schiff immer wieder am Wind auszurichten, sodass sie Fahrt machten, ohne zu weit abgetrieben zu werden. Nach unendlich lang erscheinender Zeit gab der Kapitän endlich den Befehl, wieder in den Wind zu drehen, und Simon ließ sich erschöpft neben dem Beiboot sinken, lehnte den Kopf mit geschlossenen Augen gegen das Holz.

Wie sehr er sich nach einem Krug Wasser sehnte, den er sich über den Kopf schütten könnte. Das Hemd klebte ihm am Körper, die Hose ließ nur noch erahnen, dass sie einst aus besserem Stoff gemacht worden war. Kühle Feuchte berührte seine Stirn und er blinzelte zu Miguel hoch, der ihn mit einem mitfühlenden Blick die Stirn abtupfte.

»Wenn mir diese Bemerkung gestattet ist: Bei der Bräune deines Gesichtes und Körpers, den zahlreichen Spuren der Arbeit sowie dein derzeitig allgemein reichlich ramponierter Anblick, könnte man dich problemlos für einen der Seemänner halten. Lediglich diese schönen Haare und die guten Zähne könnten dich verraten.«

»Wie gut, dass du mich noch erkennst.« Lächelnd griff Simon nach dem Holzbecher, den Miguel ihm anreichte, leerte ihn gierig.

»Oh, ich liebe es sehr, wenn dir der Schweiß über den Leib rinnt. Noch mehr liebe ich es, wenn es geschieht, weil ich mich dir intensiv widme«, flüsterte Miguel, zwinkerte und richtete sich seufzend auf, als zwei der anderen Männer sich in ihrer Nähe niederließen.

»Was macht dein kleiner Finger?«, erkundigte sich Simon, bemüht, ein wenig Spott unter die berechtigte Sorge zu mischen.

»Unverändert. Das war zu leicht. Irgendetwas plant er. Irgendwie muss er herausgefunden haben, dass wir an Bord dieses Schiffes sind«, murmelte Miguel, rückte scheinbar in Gedanken die Pistole in seinem Gurt zurecht. In Simons Kehle war plötzlich ein harter Klumpen. Zu Beginn des Tages hatte Miguel diese Waffe noch nicht getragen. Womit rechnete er?

»Im Hafen war keiner von uns mehr an Deck«, wandte Simon leise ein. Nachdem sie sich im Schutze der Dunkelheit eingeschifft hatten, waren sie erst auf hoher See aus ihrer Kabine gekommen. Nun, Miguel zumindest. Er selbst hatte über einem Eimer gehangen. »Denkst du, einer aus der Mannschaft …?«

»Nicht sehr wahrscheinlich. Die meisten dieser Crew sprechen weder Französisch noch Englisch. Dennoch …« Grübelnd biss sich Miguel in die Unterlippe, zwirbelte an seinem Bart. Unwillkürlich musste Simon schmunzeln. Anbetungswürdig sah sein Spanier aus, wenn er so in sich versunken war. Die Lippen verlockten Finger und Zunge, verführten ihn beinahe zu einer unbedachten Handlung.

»Ein wenig Schweiß steht dir auch gut zu Gesicht. Vielleicht sollte ich demnächst einmal deine Fechtkünste ein wenig auffrischen? Beim letzten Mal ließen die doch ein wenig zu wünschen übrig.« Prostend hob Simon seinen Becher, stieß Miguel in die Seite.

»Da triffst du einen wunden Punkt. Bisher hielt ich mich für unbesiegbar und dann kommt so ein hübscher Lord daher, versohlt mir mehr oder weniger den Hintern mit seiner Waffe, verletzt meinen Stolz und trifft mein Herz mit einem einzigen Stich so schwer, dass es davon nie heilen wird«, wisperte Miguel, die Augen blitzten, als er sich leicht vorneigte. Die Lippen so nahe, sein warmer Atem im Gesicht. Für einen Moment schloss Simon die Lider, um der Versuchung zu widerstehen, mit dem Daumen über diese frechen Lippen zu streichen, die mit Worten besser umgehen konnten, als mit dem Degen.

»Ein Schiff! Segel!«, brüllte es über ihnen in Spanisch und augenblicklich fuhren sie auseinander. Miguel sprang so hastig auf, dass er den Becher Wasser verschüttete.

»Qué mierda!«, stieß Miguel mit zornig entblößten Zähnen hervor. Hektisch zerrte er das Fernglas hervor, sprang an die Reling und ortete das fragliche Schiff. Mit wild pochendem Herzen folgte ihm Simon, spähte in das unendliche Blau und konnte erschreckenderweise das Schiff auch ohne Fernglas ausmachen. Es kam direkt auf sie zu.

Vom Heck brüllte González Befehle, und auch wenn Simons Beine sich bewegen wollten, konnte er es nicht, stand wie erstarrt und schaute zu den Segeln hin, die das Schiff auf sie zutrieben. War es die *Estrella?* Er konnte nicht genug ausmachen, um sich sicher zu sein. In jedem Fall kam sie direkt auf sie zu. Das konnte kein Zufall sein.

»Dieser gerissene Fuchs ist außer Sicht gekreuzt und hat darauf gewartet, dass wir den Kurs korrigieren«, knurrte Miguel, eine Hand lag an dem Griff der Pistole, sein kleiner Finger bewegte sich unablässig.

»Und er segelt hoch am Wind«, murmelte Simon. »Schau nur: unter vollen Segeln.«

Weitere Befehle wurden gebrüllt, die gesamte Mannschaft rannte hektisch an ihre Aufgaben. González würde versuchen, zu wenden, vor das fremde Schiff zu kommen. Wenn die *Belleza de la Madera* wirklich so schnell war, wie er behauptet hatte, dann hatten sie vielleicht eine Chance.

Allerdings flog das andere Schiff geradezu heran und ihr Manöver würde sie Zeit kosten.

Fluchend wandte Simon sich um, entschlossen, seinen Teil dazu beizutragen, dass das Schiff sie nicht einholen würde. Jean oder einem der anderen Bukaniere, keinem von ihnen wollte er begegnen.

Viel zu träge verlor die *Belleza de la Madera* an Fahrt, obwohl die Crew wie besessen daran arbeitete, Segel einzuholen, die Masten neu auszurichten. Beinahe gemächlich schwang das Heck herum und mit jedem Augenblick, den sie länger brauchten, die Segel zu setzen, jagte das andere Schiff heran. Mehrmals riskierte Simon einen Blick zurück, vernahm, wie González fluchte und das Schiff durch sein Fernglas beobachtete.

»Zu riskant«, murmelte er, halb erstaunt, noch mehr fassungslos klingend. »Wenn dieser Bastard weiter so segelt, riskiert er sein Schiff. Welcher Kapitän bei wachem Verstand würde das tun?«

Simons Händen entglitt vor Schreck das Seil und er packte rasch zu, rieb sich dabei jedoch die Handflächen auf. Jean! Er musste es sein. Er würde alles riskieren, sein Schiff, seine Mannschaft, sein Leben. Besessen wie er war. Kälte wollte Simons Glieder lähmen, noch einmal packte er nicht fest genug zu, das durchgleitende Seil riss ihm die Haut am Daumen auf. Der Schmerz schien seltsam fern, er fühlte sich taub, eine unbarmherzige Klammer drückte ihm den Brustkorb zusammen.

»Du gehörst mir«, wisperte der Wind, die Leinwand im Wind schien voller lachender Geräusche zu sein, selbst die Gischt, die gelegentlich sein Gesicht traf, wirkte wie Finger, die nach ihm griffen. Als ob die See selbst sich mit Jean Baptiste Ledoux verbündet hätte, um ihn zu holen.

»Schneller, ihr faulen Hunde! Seid ihr an Land auch so lahm? Kein Wunder, dass die heißen Señoritas ihre Röcke hochheben, euch ihren süßen Duft schnuppern lassen und dann alle lachend davonlaufen«, brüllte Miguel auf Spanisch, packte hier und da mit an und rannte zwischendurch immer wieder zur Reling, um nach dem Schiff Ausschau zu halten. Seine Flüche gellten fast ebenso laut über das Deck, wie die Befehle des Kapitäns.

»¡Madre mía! Dieses Schiff muss der Teufel selbst segeln!«, stieß González hervor, trieb seine Männer noch mehr an. Unbarmherzig kam das Schiff näher. Es schien sich ganz flach in die Wellen zu legen, als ob es sie nicht durchpflügen, sondern darüber gleiten würde. Immer näher kamen die Segel und es brauchte nicht einmal Miguels Fluch und sein Ausspucken, damit Simons Befürchtungen Gewissheit wurden. Ja, es war die *Estrella.*

Der schwarze Bug mit dem roten Streifen, die leuchtend roten Haare der Galionsfigur, er kannte die Details, ihre Masten und Segel, ihre Aufbauten, jeden Meter ihrer Schiffsplanken. Jean kam, um ihn zurückzuholen.

»Mein Herr!«, González kam zu ihm, wirkte verlegen, kratzte sich am Kinn. »Ich kann nicht ausschließen, dass dieser Teufel zur See uns einholt. Zur Hölle, wieso er wusste, wie wir segeln werden. Euer Leben ist indes zu kostbar, als dass ich riskieren würde, mein Schiff zum Kentern zu bringen. Wenn er uns einzuholen droht, werden die zwei Heckkanonen ihn beschießen können. Ich wage aber zu bezweifeln, dass wir viel Schaden anrichten können, und sobald er längsseits gelangen sollte, sind wir dem Feuer seiner Kanonen ausgesetzt. Wehren wir uns, dann schickt er mit dieser Feuerkraft mein Schiff auf den Grund des Meeres. Daher …« Tief holte er Luft, ihm war anzusehen, wie schwer ihm die Worte fielen. »Bitte, Eure Hoheit, bitte folgt meinem Mann unter Deck. Er wird Euch und Eurem Diener ein sicheres Versteck zeigen.«

»Nein!« Miguel schob sich rigoros dazwischen. »Ihr wisst nicht, mit wem wir es zu tun haben. Ledoux wird den Bauch Eures Schiffes von innen nach außen kehren und ihn finden. Dort wird er in jedem Fall nach ihm suchen. Du! Dein Hut.« Schwungvoll riss er einem der Seemänner die Kopfbedeckung fort, zog einem anderen das Tuch vom Hals und drückte Simon beides in die Hand. »Versteck deine Haare und dein Gesicht. Unter den Matrosen wird er dich nicht unbedingt vermuten und du siehst wie einer von ihnen aus. Señor González, wo ist Ihr anderer Passagier abgeblieben?«

»Unter Deck, denke ich, in seiner Kabine«, erwiderte González sichtlich perplex.

»Señor González, einer der Männer hat behauptet, ihn an Deck gesehen zu haben, kurz bevor wir auf den neuen Kurs gingen. Wenn er dort nicht war, um das köstliche Essen auf fatale Weise loszuwerden, dann habe ich ein paar Fragen an ihn«, stieß Miguel hervor, sein Gesicht verhieß nichts Gutes. Was vermutete er? Fragend schaute Simon ihn an, doch Miguels Miene wurde nur noch finsterer, während er einen der Männer fixierte.

»Guillermo, wo ist Señor Carrasco?« Der Kapitän winkte den Mann heran. »Hol ihn herauf.«

»Das wird nicht nötig sein, denn ich habe schon nachschauen lassen«, grollte Miguel, musterte die Handvoll Seemänner, die ihr Gespräch mitbekamen. »Sucht ihn. Er ist irgendwo an Deck. Und wenn er etwas zum Signalisieren in den Händen hält, dann Gnade ihm Gott, dass ich nicht der

Erste bin, der Hand an ihn legt.« Sofort schwirrten die Männer aus, nur González runzelte die Stirn, wagte zu fragen: »Ihr glaubt, er hat unseren Kurs dem anderen Schiff signalisiert?«

»Ich verwette meine ungestimmte Fidel darauf«, zischte Miguel. »Dieser Mann war nicht seekrank. Er hat uns von Anfang an getäuscht. Im Hafen muss er uns bereits verraten haben. Nur so konnte Ledoux wissen, dass wir uns an Bord befinden. Ich weiß, dass Eurer Mannschaft zu trauen ist und sie absolut loyal zu Spanien steht. Keiner von ihnen würde es wagen, meinen Herrn zu verraten. Diese Ratte indes …« Sie wurden von Rufen unterbrochen. Ein gedrungen wirkender Mann rannte plötzlich aus dem Schatten des Beibootes in Richtung Niedergang. Carrasco!

»Einen Spiegel! Er hat einen Spiegel benutzt«, brüllte Guillermo, fuchtelte damit wild in der Luft herum.

»¡Qué demonios!« Blitzschnell hatte González seine Waffe gezogen. Ein Schuss peitschte über Deck, drohte in Simons Ohren. Carrasco stoppte abrupt ab, taumelte kurz und schien sich umdrehen zu wollen. Dann ging er röchelnd zu Boden. Unter ihm breitete sich Blut aus. Hatte Miguel etwa …? Nein, seine Waffe war noch im Gürtel. Keuchend holte Simon Luft.

»Ich dulde keinen Verräter auf meinem Schiff!«, schrie González in voller Lautstärke, brüllte gleich darauf seine Männer an, die hastig zurück an ihre Positionen gingen. Mit zornesrotem Gesicht wandte der Kapitän sich Miguel und Simon zu, streifte sie mit einem besorgten Blick. Entschlossen steckte er seine Waffe ein, schob den Unterkiefer vor und fuhr herum.

»Ins Meer mit der Ratte, runter von meinem Deck mit diesem Abschaum. Besetzt die Heckkanonen. Sobald dieses Schiff in Reichweite ist, nehmt seinen Bug unter Beschuss. Teufel noch einmal, verlangsamt das vermaledeite Schiff um jeden Preis und seht zu, dass die *Belleza* fliegt, wie sie nie zuvor geflogen ist!«

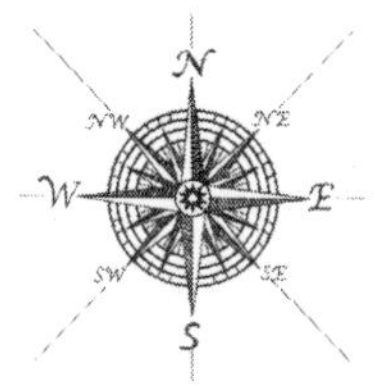

Im Pulverdampf

Donnernd entlud sich die erste Kanone, nur kurz danach die zweite. Der scharfe Geruch des Pulvers brannte in der Nase. Simon reckte den Hals, um über dem Pulverdampf hinweg zu erkennen, ob sie getroffen hatten.

»Zu kurz. Diese Stümper!«, stieß Miguel grollend hervor. »Sie werden ihn nicht erwischen. Jean wird sein Schiff gleich außer Reichweite bringen, und sobald er längsseits geht, kann er jederzeit das Feuer eröffnen.«

»Gnade uns Gott«, murmelte Simon eingedenk der Anzahl an Kanonen an Deck der *Estrella*. Noch waren die Stückpforten zwar geschlossen, doch dahinter wartete eine eingespielte Mannschaft nur auf den Befehl zum Gefecht. González' Männer hingegen hatten wenig Kampferfahrung und es waren nicht einmal genug, um zu segeln und gleichzeitig die Kanonen zu bedienen.

»Oh, Jean wird nicht riskieren, dass dir etwas geschieht. Wie ich ihn kenne, wird er uns eine Salve rüberschicken, die zu kurz ist, um uns zu erreichen, aber seinen Standpunkt unterstreichen wird. Wenn wir dann die Segel nicht streichen, wird er versuchen, uns einen Warnschuss vor den Bug zu geben, vielleicht noch einen in das Klüversegel. Oder den vorderen Mast.«

»Wenn er uns nicht wirklich treffen will, dann haben wir vielleicht doch eine Chance, zu entkommen«, warf Simon ein, in dem leichte Hoffnung keimte. Es war furchtbar zu wissen, dass sie auf diesem Schiff gefangen waren und nicht einfach fortlaufen konnten. Nichts tun zu können, zerrte an den Nerven.

»Ach, mein süßer Lord. Er wird uns auf keinen Fall entkommen lassen,

Wenn die Alternative wäre, dieses Schiff zu versenken, dann, glaub mir, wird Jean Baptiste Ledoux genau das tun.«

»Aber er will doch nur mich!« Über Simons Lippen kam ein Fluch. Und wieder waren andere Leben in Gefahr. Wegen ihm. Verzweifelt stöhnte er auf. Wieso brachte er stets andere in solche Situationen?

»Falls du gerade darüber nachdenkst, dich ihm freiwillig zu ergeben, dann schlag es dir aus deinem stolzen Kopf«, knurrte Miguel, packte ihn grob an den Schultern. »Du kennst Jean gut genug, um zu wissen, dass er das Schiff in Stücke sprengen wird, sobald du es verlassen hast.«

»Miguel, was soll ich nur tun?« Verzagt starrte Simon ihn an, während erneut die Kanonen auf die *Estrella* feuerten.

»Dich verbergen, den Kopf unten halten, inmitten der anderen Männer unsichtbar werden. Der Kapitän wird leugnen, dich an Bord zu haben und derjenige, der todsicher anderes bezeugen würde, ist tot. Lass uns darauf vertrauen, dass diese Männer loyal zu ihrem Land und ihrem zukünftigen König stehen. Vielleicht gelingt die Täuschung. Und wenn nicht …« Miguels Hand glitt von Simons Schulter, gleich darauf drückte er ihm die Pistole in die Hand. »Du weißt, wie du sie benutzen musst?«

Abwehrend wich Simon zurück. »Nein! Das kann ich nicht tun.«

»Simon! Mein wunderschöner, stolzer, ehrenvoller Lord. Wenn du dich endgültig von Jean befreien willst, dann ist dies die einzige Möglichkeit.« Mit hartem Ausdruck, die Augen zusammengekniffen, die Oberlippe gekräuselt, schaute Miguel ihn an, hielt ihm den Griff der Pistole auffordernd hin. »Du musst warten, bis er ganz dicht vor dir steht, dann spannen, gegen seine Brust drücken und feuern. Von dir wird er das nicht vermuten. Das könnte sein Tod sein.«

»Niemals. Das kann ich nicht tun!«, stieß Simon entsetzt hervor. »Das wäre ein Mord.« Alleine der Gedanke! Nein, das würde er nicht über sich bringen.

»Nein, es wäre zu deiner Verteidigung. Willst du den Rest deines Lebens in seinem Kerker verbringen, wo er dich gelegentlich besuchen und seine Gelüste stillen wird? Jean weiß es noch nicht, aber es wird ihm nicht gelingen, dich zu brechen. Zu stark bist du, zu stolz, zu mutig, zu entschlossen. Bis unter die Stirn voller Ehre und Reinheit. Oh, er wird es versuchen. Natürlich. Aber ich weiß, dass er scheitern wird. Ein Schuss, Simon, und du kannst dein Schicksal ändern«, beschwor ihn Miguel, kam näher, den Knauf ausgestreckt.

»Würdest du es tun?«, brachte Simon mit schwerer Zunge hervor, fühlte sich wie betäubt, sein Blut schien kalt zu werden, jede Wärme aus dem

Körper zu ziehen. Er sollte Jean töten? Hinterhältig, ohne ihm eine Chance zu geben? Bei Gott, es war Mord, wie auch immer seine Gründe sein mochten.

»Ich …« Plötzlich brach Miguel ab, die Hand mit der Pistole sank herab. »Verflucht noch eins, ich weiß es nicht. Ich weiß, er hätte nicht gezögert, dich zu töten. Ich weiß, dass ich ihn sofort erledigen würde, wenn er dir ein Leid zufügt. Aber ob ich ihn einfach so töten könnte? Gott und jeder Götze oder Dämon, den ein Mensch nur anbeten kann, sind meine Zeugen: Ich weiß, dass ich bis an das Ende dieser Welt reisen und nach dir suchen, dass ich nie aufgeben würde, ehe ich dich wieder in meine Arme schließen könnte. Und ich weiß, dass ein Schuss alles beenden könnte. Sieh her! Dies ist meine Waffe, diese dort wird die deinige sein. Wenn sich die Gelegenheit ergibt, wird das Schicksal entscheiden, wer von uns beiden den Mut aufbringen kann.« Entschlossen zog Miguel eine zweite Pistole, nahm Simons Hand und drückte ihm die andere in die Hand.

Ein leises, gequältes Keuchen entkam Simons Lippen, die Finger schlossen sich um den Knauf und zugleich packte er Miguel am Arm, hinderte ihn daran, sich abrupt abzuwenden. In seiner Brust donnerte der Herzschlag mit derselben Lautstärke wie die Kanonen, die ihre Kugeln sinnlos in das Meer jagten. Längst war Jean außer Reichweite.

»Miguel, ich liebe dich. Daran wird sich nie etwas ändern«, flüsterte Simon, hatte Mühe zu sprechen, das Brennen in den Augen zu verdrängen.

»Das weiß ich, mi amado. Daran habe ich keinerlei Zweifel«, wisperte Miguel zurück, die dunklen Augen glänzten feucht. »Zieh den Hut tief ins Gesicht, schau nicht auf, beuge die Schultern, bewege dich schleppend.«

»Was ist mit dir? Wo wirst du dich verbergen?«, raunte Simon zurück, umklammerte den Arm umso fester. Miguels Leben war in akuter Gefahr. Ihn würde Jean gewiss nicht verschonen.

Donnernd entluden sich die Kanonen der *Estrella*. Wie Miguel es gesagt hatte: Das Schiff schoss eine Breitseite auf sie ab, die Entfernung war indes gerade so gewählt, dass die Kugeln dicht neben der *Belleza de la Madera* ins Wasser klatschten. Nichtsdestotrotz brüllten die Männer auf, gingen hastig in Deckung.

»An die Kanonen, ihr feigen Hunde. Erwidert das Feuer!«, schrie González, rannte die Reihe ab, um die Männer eigenhändig an die Kanonen zu zerren. »Zeigt ihnen, dass wir keine leichte Beute sind. Für Spanien! Für den König!«

»Sorge dich nicht um mich. Ich finde ein sicheres Versteck«, flüsterte Miguel Simon zu, löste sich aus seinem Griff, schob ihm eine Hand in den Nacken und brachte ihre Gesichter ganz nahe aneinander. »Ich finde dich. Vertrau darauf, egal, was passieren mag. Gleichgültig, wo du sein wirst oder wie lange es dauern wird, gib diese Hoffnung niemals auf, mi amado.« Ruckartig wich er zurück, verschwand inmitten der hektisch herumeilenden Männer.

Hart sog Simon den Atem ein, schloss die bebenden Finger um den Pistolengriff und starrte auf die Waffe. Natürlich hatte er bereits derlei Waffen abgefeuert. Daheim, als Training und Zeitvertreib. Niemals jedoch auf ein Tier oder einen Menschen. Hastig schob er sie in den Bund der Hose, zog sich das Tuch enger um den Hals und drückte den Hut fester auf den Kopf. Er würde einer der Mannschaft werden und als einer von ihnen konnte er auch mit anpacken.

»Feuer!« Vom Heck befehligte González seine Männer an den sechs Kanonen an Backbord. Die Salve kam holperig und zeitversetzt, die Schüsse waren eher schlecht gezielt und nur zwei davon überhaupt annähernd in der Reichweite des Ziels. Ebenso dauerte es scheinbar eine Ewigkeit, bis die Kanonen wieder nach vorne und in Position gebracht worden waren. Die anderen lautstark anfeuernd, zog Simon eine der Kanonen in Position, spähte über das Rohr hinüber zu der *Estrella,* die immer weiter aufholte. Sie krängte teilweise so stark, dass ihre Kanonen eher in den Himmel zu deuten schienen, als auf ihr Schiff. In dieser Position würde sie auch keinen sinnvollen Schuss abgeben können. Erst, wenn sie näher herankam oder sich gar vor sie setzen würde.

Es war eher Einbildung, dass er die Befehle von der *Estrella* zur Wende bis zu ihnen herüberhallen meinte. Mit Sorge beobachtete er, wie auf dem Deck und in der Takelage die Bukaniere das Schiff vom Backbordkurs zum Steuerbordkurs brachten.

»Verflucht sei dieser Bukanier!«, schrie González. »Ist das eine Mannschaft aus Teufeln? Zu schnell. Viel zu schnell. Schießt! Sie kommt näher. Feuert, was ihr könnt, ehe sie sich vor uns setzen kann. Halbe Mannschaft an den Kanonen, die anderen klar zum Wenden!«

Es war zu spät. Simon ahnte es, wenngleich er weiterhin half, die Kanonen abzufeuern, seine Ohren von dem Donnern taub wurden, der Pulverdampf in Nase und Augen brannte. Jean hatte die *Estrella* so geschickt herangebracht, dass sie nicht in den Bereich ihrer Kanonen kommen würde. Nicht mehr lange und sie konnten den Bug der *Belleza de la Madera* unter Feuer nehmen.

»Abfallen, verdammt! Beeilt euch, ihr lahmes Gesindel! Alle Mann an die Segel«, schrie González seine Männer an, das Gesicht hochrot, Schweiß ließ es glänzen.

Augenblicklich sprang Simon auf, hastete mit den anderen an die Seile. Ob sie schnell genug waren? Wenn das Manöver gelang, dann würden sie unter günstigen Bedingungen die *Estrella* erneut beschießen können. Die *Belleza* schwang herum. Träge und langsam wirkte es, auch wenn sie wie besessen arbeiteten.

»Sie kommen uns zu nahe«, brüllte einer der Seemänner und Simon warf rasch einen Blick zur *Estrella*. Wahrhaftig, Jean schien ihr Manöver nur kurz davor eingeleitet zu haben. Sein Schiff schwang nahezu zeitgleich herum und trieb nun parallel zur *Belleza*. Direkt neben ihnen erschienen, wie gierig geöffnete Mäuler, die Stückpforten, aus denen die Kanonen wie Zungen hervorragten, bereit, ihren tödlichen Atem zu ihnen zu senden.

Flüche und entsetzte Rufe wurden laut, ein paar der Seeleute versuchten, wenigstens zwei der Kanonen bereit zu machen. Donnernd entlud sich die erste Kanone der *Estrella,* der Schuss war vor ihren Bug gezielt, peitschte nur wenige Längen vor diesem in die See. Wieder donnerte es. Der nächste Schuss war zu kurz, um sie zu treffen, auch wenn der Abstand zu gering war, um einen Fehlschuss abzugeben. Es war klar, dass dies eine deutliche Warnung war. Vielleicht die letzte. Noch immer ragten die übrigen Kanonen drohend hervor, schwiegen indes.

»Ergebt euch! Dreht bei!« Das war nicht Jeans Stimme, die zu ihnen herüberhallte, nichtsdestotrotz entdeckte Simon ihn auf dem Heck der *Estrella,* klar zu identifizieren anhand seines Hutes und der aufrechten Haltung. Simons Hände verkrampften sich um das Seil, während seine Knie nachzugeben drohten. Dort stand sein persönlicher Dämon, bereit, ihn zu holen und zu verschlingen.

Fluchend schaute González sich um, schien noch unentschlossen, während seine Männer ihn erwartungsvoll anschauten. Es war sinnlos, einen direkten Kampf zu riskieren, das wussten sie alle. Und wenn sie zu lange zögerten …

»Feuer!« Krachend entlud sich die nächste Kanone in der langen Reihe der *Estrella* und dieses Mal fetzte die Kugel ihnen das Klüversegel weg. Erschrocken ließ sich Simon fallen. Wie Miguel gesagt hatte. Verdammt! In jedem einzelnen Punkt hatte er Recht behalten.

»Ergebt euch! Dies ist die letzte Warnung!« Durch den Pulverdampf

ragten die anderen Rohre hervor, die *Estrella* trieb noch näher heran, so nahe, dass Simon die Zündfunken zu sehen glaubte.

»Madre de Dios!« Wütend riss sich González den Hut vom Kopf und warf ihn auf die Deckplanken. »Wir ergeben uns. Hört ihr? Nos rendimos. Streicht die Segel.«

Bebend blieb Simon liegen, brauchte einen Moment, ehe er sich aufraffen und mithelfen konnte, zu wackelig waren seine Beine, zu sehr rumorte die Angst in seinen Eingeweiden, wollte ihm alle Kraft rauben. Noch war nichts verloren, noch war er frei. Und er hatte eine Pistole.

Neben ihnen verlor auch die *Estrella* an Fahrt, doch noch immer zeigten die Mündungen der Kanonen drohend auf sie. Wie um sie zu verhöhnen, frischte der Wind auf, drehte ganz leicht und trieb den Geruch von Pulver zusammen mit Jubelrufen zu ihnen herüber.

Vorsichtig riskierte Simon einen Blick, als die Segel der *Estrella* eingeholt und ein Beiboot zu Wasser gelassen wurde. Eng wurde ihm die Brust, seine Hände fühlten sich klamm an und er suchte instinktiv das Deck nach Miguel ab. War er in der Nähe? Hatte er sich ebenfalls unter die Mannschaft gemischt? Hatte er ein sicheres Versteck gefunden? Die Sorge um sein Leben verdrängte ein wenig Simons Panik, während er Jean über die Strickleiter ins Beiboot klettern sah. Hoch aufgerichtet, den Blick auf die *Belleza* fixiert. Es schien, als ob er direkt in seine Richtung sehen würde. Fest presste Simon die Kiefer aufeinander, sackte in sich zusammen, schob das Tuch ein wenig höher, sodass es den unteren Teil seines Gesichts verdecken würde.

»Bleibt hinter uns. Ganz eng im Rücken«, raunte jemand neben ihm, zog ihn sogleich in besagte Position. Andere Männer schlossen ihn ein, verbargen ihn, so gut es ging, vor den direkten Blicken. Ihre Loyalität wärmte Simons wild klopfendes Herz. Instinktiv tastete er nach der Pistole, spürte den Holzgriff unter seinen Fingern und schloss sie darum. Nur eine kleine Bewegung, ein Ruck und er würde sie hervorziehen können.

Mitten auf dem Deck versammelte sich die Mannschaft der *Belleza*, während ihr Kapitän mit hinter dem Rücken verschränkten Armen Ledoux erwartete. Simon wagte kaum über die Schulter seines Vormannes zu linsen, aus Furcht, Jean würde ihn sofort entdecken. Da war er. Hager und elegant wie eh und je. Das Gesicht wirkte hart und unnachgiebig, während die scharfen Augen jedes Detail des Schiffes abzusuchen schienen. Ganz leicht neigte Jean sein Haupt, als er zu dem Kapitän trat. Seine Lippen kräuselte ein überaus bösartig wirkendes Lächeln, während González ihm mit einer halben Verneigung seine Pistole reichte.

»Es war klug von Euch, Euch zu ergeben. Ihr habt etwas, was mir gehört.« Die Schärfe in Jeans Stimme stieß wie die Klinge eines Messers in Simons bebende Brust. Eine eiserne Faust umklammerte sein Herz, schnürte ihm den Atem ab. Er hatte Mühe, zu stehen, keinen Laut von sich zu geben. Die Welt schien sich für einen Moment zu drehen und ruckartig einzurasten.

»Und ich bin gekommen, es mir zurückzuholen.«

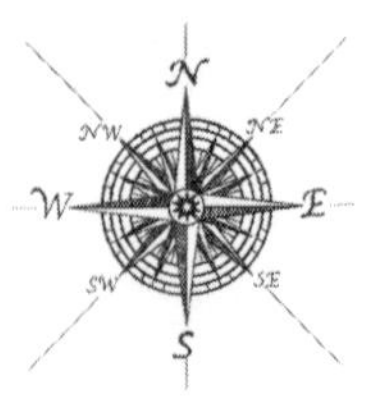

Mit der Waffe in der Hand

Über die *Belleza* breitete sich das Schweigen wie eine schwere Decke aus, die den Atem erstickte. Hier und da war ein Raunen zu vernehmen, doch Simon traute seinen Ohren nicht, es mochte gut das Meer sein, das gegen die Bordwände schwappte. Jedes Geräusch schien in seinen summenden Ohren überlaut, jeder Schritt, den Jean machte, hallte nach und seine Hände zitterten immer stärker. Er musste sich zusammenreißen, sein Verhalten durfte keine Aufmerksamkeit auf sich ziehen. Stark sein. Mutig sein. Miguel glaubte an ihn, er war irgendwo verborgen und er würde ihn nicht enttäuschen.

»Wo sind Eure Passagiere?«, fragte Jean González, während sein Blick über die Mannschaft glitt.

»Wir hatten nur einen und den hat ein Unglück ereilt, Monsieur«, erwiderte González, straffte sich leicht und schaffte es tatsächlich, Jean direkt anzusehen, das Kinn entschlossen vorgereckt.

»Ein Unglück?« Pikiert wanderten Jeans schmale Augenbrauen nach oben, um seinen Mund lag noch immer dieses furchtbar grausame Lächeln. Ein Spiel mit der Beute. Wie eine Katze, die wusste, dass ihr Opfer keine Chance hatte.

»Leider war er unvorsichtig und fiel über Bord«, erklärte González, dessen Züge nicht verrieten, was er dachte. In Gedanken leistete ihm Simon Abbitte, denn er hatte bisher keine besonders hohe Meinung von dem Mann gehabt. Aber er bot Jean die Stirn.

»Wie bedauerlich. Dergleichen kommt vor. Ich denke, dann haben sich die beiden anderen sicherheitshalber verborgen? Wo ist der Engländer und der Spanier, der ihn begleitet? Spielt nicht mit mir, Señor. Ihr würdet es

bereuen.« In Jeans Stimme mischte sich ein leises Zischen, was seine Drohung noch unterstrich.

»Ah, Ihr wolltet ihn also auch, um ein Lösegeld zu erpressen? Sobald mir bekannt wurde, wer er ist, war klar, dass er für viele Menschen sehr wertvoll sein würde. Bedauerlicherweise für Euch, habe ich den hohen Herrn bereits in Port Royal von Bord gebracht. Die Summe, die er als Lösegeld wert war, habe ich in meine Fracht gesteckt.« Ohne mit der Wimper zu zucken, ohne einmal zu stocken, brachte González seine Geschichte vor.

»Ihr wollt mir weismachen, Ihr hättet den jungen Engländer verkauft?«, hakte Jean nach, runzelte äußerst skeptisch dreinblickend die Stirn. Seine Hand lag gewiss nicht zufällig in der Nähe seiner Waffen. González spielte ein verdammt gefährliches Spiel. Wusste er, was er riskierte? Nein, denn er kannte Jeans Kaltblütigkeit noch nicht. Simons Fingernägel gruben sich in die Handballen. Er konnte rein gar nichts tun, jede Bewegung würde ihn verraten.

»Eine interessante Geschichte. Wo ist der Spanier demnach abgeblieben?«

»Ihr meint den Diener? Nun, ich denke, man wird ihn entsorgt oder mit einer Botschaft zu dem Vater geschickt haben. Nichts, was mich etwas angehen würde, Monsieur. Ich bekam mein Gold und das war alles, was von Belang war«, brachte González perfekt abfällig klingend hervor.

»Wie lautet Euer Name, Kapitän?«, fragte Jean, rührte sich nicht von der Stelle, winkte jedoch einige seiner Männer heran. Kalter Schweiß juckte in Simons Nacken, das Rauschen in seinen Ohren nahm zu. Was sollte er tun, wenn sie dem tapferen Kapitän Gewalt antaten? Das konnte er nicht zulassen.

»Señor González. Und Ihr müsst Monsieur Ledoux sein?« Tatsächlich schaffte es González, gelassen zu wirken.

»Der bin ich. Und ich denke, Ihr lügt mich an, Señor González. Durchsucht das Schiff. Jedes Rattenloch«, wies Jean seine Männer an. Jorge war darunter, wie Simon beklommen bemerkte, die anderen kannte er vom Gesicht, jedoch nicht vom Namen.

»Vielleicht ist einer unter Euren Männern ehrlicher zu mir. Für gewöhnlich werfe ich Lügner über Bord. Nicht, ohne ihnen vorher sämtliche Glieder gebrochen zu haben.« Wie eine eiskalte Welle schwappten Jeans Worte über sie hinweg, viele der Männer fuhren zusammen, einige bekreuzigten sich hastig murmelnd. Simon hegte keinen Zweifel daran, dass Jean seine Drohung wahr machen würde. Verdammt, was sollte er nur tun?

González Miene blieb starr, er richtete sich ein wenig mehr auf, was ihn jedoch nicht größer als Jean werden ließ. Schweigend stand er vor ihm, hielt Jeans Blick stand. Bewundernswert, wie loyal, wie mutig er war. Hatte Miguel deswegen die *Belleza* ausgewählt? Weil er gewusst hatte, dass ihr Kapitän nicht nur der Krone Spaniens loyal gegenüber war, sondern auch, weil er als Schmuggler gelassen bleiben und sogar jemand wie Jean anlügen konnte, ohne sich etwas anmerken zu lassen? Es erschien sehr wahrscheinlich.

»Gibt es einen unter euch, der die Worte des Kapitäns widerlegen und damit sein Leben retten möchte? Wenn ihr schweigt, dann muss ich davon ausgehen, dass ihr alle Lügner seid und ihr werdet dasselbe Schicksal teilen.« Jean erhob seine Stimme, musterte die Mannschaft, die sich instinktiv dichter aneinanderdrängte. Atemlos verharrte Simon inmitten von ihnen, bebend auf die erste Stimme lauschend, die ihn verraten würde. Und er würde es verstehen. Er wusste, dass Jean keine leeren Drohungen aussprach. Es blieb ihm keine Wahl, wenn Jean sein Vorhaben in die Tat umsetzen wollte, dann würde er ihn daran hindern. Keiner dieser Männer hatte einen hilflosen Tod in der See verdient.

Schweigen. Nicht einmal ein Raunen, kaum ein Scharren der Füße auf den Planken. Die Zeit streckte sich wie ein endloses Tau. Jeder der Männer schien den Atem anzuhalten und auf den ersten Verräter zu warten. Den es nicht gab. Keiner erhob seine Stimme, keiner trat vor. Um González' Lippen spielte ein feines, stolzes Lächeln. Simon wagte kaum, den Atem zu entlassen. Zu früh, sich erleichtert zu fühlen, noch war es nicht ausgestanden.

»Nun gut«, meinte Jean, wirkte kühl, doch Simon meinte, einen Hauch von Überraschung in seiner Haltung wahrzunehmen. »Dann warten wir eben ab, wen meine Männer finden werden.«

Es dauerte eine ganze Weile, in der die Piraten unter Deck alles durchsuchten. Der Wind ebbte zu einem lauen Lüftchen ab, der die beiden Schiffe mit annähernd gleichem Abstand in den Wellen dümpeln ließ und die Kraft der Sonne nicht mehr abmilderte. Der Schweiß klebte Simon das Hemd an den Rücken, juckte unangenehm unter Tuch und Hut. Feine Rinnsale liefen ihm über die Schläfen und er wagte kaum, sie fortzuwischen. Jeden Moment rechnete er damit, dass sie Miguel finden und vor Jean zerren würden. Das wäre der Moment, wo er sich stellen würde. Niemals würde er zulassen, dass Jean Hand an den Mann legte, den er liebte.

Lässig an die Reling gelehnt, den Blick auf die *Estrella* und das Meer gerichtet, wartete Jean. Seine Rückansicht war vertraut und unwillkürlich schloss Simon die rechte Hand um den Knauf der Pistole. Er müsste sie nur hervorziehen, spannen, abdrücken. Jean würde nie erfahren, wer ihn getötet hatte, er würde vielleicht einfach vornüber fallen und im Meer versinken.

Gequält schluckte Simon ein Stöhnen hinab, presste die Lider so fest zusammen, dass er Sterne funkeln sah. Nein. Dazu war er nicht fähig. Egal wie viele Leben dieser Mann auf dem Gewissen hatte, er konnte seines nicht mit einem einzigen belasten. Auch nicht mit dem eines ruchlosen Mörders.

»Kapitän? Nichts. Da ist niemand. Wir haben alles durchsucht. Es gibt keinen Winkel und kein Loch, in das sich jemand quetschen könnte, das uns entgangen ist.« Es war Jorge, der ein wenig außer Atem auf Jean zutrat und Bericht erstattete.

Langsam wandte Jean sich um, musterte seine Männer, einen nach dem anderen, die alle den Kopf schüttelten oder die Schultern zuckten. Einer der Männer grinste und deutete zum Niedergang: »Aber feine Beute haben wir gemacht. Der Bauch des Schiffes ist gut beladen.«

Um ein Haar hätte ein erleichtertes Seufzen Simons Lippen passiert. Wo auch immer Miguel sich verborgen hielt, sein Versteck war ihnen entgangen. Sie hatten eine Chance bekommen.

Nachdenklich starrte Jean auf einen Punkt auf den Deckplanken, die Stirn minimal in Falten gelegt, der Daumen der linken Hand rieb über sein stoppeliges Kinn. Aus der Nähe betrachtet wirkte er ein wenig müde, die Linien im Gesicht tiefer, die Wangenknochen traten mehr hervor, als Simon ihn in Erinnerung gehabt hatte.

»Da waren nur ihre Sachen noch in der Kabine. Soll ich die heraufholen?«, fragte Jorge nach. Seine große Gestalt überragte die anderen, die sich zweifelnde Blicke zuwarfen, als Jean noch immer nicht reagierte. Auch González wippte unruhig hin und her. Für ihn musste die Spannung ebenso unerträglich sein wie für Simon. Was würde Jean nun tun? Würde er die Ladung stehlen und verschwinden? War es so einfach?

»Ihr habt da eine sehr treue Mannschaft, Señor González.« Endlich stieß sich Jean von der Reling ab, zog eine Pistole und kam erneut auf die Reihen der Mannschaft zu. Prompt rutschte Simons Herz in die Hose. Mit kühlem Blick maß Jean den Kapitän, der nur stumm nickte und plötzlich etwas beunruhigt wirkte. Mit einem angedeuteten Schmunzeln schritt Jean die Reihen der Männer ab, musterte jeden einzelnen. Kaum merklich schoben sich die Männer links und rechts von Simon weiter vor ihn, sodass er hinter ihnen in der zweiten Reihe besser verborgen blieb. Ihre Nervosität

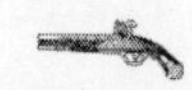

war deutlich zu spüren. Fest umkrampften Simons Finger die Pistole und er senkte den Kopf so weit, dass er Jean nicht mehr direkt sehen konnte. Seine Schritte vernahm er deutlich, wie sie die Reihen der Männer wiederholt auf und ab gingen.

Und verhielten. Direkt vor den Männern in der Reihe vor ihm. Vor Schreck hielt Simon den Atem an, wagte nicht mehr auszuatmen. Kälte kroch ihm mit tausend Fingern über den Rücken, seine Knie zitterten, die Lippen hinter dem Tuch bebten. Angst packte ihn, umschloss sein Herz schlagartig mit harter Faust, presste ihm die Brust schmerzhaft zusammen.

Bewegung entstand. Jean drückte die Männer beiseite, stand plötzlich direkt vor ihm. Das Holz des Pistolengriffs schien unter Simons Griff zu knirschen, so fest umklammerte er ihn. Wie festgewurzelt stand er, unfähig sich zu rühren oder den Blick zu heben.

»Simon.« Sanft gesprochen, in der verhassten französischen Aussprache. Mit dem Pistolenlauf hob Jean seinen Hut an, bis dieser in den Nacken rutschte und von Simons Kopf fiel. Hart stieß Simon den Atem aus, hob in einer unendlich langsamen Bewegung den Kopf und begegnete Jeans Blick. Diese Augen, sie verschlangen ihn. Das täuschend warme Braun schien zu funkeln, geringer Spott darin, Triumph und etwas, was Simon als Gier empfand. Seine Finger schmerzten vor Spannung, seine Lippen bebten so stark, dass er keinen Ton hervorbrachte. Alles, was er tun konnte, war in diese Augen zu starren, in denen sein Tod gestanden hatte, in das Gesicht seines Dämons.

»Ich ahnte doch, dass du dich nicht im Dunkeln verkriechen würdest«, flüsterte Jean, hob die Hand und streckte sie fast zögernd nach Simons Tuch aus, zog es herab. Ebenso langsam streckte er die Finger nach seinen Locken aus und in den Augen erschien ein zärtlicher Ausdruck, gemischt mit einem leicht leidenden Hauch. Mit aufgerissenen Augen, die Kehle so eng, dass er meinte, ersticken zu müssen, sah Simon die Finger näher kommen und zuckte instinktiv zurück vor der Berührung. Ekel schoss durch seine Eingeweide, vergiftete das kalte Blut und ließ einen winzigen, gequält klingenden Laut über die Lippen rinnen.

»Oh, mein wunderschöner Simon«, wisperte Jean, die Finger streiften Simons Haare, gleich würden sie seine Wange berühren. Entsetzt fuhr er zusammen, riss die Pistole hoch, spannte sie in derselben Bewegung und drückte sie zitternd gegen Jeans Brust. Jeder Muskel in der Hand brannte, es kostete ihn unendlich Kraft, die Waffe zu halten, den Finger um den Abzug gekrümmt.

Wie aus weiter Ferne vernahm er verblüffte, verärgerte Laute, wildes Gemurmel, Bewegung am Rande seines Gesichtsfeldes. Alles, was er sehen konnte, waren Jeans Augen, die schmale, scharf geschnittene Nase, die Augenbrauen, die in der Mitte leicht anstiegen, der spöttische Zug um seine dünnen Lippen.

»Worauf wartest du?«, flüsterte Jean, das Lächeln wurde breiter, die Hand blieb, wo sie war. Wie diese Augen funkelten. Sie forderten Simon heraus, sie verhöhnten ihn. Jean hatte nicht gezögert. Er hatte abgedrückt. Die Kugel war mit Simons Tod beschrieben gewesen. Warum also zauderte er?

»Du musst nur abdrücken. Du kannst es beenden, mein schöner Lord«, flüsterte Jean, einen merkwürdigen Ton in der Stimme, der Simon stutzen ließ. Sehnsucht? Wünschte er sich etwa, dass er abdrücken würde? Wollte er sterben? Durch seine Hand? Nie und nimmer. Er spielte, er manipulierte und verführte ihn. Das alte Spiel, in dem Jean ein wahrer Meister war.

»Bleib … mir … fern«, stieß Simon stockend hervor, seine Hand begann zu beben, die Anspannung erfasste brennend seinen Arm, ließ jeden Muskel verkrampfen. Ziehender Schmerz, jede Sehne zum Zerreißen gespannt. Sein Herz jagte in wilden Sprüngen, gefangen in einem viel zu engen Brustkorb. Jeder Atemzug glühend, die Luft schien nicht ausreichend zu sein, seine Lunge zu füllen. Er spürte den Finger kaum noch, der den Abzug umklammerte. Nur noch ein wenig fester, er musste nur abdrücken. Es beenden.

»Wunderschön, stolz und mutig wie eh und je«, raunte Jean, die Finger glitten in die Haare, die Fingerkuppen berührten die Haut und Simon fuhr abermals zusammen, krümmte den Finger noch etwas mehr. Nicht genug. Der tödliche Schuss wollte sich nicht lösen. Zu wenig Kraft. Zu wenig Entschlossenheit. Er konnte es nicht und Jean wusste es ebenso sicher, wie er selbst.

Verloren. Er war verloren.

Stärker lehnte sich Jean gegen die Waffe, beugte sich vor, unverändert lächelnd. Siegessicher, triumphierend. Er führte ihn vor, er wusste, wie schwach Simon war. Nur ein dummer, stolzer Junge, der sich ihm widersetzte.

Zärtlich strich Jeans Daumen über Simons raue Wange, doch ehe er die Lippen berühren konnte, drehte Simon angeekelt den Kopf weg, taumelte einen Schritt zurück, die Waffe noch immer erhoben.

»Gib sie mir.« Eine Bitte, die ein direkter Befehl war, und Simon reagierte sofort, ließ die Pistole mit zitternder Hand sinken und dann ganz fallen. Eine furchtbare Niederlage. Entschlossen hob er den Kopf, reckte das Kinn, kämpfte mit aller Macht gegen die lähmende Angst. Ihm war kalt und übel, alles in ihm schrie danach, sich wimmernd zusammenzukauern. Sein Stolz war da, ungebrochen. Er musste ihn wie ein Schutzschild benutzen. Aufrecht stehen, der Gefahr ins Auge blicken, wie der englische Gentleman, der er war. Das war er den Männern schuldig. Und Miguel.

Sie standen alleine. Die anderen hatten sich von ihnen zurückgezogen, blickten sowohl ihn als auch Jean mit skeptischem Ausdruck an, der sich nach der Waffe bückte und sie in seinen Gürtel steckte.

»Wo ist er?«, flüsterte er, nicht länger zärtlich, sondern schneidend, hasserfüllt, unverhohlene Brutalität dahinter. Simon schluckte schwer, konnte kaum sprechen, so sehr zog es ihm die Kehle zu. Kalter Schweiß machte seine Hände feucht und er ballte sie zu Fäusten.

»Ich weiß es nicht«, brachte er hervor. Leise, resignierend. Wo auch immer Miguel sich verborgen hatte, hoffentlich blieb er dort. In Sicherheit.

»Miguel!« Brüllend tönte Jeans Stimme über das Deck der *Belleza,* ließ alle zusammenfahren, einige der Männer erschrocken zurückweichen. »Wo auch immer du dich verkrochen hast, zeig dich. Miguel!« Mit vor Zorn verzerrten Zügen hob er die Waffe, sah sich suchend um, während er immer wieder Miguels Namen brüllte, jedes Mal von unsäglichem Hass getragen, eine klare Todesdrohung.

Jeans Hass tränkte die Luft wie giftiger Atem. Aus weit aufgerissenen Augen, viele sich bekreuzigend, wichen González Männer vor ihm zurück. Was sie sahen, war das Toben des Leibhaftigen.

Unversöhnlicher Tod stand in Jeans Augen.

Wie in jener Nacht auf dem kleinen Schiff.

Die Kugel im Lauf dieser Waffe trug Miguels Namen.

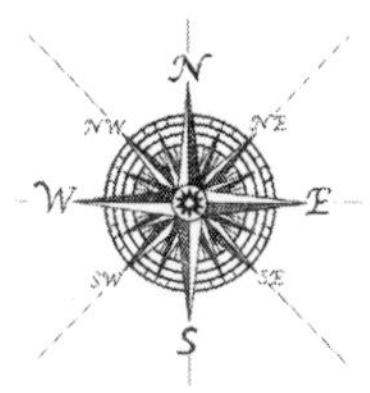

Ein hoher Preis zu zahlen

Die Mündung der Pistole richtete sich genau auf ihn, die Züge waren verzerrt vor Wut und Entschlossenheit. Wenn Jean den Finger krümmte, dann war er tot.

Schwankend versuchte Simon, die Erinnerung an jene Nacht abzuschütteln, die lähmende Furcht zu besiegen, die von ihm Besitz ergriffen hatte.

»Miguel! Ich schwöre dir, ich schicke dieses Schiff, samt seiner Besatzung, auf den Grund des Meeres, wenn du dich nicht zeigst«, schrie Jean, wirkte längst nicht mehr souverän, sondern außer sich vor Jähzorn. Ja, er würde genau das tun. Kaltblütig jedes dieser Leben opfern, nur um seines Kontrahenten habhaft zu werden.

Wenn Simon nur Miguel retten könnte. Wenn dieser sich so gut verborgen hatte, dass keine von Jeans Kugeln ihn erreichen konnte. *Gott, ich flehe dich an, verschone Miguel,* betete er in Gedanken, während Jean auf und ab lief.

»Du hörst mich. Ich weiß, dass du in der Nähe bist. Dann wirst du die Schmerzensschreie ebenso hören. Mit wem aus diesem dummen, lügnerischen Schmugglerpack soll ich beginnen? Ich hacke ihnen die Finger und Füße ab, so lange, bis du aus deinem Versteck gekrochen kommst und dich mir stellst«, schrie Jean, blieb wenige Schritte vor González stehen, der plötzlich ein wenig blass um die breite Nase zu werden schien.

»Jean! Nein.« Waren ihm diese Worte entkommen? Ja, das war seine Stimme, flach und bebend, viel zu flehend. Ruckartig wandte Jean den Kopf, der Blick spießte ihn auf, durchbohrte Simon, der seinen Knien nicht recht traute, sie dennoch zu einem Schritt nach vorne zwang.

»Du wolltest mich. Bitte lass diese tapferen Leute gehen. Keiner von ihnen verdient, dass du ihnen ein Leid antust«, brachte Simon hervor, wusste, dass er lächerlich wirken musste, sein Begehren leicht fortgewischt werden würde. Nichtsdestotrotz würde er um ihrer Leben kämpfen.

»Sie verdienen ein nasses Grab«, knurrte Jean, funkelte ihn zornig an. »Jeder, der es wagt, sich mir entgegenzustellen, mir ins Gesicht zu lügen.« Eine schnelle Bewegung und er war heran. Simons hastige Rückwärtsbewegung stoppte er abrupt ab, indem er ihm mit der linken Hand in den Nacken und die Haare griff.

»Rufe ihn, Simon. Befehle ihm, sich mir zu ergeben. Oder ich schwöre dir bei deinem verfluchten Gott, ich werde vor deinen und seinen Augen ein Blutbad anrichten.«

»Nein!«, flüsterte Simon verzweifelt, der Schmerz des Griffes versank unter dem Schauder aus Kälte, der ihn überkam. »Jean, ich bitte dich. Lass sie gehen.«

»Nicht, ehe ich Miguel habe«, zischte Jean zurück. »Keines ihrer Leben ist mir etwas wert. Entscheide dich: sie oder er.«

»Verlange das …«, stieß er hervor, keuchte schmerzerfüllt auf, als sein Kopf hart nach hinten gerissen wurde.

»Genau das verlange ich von dir. Sein Leben gegen das dieser Schmuggler. Du entscheidest, du hast die Wahl.«

»Das kann ich ni…«

»Ruf ihn, verdammt!« So hart wurde Jeans Griff, dass Simon ein winziges Wimmern entkam. Abwehrend krallte er die Finger in Jeans Kleidung, versuchte, sich ihm zu entziehen.

Ein Knall. Dicht neben Jeans rechtem Fuß flogen Splitter in die Luft. Es roch nach Pulver. Erschrockene Rufe, die Piraten rissen ihre Pistolen und Degen aus den Halterungen und auch Jean ließ Simon überrascht los, blickte sich hastig um.

»Er muss mich nicht rufen. Mein lieber Jean, du hättest doch einfach höflich nach meiner Gesellschaft fragen können. So wie früher.« Das kam von … oben? Wahrhaftig, oben auf der Rahe stand Miguel, die rauchende Pistole in der Hand, mit der anderen hielt er eins der Seile fest. Bei Gott, sie würden ihn abknallen, er bot ein ideales Ziel.

»Keiner schießt ohne meinen direkten Befehl«, fuhr Jean seine Männer an, deren Pistolen sich unisono auf Miguel richteten. Mit verächtlich gekräuselter Oberlippe schaute er zu Miguel hinauf, die Augen verengt, jeder Zoll seines Körpers drückte Anspannung und Wut aus.

»Sieh an. Und ich war in dem Glauben, dir sei die Angst vor großen Höhen gegeben. Also nur eine weitere deiner perfiden Lügen. Komm herunter, du wirst bezahlen für deinen Diebstahl«, stieß Jean hervor, unterstrich seine Forderung mit einer Bewegung der Pistole.

»Oh, natürlich habe ich Angst vor der Höhe. Eine Heidenangst sogar. Was meinst du, was es mich für Überwindung gekostet hat, so weit raufzuklettern? Tatsächlich habe ich mir fast in die Hosen geschissen, während ich hier oben herumkauerte und deinen bemerkenswerten Auftritt verfolgt sowie der beeindruckenden Ansprache gelauscht habe. Ich konnte mich nur nicht entscheiden, ob es bei mir oder da unten bei dir mehr stinken würde. Deiner netten Aufforderung werde ich natürlich gerne nachkommen.«

Erschrocken stieß Simon die Luft aus, als Miguel sich vorbeugte und in die Tiefe sprang. Doch er stürzte nicht wie erwartet, er glitt eher herab und nun erkannte Simon, dass er sich das Seil durch ein paar Ringe in einer Art Geschirr umgeschlungen hatte. Dergleichen wurde sonst dazu verwendet, das Schiff zu be- und entladen. Wie ein schwarzer Engel ohne Flügel sauste er herab. Mit gezückter Waffe, die Mündung genau auf Jean zeigend, die andere Hand gab das Seil nach.

Für den Moment entglitten Jeans Züge, die Wut und der Hass schwanden, sein Mund öffnete sich, während er Miguel staunend anstarrte, der überaus elegant auf dem Deck landete und mit einer schnellen Bewegung Geschirr und Seil löste. Drohend blieb die Pistole auf Jean gerichtet, und auch wenn das dunkelhäutige Gesicht ein Lächeln zeigte, bewies der Ausdruck der Augen Simon, dass Miguel zu allem bereit war.

»Da bin ich, mein lieber Jean. Wolltest du mich zu einem Rotwein einladen, um auf alte Zeiten anzustoßen?« Spöttisch deutete Miguel eine Verbeugung an, die Waffe rührte sich dabei keinen Fingerbreit.

»Ich werde höchstens auf deinen Tod anstoßen«, stieß Jean aus, seine Pistole zeigte direkt auf Miguels Herz. Wie zwei Duellanten standen sie einander gegenüber, beide entschlossen, beide mit unnachgiebigen Zügen.

»Du hast ihn mir gestohlen«, zischte Jean. »Mit deinen schönen Worten. Alles Lügen und Täuschungen.«

»Oh nein, mein lieber Jean, ich habe dir rein gar nichts gestohlen. Du hast ihn, du hast sein Herz nie besessen. Du bist höchstens von ihm besessen. Aber er fürchtet dich. Erinnerst du dich, was ich dir damals sagte? Dein Herz weiß nicht mehr, wie es ist, wirklich zu lieben. Und leider muss ich dir sagen, du hast es bis heute nicht erlernt.«

»Das spielt keine Rolle mehr«, gab Jean unwirsch klingend zurück. »Du bist stets ein Spieler, ein Halunke, ein Betrüger gewesen, Miguel. Keins deiner süßen Worte hat Bedeutung. Nimm sie mit in den Tod. Geh zur Seite, Simon!«

Entschlossen schüttelte Simon den Kopf, schob sich mit rasendem Puls weiter in die Linie zwischen den beiden. Auf keinen Fall würde er zulassen, dass Jean Miguel verletzte.

»Du wirst ihn nicht töten«, brachte er mit fester Stimme hervor, straffte die Schultern und trat geradewegs vor Jeans Pistole. Kurz flackerten die Erinnerungen auf und erloschen, als er direkt in die braunen Augen schaute.

»Geh mir aus dem Weg«, befahl Jean mit schneidender Stimme, machte eine Bewegung, als ob er ihn am Arm packen und zur Seite zerren wollte. Rasch wich Simon der Hand aus, spürte plötzlich eine unerklärliche Ruhe, die ihn wie ein Elixier aus Stärke durchflutete.

»Ich lasse nicht zu, dass du ihm etwas antust.« Tief holte er Luft, ballte die Stärke in sich und trat einen weiteren Schritt vor, der seine Brust unmittelbar vor die Mündung brachte. Wenn Jean ihn töten wollte, dann sollte er dies jetzt tun. Wenigstens würde Miguel dann eine Chance haben. Jedoch würde Simons Einsatz noch viel höher ausfallen.

»Schwöre mir, bei allem … bei etwas, irgendetwas was dir heilig ist, dass du ihm kein Leid zufügen wirst und ich …«, begann Simon, nur leicht stockend.

»Nein! Simon, nein«, vernahm er Miguels entsetzte Stimme hinter sich, ließ sich nicht beirren. Alles würde er geben, für den Mann, den er liebte. Auch dies.

»Ich werde freiwillig mit dir gehen, keinen Widerstand leisten und alles tun …« Seine Stimme brach, als ihm wirklich klar wurde, was er zu tun im Begriff war. Über seinen Rücken strich die Furcht mit klammer Hand und hinter ihm wisperte Miguel ein weiteres gequältes: »Nein. Oh Simon.«

»Und ich … werde alles tun, was du verlangst«, stieß Simon endlich aus, erwiderte den Blick aus den braunen Augen, in denen ein neues Flackern auftauchte. Über Jeans Lippen kam ein seltsamer Laut, mehr ein lauteres Ausatmen, begleitet von einem echt wirkenden Lächeln. Der Druck der Waffe gegen Simons Brust nahm ein wenig ab.

»Schwöre es mir, gib mir dein Ehrenwort, dass Miguel unverletzt bleiben wird. Und auch der Kapitän und seine Mannschaft kein Leid erfahren werden.«

»Du verlangst einen hohen Preis«, flüsterte Jean, das Feuer in den Tiefen seiner Augen loderte grell, wollte Simon verschlingen. So viel Gier, so viel Verlangen, so viel Sehnsucht. Mit einem Mal wurden Simons Knie weich und es kostete ihn jedes bisschen Kraft, aufrecht zu stehen und Jean die Stirn zu bieten.

»Du ebenso«, wisperte Simon zurück, wich dem Blick nicht aus, ertrug ihn, als die Begierde gewann und Jean endlich die Waffe senkte.

»Wohl wahr.« Bedächtig nickte Jean ihm zu, hob schnaubend den Blick zu Miguel und auch Simon wagte es, sich halb herumzudrehen. Mit hängenden Schultern, die Waffe kraftlos in der Hand, stand Miguel dort, doch er schaute nicht Simon flehend an. Sein Blick galt Jean. Stumm, unendlich langsam schüttelte er wie benommen den Kopf. Sein Anblick traf Simon mit voller Wucht, aber er war schon zu weit gegangen, es gab kein Zurück mehr.

»Ich gebe dir mein Ehrenwort als Bukanier und das eines Marquis, dass ihm kein Leid widerfahren wird, noch der Besatzung und dem Kapitän dieses Schiffes«, erklärte Jean mit erhobener Stimme.

»Und dem Schiff«, fügte Simon mit leicht bebender Stimme hinzu. Oh, wie gut er Jean schon kannte, dessen Gedanken erahnte und versuchte, vorzubeugen.

Abermals zuckte um die schmalen Lippen ein Lächeln, Jean neigte das Haupt, tippte sich kurz an die Hutkrempe.

»Und ich schwöre, dass dieses Schiff, um unsere Beute erleichtert, frei ist, um unbeschadet weiter zu segeln.« Das verblüffte Geraune seiner Männer übertönte er sofort mit harschen Befehlen, die Ladung des Schiffes zu bergen, und winkte Jorge und zwei weitere heran, während er auf Miguel deutete: »Entwaffne und fessle ihn.«

Widerstandslos ließ Miguel sich alle Waffen abnehmen, den Kopf gesenkt, wirkte er schrecklich mutlos, und Simon schnürte es den Atem ab, den stummen Vorwurf auf sich lasten zu spüren. Was hatte er nur getan? Wie hatte er den Mann verraten können, den er liebte? Oh ja, er zahlte einen hohen Preis und der lag viel höher als nur darin, sich Jeans Willen zu überlassen.

»Miguel«, raunte Simon, wollte nach ihm greifen, doch seine Finger glitten kraftlos herab, als einer der Bukaniere ihn grob an ihm vorbei Richtung Beiboot stieß. Direkt neben Jean wand sich Miguel aus dem Griff, trat dicht an diesen heran und sah ihn brennenden Blickes an. Ihre Nasen berührten sich fast. Minuten verstrichen, in denen sich die beiden Männer anschauten, einen stummen Kampf fochten, dessen Bedeutung wohl nur

ihnen alleine bekannt war. Dann spie Miguel vor Jeans Füßen aus, wandte sich ruckartig ab und ging erhobenen Hauptes zum Beiboot.

Hatte Jean gerade geseufzt? Wohl eher den Atem entlassen. Zweifelnd musterte Simon ihn. Wenn er nur verstehen würde, was hinter dieser Stirn vor sich ging. Da hatte er Jeans Ehrenwort, als Bukanier und als … Marquis? Also hatte er richtig vermutet und Jeans Herkunft war von sehr hohem Rang. Ein weiter Weg hinab zu einem ruchlosen Piraten.

»Jorge, du kümmerst dich um meinen Gast. Fessle auch ihm die Hände«, befahl Jean.

Stolz reckte Simon das Kinn, schaute noch einmal zu der Mannschaft und dem tapferen González hinüber, der sich augenblicklich in seine Richtung verneigte. Bedrückt registrierte Simon, wie jeder seiner Mannschaft dem Beispiel folgte, viele ihre Hüte vor ihm zogen. Wenigstens hatte er ihnen ihre Loyalität vergüten und ihr Leben retten können. Wenn Jean sein Wort hielt … Darüber hatte er keine Kontrolle mehr. Nein, nicht daran denken, einfach nur hoffen, dass er seinen Schwur ernst gemeint hatte.

»Ich werde keinen Widerstand leisten«, erklärte Simon, als Jorge seine Hände packte und das Seil herumschlang.

»Und damit du keinen Sinneswandel erlebst, werden diese Fesseln dich daran erinnern«, gab Jean schnippisch zurück, der kalte, grausame Ausdruck war in seine Augen zurückgekehrt. Hart fuhr er seine Männer an, die der Mannschaft befahlen, sich hinzusetzen, die Hände auf den Kopf. Kurz durchfuhr Simon der Schreck, Jean würde sie nun doch hinrichten lassen. Er konnte nichts mehr tun.

»Willkommen zurück, kleiner Lord«, flüsterte ihm Jorge mit einem schiefen Grinsen aus dem dunklen Gesicht mit den fleckigen Zähnen zu. Seine Griffe waren nicht übermäßig hart, jedoch routiniert, die Fesseln schmiegten sich eng um die Handgelenke. Fest packte er Simons Oberarm und schob ihn vor sich her. Unter ihnen legte das erste Beiboot mit Miguel ab, von dem Simon indes nur den Rücken sehen konnte. Zusammengekauert hockte er zwischen zwei Piraten, sah nicht zurück.

»Es ist gut, dass du wieder bei uns bist«, flüsterte Jorge in seinem Nacken. Überrascht drehte Simon sich um, runzelte die Stirn. Mit einem bezeichnenden Kopfnicken und kurzem Blick zu Jean, ergänzte Jorge: »Gut für ihn. Und uns. Seit du fort bist, ist er nicht mehr derselbe, rastlos, wütend und unberechenbar. Schätze, er hat dich vermisst.« Lachend schlug er Simon auf die Schulter, fuhr gleich darauf die anderen Piraten an, die zu langsam das Boot heranbrachten.

»Hübscher! Endlich hat der Kapitän sein geliebtes Spielzeug zurück«, begrüßte ihn einer der Männer aus dem Boot. »Wie gut, das wird seine Laune gewiss verbessern und ihn endlich anders beschäftigen.« Mit einem gehässigen Schmunzeln machte er obszöne Gesten, die anderen fielen in sein Lachen ein.

»Spar dir deinen Atem und schwing deinen Arsch aufs Deck, Banjo. Jede Hand wird gebraucht, oder soll der Kapitän erfahren, dass du dich vor der Arbeit drücken wolltest?«, fauchte ihn Jorge an und augenblicklich kletterten die Männer gehorsam die Strickleiter hoch.

Ein harter, kantiger Brocken aus Eis rumorte in Simons Eingeweiden, der sich schmerzhaft hin- und herbewegte, als er ungeschickt hinabstieg und das schwankende Beiboot betrat.

Unweit entfernt, im sanften Wellengang, schaukelte die *Estrella.* Sein neues altes Gefängnis.

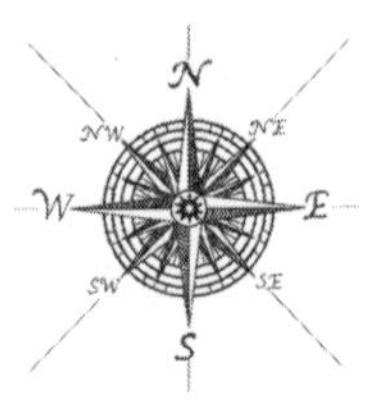

In der Dunkelheit

Starr hielt Simon den Blick auf den Boden des Bootes gerichtet, verschloss die Ohren vor dem Getuschel und den gehässigen Worten, während die Männer ihn mit einem Teil ihrer Beute zur *Estrella* ruderten. Es tat ihm im Herzen weh, dass González wegen ihm so zu Schaden kommen würde. Nur das Schiff, sein Leben und das seiner Mannschaft durfte er behalten. Wenn sich Jean an sein Ehrenwort hielt.

Vorsichtig testete er die Festigkeit der Fesseln, gab es jedoch gleich wieder auf. Jorge verstand sein Handwerk und es war ohnehin unsinnig, einen Fluchtversuch zu wagen. Zumal er nicht ohne Miguel gehen würde. Sicher, er hatte Jean sein Ehrenwort gegeben. Niemals jedoch, dass er nicht zu fliehen versuchen würde. Leider war das Jean sicher auch nicht entgangen und genau deswegen hatte er Miguel fortschaffen lassen. Mit ihm als Geisel war er sich Simons Gegenwart sicher.

Jede Bewegung, jeder Handgriff hinauf auf die *Estrella* fiel ihm schwer und als er den ersten Fuß auf das Deck setzte, war es, als ob nun auch seine Füße gefesselt worden wären. Pfiffe erklangen, überraschte, belustigte und viel zu viele gehässige Blicke trafen ihn. So sehr sich Simon bemühte, das Kinn anzuheben, einen gleichmütigen Ausdruck zur Schau zu stellen, es war unsagbar schwer mitten unter den Männern, die ihn kannten und die er kannte.

Sorgfältig schaute er sich um, während Jorge ihn weiter voranstieß. Außer den Männern an den Kanonen, die aufmerksam das Geschehen auf dem anderen Schiff beobachteten, lief alles in gewohnter Routine. Es schien sich nichts an Bord verändert zu haben. Als ob er nie entkommen, als ob die Zeit seiner Flucht nur ein flüchtiger Traum gewesen wäre. Wohin

hatten sie Miguel gebracht? Es war gewiss Jeans Taktik zuzuschreiben, dass er ihn getrennt hatte an Bord bringen lassen. Oder hatte Jean gar … Nein, er würde Miguel gewiss nichts antun. Nicht, bis er bekam, was er haben wollte. Hoffentlich.

»Bleib da stehen. Wir warten, bis der Kapitän entscheidet, was mit dir geschehen soll.« Grob packte Jorge ihn am Arm und hielt ihn an. Irritiert schaute Simon auf die Pistole, die Jorge auf ihn gerichtet hatte. Grinsend wedelte er damit herum. »Falls du Dummheiten machst. Aber die macht unser ehrenwerter kleiner Lord ja nicht, oder? Wäre schade, dir eine Kugel in den Schädel jagen zu müssen. Bist doch ein feiner …« Er senkte die Stimme, stieß Simon mit der Mündung kurz vor die Brust und lächelte kumpelhaft. »Ein feiner Herr. Benimm und Anstand hast du. Sorge dich nicht so sehr, er wird dich schon gut behandeln. Du bist es wert. Wir warten genau hier.« Damit ließ er sich auf den Tauen am Boden nieder, legte die Waffe auf den Oberschenkel und holte seinen Beutel Kautabak hervor, nicht ohne ihn weiterhin im Blick zu behalten. Verhalten seufzend wandte Simon sich um und schaute zurück zur *Belleza*. Dort, am Heck, standen González' Männer, von einigen Piraten in Schach gehalten, während die anderen die Ladung, Sack für Sack und Kiste für Kiste, in die Beiboote luden.

Wenn er entkommen konnte, dann würde er dafür sorgen, dass González entschädigt wurde. Auf irgendeine Art und Weise würde er das Gold besorgen, um diesem mutigen Mann seinen Dienst zu vergelten, das schwor sich Simon. Mit leiser Wut im Bauch, die zum Glück jeden Anflug von Verzweiflung verdrängte, beobachtete er das Treiben auf dem anderen Schiff. Es schien ewig zu dauern und er wagte nicht, sich viel zu bewegen, da Jorge ihn genau im Blick behielt. Langsam wurde seine Kehle trocken und doch wollte er nicht um Trinken bitten. Er würde es aushalten, bis Jean kam und …

Was würde wohl geschehen? Würde er sofort über ihn herfallen? Sehr wahrscheinlich, wenn Simon an die Gier in den braunen Augen dachte. Schon einmal hatte Jean sich kaum noch beherrschen können.

Verstohlen schluckte Simon, versuchte, sich innerlich dagegen zu wappnen, was mit ihm geschehen würde. Konnte er Jorge glauben? Gewiss würde es völlig anders als mit Miguel werden. Dessen Leidenschaft zwar durchaus das eine oder andere Mal mit ihm durchgegangen war, der dennoch stets bereit gewesen war, auf ihn Rücksicht zu nehmen und ihm größtmögliches Vergnügen zu bereiten. Konnte er das von Jean erwarten? Wohl kaum,

obwohl Miguel ja erklärt hatte, Jean sei recht raffiniert und wüsste, wie man sinnliches Vergnügen bereite. Allerdings waren die beiden sich auch auf Augenhöhe begegnet. Er hingegen war nur ein Gefangener. Eine Geisel.

Rufe erklangen von der *Belleza* und mit äußerst mulmigem Gefühl beobachtete Simon, wie die Beiboote ablegten. In einem davon stand Jean, winkte mit dem Hut dem Kapitän González einen Abschiedsgruß. Es war unschwer zu erkennen, dass die Mannschaft der *Belleza* grimmig wirkte und einige obszöne Gesten gegenüber den Piraten machten. Hoffentlich provozierten sie sie nicht, sorgte sich Simon, mit zunehmend wilder pochendem Herzen. In seinem Nacken kribbelte kalter Schweiß, als das Boot anlegte und Jean sein Schiff betrat, jubelnd vom Rest der Bukaniere begrüßt wurde. Augenblicklich nahm er Augenkontakt auf, lächelte und kam näher. Sorgenvoll beobachtete Simon jede seiner Bewegungen. Ob er wollte oder nicht, die Art und Weise, mit der ihn Jean mit Blicken verschlang sowie seine Erscheinung, war dazu angetan, seine Lenden ziehen zu lassen. Beschämt senkte Simon den Kopf, als Jean neben ihn trat und zurück zur *Belleza* schaute.

Eiskalt durchfuhr Simon der Schreck. Was, wenn er jetzt sein Wort brach? Wenn er die Kanonen abfeuern ließ? Noch war die *Belleza* in Reichweite, die Mannschaft hatte gerade erst begonnen, ihre Segel zu setzen. Die Kanonen der *Estrella* drohten noch immer mit ihrem tödlichen Feuer.

»Ihr werdet sie ziehen lassen?«, brachte Simon heraus, hoffte, es würde nicht zu flehend klingen. Wie schwer es ihm fiel, Jean beim Namen zu nennen, nun wo er wieder seine Geisel war.

»Denkst du, ich würde mein Ehrenwort nicht halten?«, fragte Jean, seine Finger streiften Simons Oberschenkel, der sofort zusammenfuhr. Fest legte Jean beide Hände an seine Hüften, drehte ihn zu sich herum. Abwehrend hob Simon die gefesselten Hände und zwang sich dazu, nicht auszuweichen. Auf keinen Fall wollte er Jean einen Grund geben, wortbrüchig zu werden. Er begriff: Sein Verhalten entschied derweil über das Schicksal der *Belleza* und ihrer tapferen Mannschaft. Wenn er Jean zurückwies, dann war ihr Leben der Preis.

»Wirst … du es halten?«, stieß Simon aus, stockte bei der Anrede. Unter Jeans Händen wurde seine Haut warm, der Atem kam zu schnell und sein Puls jagte. Bedächtig hob Jean eine Hand, der Daumen legte sich an Simons Kinn, zwang ihn hoch, sodass er ihn direkt ansehen musste. Mit recht grobem Druck wischte der Daumen über Simons Lippen, die dieser reflexartig zusammenpresste. Ein Fehler. Verdammt, es war so schwer, keine

Abscheu zu zeigen, die Furcht zu unterdrücken. Rasch öffnete Simon den Mund ganz leicht, entließ den Atem. Im selben Moment wurde der Druck weniger, der Daumen strich weitaus zärtlicher noch einmal über seine Lippen, während Jeans Blick bis in sein Innerstes zu dringen schien. Sah er den Widerwillen? Wusste er um den inneren Kampf, den er ausfocht? *Lieber Gott, bitte lass ihn sein Wort halten, bitte verschone das Leben dieser Männer!*

»Du denkst, ich würde es brechen? Ich werde mein Ehrenwort halten, Simon, wie ich es dir geschworen habe«, flüsterte Jean, der Daumen drückte die Lippe sanft nach unten, verstrich den Speichel darauf. Zärtlicher wurde sein Blick, doch noch immer war da diese unberechenbare Härte drinnen.

»So wie du deines.« Der Daumen rutschte zum Kinn zurück, die Hand umfasste Simons Wange, zog ihn unbarmherzig näher. Mühsam versuchte Simon, flach zu atmen, keinen keuchenden Laut entkommen zu lassen. Dichter und dichter brachte Jean sein Gesicht heran, bis sich ihre Lippen nur noch wenige Fingerbreit trennten. Jeans herber Geruch drang nicht einmal unangenehm in Simons Nase, flatterige Wärme rann über sein Rückgrat, die Lunge pumpte, das Herz jagte. Und Jean, überbrückte den letzten Abstand nicht. Wartete.

Simon begriff, dass er ihn küssen sollte. Dass er seine Lippen dazu zwingen musste, sich zu öffnen und sich auf die anderen zu drücken. Es war doch nicht schwer. Nur ein Kuss, eine Berührung der Lippen. Nichts weiter. Warum nur fühlte er sich völlig taub und unfähig, diesen letzten Abstand zu überwinden und Jean zu geben, was er forderte?

»Wie du deines«, wiederholte Jean wispernd, küsste ihn plötzlich hart und fest, zwang ihm den Kuss brutal auf. Und Simon ließ es über sich ergehen, bemüht, keine Abwehr zu zeigen, sich nicht zu versteifen, es einfach geschehen zu lassen. Verdammt, das würde viel schwerer werden, als er gedacht hatte. Und es war erst der Anfang.

»Jorge!« Ruckartig löste sich Jean, die Hand noch immer an Simons Wange. »Bring ihn nach unten. Sperr ihn ein.« Eiskalt wirkten seine Augen, der Blick spießte Simon regelrecht auf, der verzweifelt nach einer Entschuldigung suchte, nach Worten, mit denen er Jean noch beschwichtigen könnte. Es war sein Verschulden, wenn er nun doch seine Meinung ändern würde. Oh Gott, würde er die *Belleza* doch noch versenken?

»Jean, bitte …«, brachte er nur heraus, realisierte im selben Moment, dass er zurück in sein Gefängnis gebracht werden würde. Tief in den dunklen Bauch des Schiffes. Ohne Licht. Zurück in die dämonische Dunkelheit.

»Ich halte mein Ehrenwort«, bemerkte Jean mit Nachdruck, die Stirn zusammengezogen, die schmalen Augenbrauen berührten sich fast. Dann wandte er sich um und rief seinen Männern Befehle zu, die Segel zu setzen. Er schaute nicht zurück, als Jorge Simon erneut am Arm packte und zum Niedergang brachte.

»Die Männer werden reden. Tun sie gerne, aber haben sie sich lange nicht mehr getraut. Der unbarmherzige Ledoux lässt jemanden entkommen, der ihn angelogen hat«, murmelte Jorge. Kopfschüttelnd schob er Simon vor sich her. »Er muss dich wahrhaftig begehren, wenn er den dummen spanischen Kapitän deinetwegen leben lässt. Kann dennoch sagen, dass er mir so besser gefällt. Du ahnst nicht, wie viel Blut er nach deinem Weggang vergossen hat. So viel, dass es wie Leim an seinen Händen klebte und nicht mehr fortzuwaschen war. Als ob er darin den Verlust ertränken wollte. Ein gefährlicher Mann ist er, ein Besessener und Verfolgter.«

Seine Worte klangen dumpf und unheilschwanger. Dunkelheit griff nach ihnen, sobald sie die letzte Stufe erreicht hatten. Der typische abgestandene, schale Geruch des Schiffsbauches drang unnachgiebig in Simons Nase, unsichtbare, klamme Finger tasteten nach ihm, ließen seine Haut frösteln. Das Knirschen der Gittertür ließ ihn um ein Haar zurückweichen. Schwer wie Blei waren seine Schritte hinein in das nur zu bekannte Gefängnis. Mühsam versuchte er, die Schatten zu durchdringen. Wo war Miguel?

»Willkommen zurück. Du kennst dich ja aus.« Grinsend verschloss Jorge die Tür, lehnte sich noch einmal an die Stäbe und musterte Simon, ehe er die Lampe vom Haken nahm und sich entfernte. Der Lichtschimmer tanzte, wurde weniger und die Dunkelheit kroch ermutigt heran. Bald darauf war Simon ganz von ihr eingehüllt, konzentrierte sich verzweifelt auf etwas anders. Entfernt vernahm er Stimmen, das Knarzen des Schiffsrumpfes, das Wiegen der Wellen, jede Empfindung war wichtig, hielt die Dämonen davon ab, sich zu schnell zu nähern. Erneut versuchte er, ergebnislos die Fesseln abzustreifen, umklammerte mit den Händen die Holzstäbe und spähte in die Finsternis dahinter.

»Miguel?«, wisperte er, versuchte, etwas zu erkennen. Ihm gegenüber lagen weitere Zellen, er kannte dieses Schiff. Hatten sie Miguel dorthin gebracht? »Miguel?« Stille. Die *Estrella* begann sich stärker und schwerer zu wiegen, gewiss nahm sie Fahrt auf. Angespannt lauschte Simon auf das Donnern von Kanonen. Es blieb aus.

Hielt sich Jean wirklich an sein Wort, auch wenn er ihm einen Grund gegeben hatte, dies nicht zu tun? Verflucht sollten seine Reaktionen sein.

Wenn er ihn einfach nur geküsst hätte, dann säße er nicht hier unten gefangen. Dann … Bei Gott, dann würde er jetzt in Jeans Bett liegen und erleben, wie dieser … Schaudernd fuhr Simon zusammen, ließ die Stirn gegen das Holz sinken. Was war nur mit ihm los, dass diese Vorstellung ihm zugleich furchtbar und verlockend erschien?

Wie oft hatte er sich jede Regung untersagt, wenn Jean ihn berührt hatte, wenn er ihm nahe gekommen war. Damals. Bevor ihm Miguel die Scham genommen hatte, nachdem er ihm gezeigt hatte, wie erfüllend es sein konnte, sich der Lust unter Männern hinzugeben.

Und nun kitzelte der Gedanke, Jean zu erleben, wie ein verruchter Geschmack von Wein auf der Zunge, sandte Impulse von Hitze in seinen Unterleib.

»Miguel?« Angestrengt versuchte Simon, die Dunkelheit zu durchdringen, konnte immerhin Umrisse ausmachen. War Miguel dort eingesperrt? Konnte er ihn hören und antwortete lediglich nicht? Zürnte er ihm? Sicher war er enttäuscht, weil Simon die Gelegenheit gehabt hatte, Jean zu erschießen, und versagt hatte. Und es war auch seine Schuld, dass Miguel gefangen genommen worden war. Miguel hatte immerhin einen Schuss abgegeben. Hatte er absichtlich vorbeigeschossen? Oder schlecht gezielt?

»Bitte … Miguel«, wisperte Simon in die stärker herandrängende Dunkelheit, die sich bereits zu ballen begann, Fratzen formte, Krallen und Zähne. Albern. Er war nicht unter der Erde. Er war in einem Schiffsbauch. Diese Dämonen waren nicht real, er bildete sie sich ein. Sie konnten ihm kein Leid zufügen. Nichtsdestotrotz zitterten seine Hände, kroch kalter Schweiß von seinem Nacken aus unter das Hemd.

»Miguel«, flüsterte er flehend, die Stimme halb erstickt. So schwer lastete die Schuld auf ihm, nahm ihm den Atem, trieb brennende Tränen in seine Augen. Die Vorstellung, dass Miguel ihn hören könnte und nicht antworten würde, schnürte ihm die Kehle so stark zu, dass er glaubte, ersticken zu müssen.

»Bitte, Miguel, bitte antworte mir«, wisperte Simon viel zu leise, drückte das Gesicht derart stark gegen die Stäbe, dass seine Wangenknochen schmerzten. Stille. Kein Laut aus den anderen Zellen. War er dort? Hörte er ihn? Oder war er gar verletzt, bewusstlos und konnte ihn nicht vernehmen? Oder …? Nein! Jean hatte geschworen, sein Ehrenwort gegeben, und aus irgendeinem Grund glaubte Simon fest daran, dass er es halten würde.

Wie er seines halten würde.

»Oh, Miguel«, flüsterte er, die Stimme kaum mehr als ein Hauch. *Ich liebe dich, ich werde dich immer lieben, mi amado,* ergänzte er in Gedanken, presste die Lippen fest gegen seine gefesselten Hände und verschloss die Lider, als die Dunkelheit über ihn herfiel und seine Seele zu zerfetzen suchte. Miguels Namen war sein einziger Schutz und er murmelte ihn unaufhörlich, während er zu Boden sank, sich ganz klein machte und das Schluchzen unterdrückte.

»Miguel ...«

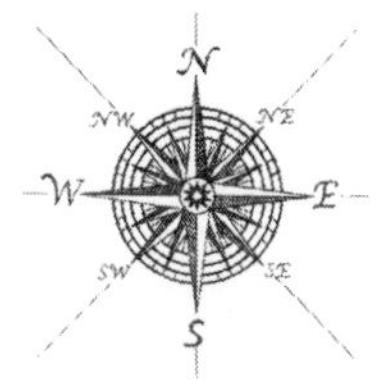

Auf die Knie

Unbarmherzig meldete sich der Durst. Der Krug mit dem muffig riechenden Wasser, den er in seiner Zelle vorgefunden hatte, hatte gerade so eben vermocht, etwas Linderung zu verschaffen. Zudem knurrte nun auch sein Magen vehement. In der beständigen Dunkelheit war es unmöglich, die Zeit zu bestimmen. Endlos zog sie sich dahin. Die nagende Furcht, die Dämonen würden ihn erneut in Panik ausbrechen lassen, wenn er die Lider schloss, verhinderte, dass Simon sich Schlaf gönnte. Runde um Runde war er die Zelle abgelaufen, die Finger hatten jeden der Stäbe berührt und er hatte sie gezählt, bis seine Füße ihm wehtaten und er ins Straucheln geraten war.

So lange er seinen Geist beschäftigte, so lange blieb die bedrohliche Dunkelheit vor seiner Barriere, so lange schaffte er es, die Furcht zurückzudrängen, die ihn die Stirn gegen die Stäbe hatte schlagen lassen. Noch immer spürte er den Schmerz, der ihn wenigstens aus der Panik zurück in die Realität geworfen hatte.

Teilweise hatte er sogar geglaubt, Miguel vor den Gittern stehen zu sehen, wie er ihn anlächelte und ihm Mut zusprach. *Du bist stolz, du bist stark,* hatte er gewispert und war wieder ein diffuser Schatten geworden, den die dunklen Dämonen verdrängten. Dann hatte Simon begonnen, zu summen, die Worte jenes Liedes zu murmeln, welches Miguel so enthusiastisch gespielt hatte. Ihm fehlten einige der Worte, aber die Melodie war da, die frivole Fröhlichkeit der Zeilen, und er hatte seine zunächst brüchige Stimme immer lauter werden lassen. Jeder Refrain wie geballte Kraft, die er auf seine Angreifer schleuderte. Mit tänzerisch wiegenden Bewegungen hatte er sich durch die Zelle bewegt, sich den fiedelnden Miguel vorgestellt, der ihn anfeuerte, über die drohenden Zähne und Klauen nur lachte.

»Ich finde dich. Vertrau darauf, egal, was passieren mag. Gleichgültig, wo du sein wirst oder wie lange es dauern wird, gib diese Hoffnung niemals auf.« Miguels Worte waren wie ein Mantra. Mittlerweile war sich Simon sicher, dass man ihn in den anderen Teil des Schiffes geschafft haben musste, wo er ihn nicht hören konnte. Ob er ebenso in der Dunkelheit gefangen war, ohne Wasser und Essen?

War es ein Tag oder waren es schon mehrere? Das beständige Auf und Ab des Schiffes gab keinen Hinweis. Hatte er Jean wirklich so sehr verärgert, oder wollte ihm dieser eine Lehre erteilen? Was war so schwer daran gewesen, ihn zu küssen? Es hatte eine Zeit gegeben, da hatte Simon es sich insgeheim sogar gewünscht, auch wenn er es sich damals nicht eingestehen konnte. Die Verweigerung eines Kusses, und er trug die Strafe dafür. Würde es zukünftig immer so sein? Wenn er sich nicht wie gewünscht verhielt? Dabei war es so schwer, Jeans wahre Wünsche zu erahnen und richtig mit ihm umzugehen. Er würde es wohl oder übel lernen müssen.

Entschlossen sang Simon noch einmal die letzte Strophe. Vielleicht wollte Jean ihn wirklich brechen, sollte die Dunkelheit ihn bezwingen, sodass er danach, wenn Jean ihn befreite, dankbar in dessen Arme sinken würde. Ha, er war nicht so schwach. Auch wenn Jean und die anderen Piraten ihn nicht so sahen, er war ein Mann von Ehre, Mut und Stolz. Dieser verfluchte Priester hatte durch seine Furcht viel zu viel Macht über ihn besessen, er würde sie keinem anderen Menschen mehr geben. Wenn er seine Angst besiegte, dann konnte er sich auch Jean stellen. Auf gleicher Stufe.

Tröstlich aufbauende Gedanken, die sich mit Phasen beginnender Verzweiflung abwechselten. Die Zeit nagte an seinen ehrenwerten Vorsätzen, zerbiss nach und nach jedes Seil aus Stärke, das ihn hielt. Durst, Hunger und ein Zustand, der wegen Schlafmangel einem Delirium nahekam, sabotierten seine Entschlossenheit.

»Niemals die Hoffnung aufgeben. Werde ich nicht«, flüsterte Simon, taumelte und prallte hart gegen die Stäbe seiner Zelle. Erschöpft sank er daran herab, wusste, dass er dem Schlaf nicht mehr sehr lange entkommen konnte. Vor seinen Augen flimmerte es, ein heller Schein, der sich näherte. Bildete er sich diesen nur ein? Nein, da waren auch Schritte zu vernehmen. Rasch versuchte er, sich aufzurichten, doch es war nicht Jean. In dem Licht der Öllampe erschien Jorge, blickte auf ihn herab und verzog die Lippen.

»Komm, er will dich sehen«, brummte er, während er aufschloss. Dankbare Erleichterung durchflutete Simon, obwohl er sich durchaus bewusst war, dass Jean vermutlich genau diese Gefühle beabsichtigt hatte. Ein Meister der Manipulation, oh ja, das war er.

Nicht so festen Schrittes, wie er es gerne gehabt hätte, verließ Simon die Zelle und schritt im Schein der Lampe zur Treppe. In seinen Knochen steckte die Schwäche und die Muskeln waren zu müde, um viel Kraft vorzutäuschen. Es war dunkel, ein sternenverzierter Himmel empfing ihn zugleich mit einer frischen Brise, die sein klebriges Haar erfasste und wie eine streichelnde Hand hindurchfuhr. Tief atmete er ein, bemühte sich, die schleppenden Schritte mit mehr Vehemenz zu füllen.

»Verärgere ihn nicht wieder. Er wird gut zu seinem Liebchen sein, wenn du gut zu ihm bist«, nuschelte Jorge hinter ihm, als sie den Gang zur Kapitänskajüte betraten. Der Duft von gebratenem Fleisch stieg Simon in die Nase, ließ seinen Magen knurren und den Speichel die trockene Zunge benetzen. Natürlich auch ein Teil von Jeans Spiel. Eine weitere Verlockung. Nun, er war hungrig genug, sich darauf zu freuen.

Und wenn er ihn dafür küssen müsste, dann würde er es über sich bringen. Noch einmal sog Simon den würzig leckeren Duft ein, straffte sich, als Jorge ein wenig zaghaft klopfte. Weder von der Furcht noch von der zermürbenden Ungewissheit würde er sich ducken. Wenn Jean glaubte, er wäre noch derselbe naive und unsichere Jüngling, dann hatte er sich getäuscht.

»Ah Simon, schön, dass du da bist«, begrüßte ihn Jean von seinem Schreibtisch aus, wo er zwei Gläser mit Rotwein füllte. Dessen fruchtiger Duft traf Simons Nase zugleich mit dem des Bratens, der auf dem kleinen Seitentisch neben Jeans Sessel stand. »Danke, Jorge, dass du ihn hergebracht hast. Du darfst dich zurückziehen.« Über Jorges Lippen kam ein verwunderter Laut, er verbeugte sich indes hastig und wich auch schon rückwärts zur Tür zurück. Das dumpfe Geräusch, mit dem sie sich hinter ihm schloss, verdeutlichte Simon, dass er mit Jean alleine war. Augenblicklich kroch die Furcht aus den Winkeln seines Bewusstseins, besonders, als sich Jean mit den Gläsern umwandte und auf ihn zukam, ein leichtes Lächeln auf den schmalen Lippen.

Die Öllampen in der Kabine leuchteten sein Gesicht voll aus, die Schatten darin waren zurückgewichen, und auch wenn viele harte Linien sich hineingegraben hatten, so wirkte es, frisch gewaschen und offenbar rasiert, wesentlich weicher und … menschlicher. Die Haare waren streng zurückgekämmt und glänzten leicht feucht. Ein feiner Duft umgab Jean

und auch seine Kleidung war offensichtlich sorgfältig gewählt. Verblüfft musterte Simon ihn, denn er hatte gewiss nicht erwartet, dass Jean einen solchen Aufwand betreiben würde, nur um seine Geisel zu empfangen.

»Du möchtest sicher ein Glas mit mir trinken.« Jean trat vor ihn, senkte den Blick und lächelte nachsichtig. »Oh, ich vergaß. Verzeih mir.« Sorgfältig stellte er die Gläser auf dem Tisch neben dem Braten und dem Brot ab und wandte sich erneut Simon zu. Plötzlich wurde Simon gewahr, wie dreckig er wirken musste, wie heruntergekommen und im selben Moment wurde ihm bewusst, dass dies Teil von Jeans Spiel, seiner geschickten Manipulation war.

Mit einem Lächeln, das, auch wenn Simon um die Grausamkeit und Unberechenbarkeit dieses Mannes wusste, noch immer verführerisch wirkte und ihn ansprach, griff Jean nach seinen gefesselten Händen und hob sie an, bis sie auf Brusthöhe waren. Seine langen Finger strichen über die Rückseiten der Hände, über die Seile, die natürlich ihre Spuren hinterlassen hatten. Jede Berührung war erstaunlich warm und machte Simon noch mehr klar, wie sehr er diesem Mann, dem Geschenk seiner Zärtlichkeit ausgeliefert war.

Behutsam löste Jean die Knoten, wickelte die Seile ab und ließ sie achtlos zu Boden rutschen, umfasste die Handgelenke sanft, aber mit Nachdruck, und rieb mit einem bedauernden Ausdruck über die roten Striemen. Eine sinnliche Geste, deren Wirkung sich Simon nicht entziehen konnte.

»Es tut mir leid«, flüsterte Jean, zog Simons Hände zu sich heran und hauchte Küsse darauf. »Das wäre nicht nötig gewesen.«

»War es nicht«, brachte Simon perplex heraus, ehe er die Doppeldeutigkeit dahinter begriff. Nein, es wäre nicht nötig gewesen, wenn er folgsamer gewesen wäre. Wenn er Jean gegeben hätte, was dieser verlangte. Dann würde er dies jetzt tun. So lange er noch den Mut und die Entschlossenheit dazu aufbrachte und ehe er sich in den täuschenden Zärtlichkeiten dieses Mannes verlor.

Mit Nachdruck entzog er sich, zögerte nur kurz, ehe die Finger den Weg an sein Hemd fanden und die Verschnürung zu lösen begannen. Sie waren noch steif von der Fesselung, die Bewegungen ungelenk, dennoch glaubte er, die Gier in Jeans Augen aufflammen zu sehen, als er das Hemd vollends geöffnet hatte und es mit einer raschen Bewegung über den Kopf zog und zu Boden warf.

Die Nasenflügel bebten, tief sog Jean die Luft ein, wirkte für den Moment ein wenig irritiert, die Lippen öffneten sich und er starrte auf

Simons nackte Brust, der die Sonne Farbe gegeben, die Arbeit Muskeln hatte entstehen lassen. Nein, er war nicht mehr der Junge, den Jean entführt hatte. Sein Leben und er selbst hatten sich in vieler Hinsicht verändert. Er war nun ein Mann, der wusste, was er wollte.

Ebenso entschlossen streifte Simon sich die Stiefel ab und begann, Gürtel und Hose zu öffnen. Genug der Spielereien, er war nicht länger unerfahren und verschüchtert, er wusste, was Jean wollte und er würde es ihm geben.

»Simon.« Es kam geflüstert, hielt ihn mitten in der Bewegung auf, die Hose noch ungeöffnet. Langsam setzte Jean das erhobene Glas ab. Täuschte es oder bebten seine Finger? Wahrhaftig, er konnte den Blick kaum von Simon nehmen und seine Erregung war mittlerweile unverkennbar.

»Komm zu mir.« Obwohl es freundlich, mit dem Hauch von Erregung gesprochen war, kam es einem Befehl gleich, den Simon auch sogleich befolgte. Schritt für Schritt trat er auf Jean zu, der sich die Lippen benetzte, ihn unverhohlen begehrlich ansah. Es war ein gänzlich anderes Gefühl als bei Miguel, der ihn wohlgefällig angesehen hatte, dem Simon völlig vertraute. Bei Jean konnte er sich keiner Reaktion sicher sein. Nichtsdestotrotz spürte er es in seinen Lenden ziehen.

Sichtlich mühsam riss Jean sich von dem Anblick der blanken Brust los, schaute Simon in die Augen und streckte die Hand nach ihm aus, um sein Kinn flüchtig zu berühren.

»Ich erkenne deinen Lehrer«, murmelte er und es klang tatsächlich anerkennend. »Unglaublich, wie du dich gemacht hast.«

Ein Stich. Er drang nicht tief, er schmerzte nur am Rande, aber er erinnerte Simon sogleich daran, dass er nicht wusste, was mit Miguel geschehen war.

»Wo ist Miguel? Geht es ihm gut?«, stieß er hervor, das Herz machte holperige Hüpfer. Sogleich verfinsterten sich Jeans Züge, sein Zeigefinger legte sich über Simons Lippen.

»Du wirst seinen Namen in meiner Gegenwart nicht mehr aussprechen«, verlangte Jean, eine unausgesprochene Drohung im Funkeln seiner Augen verborgen. Mit deutlichem Druck legte er die andere Hand an Simons Schulter, ließ den Finger herabrutschen, über das Kinn in die Kehlkuhle, das Brustbein entlang zum Bauchnabel.

»Alles, was ich verlange, ist zu wissen, ob es ihm gut geht«, flüsterte Simon mit belegter Stimme, sich sehr wohl bewusst, dass er Jean nicht provozieren sollte.

»Das tut es. Du hast mein Ehrenwort. Und nun wirst du nicht mehr an ihn denken«, raunte Jean, nahm ein Glas mit Rotwein hoch und tunkte seinen Finger hinein. Mit dem süßen Rebensaft benetzte er Simons Lippen, ließ Tropfen davon über diese das Kinn hinabgleiten und auf die Brust tropfen. Atemlos stand Simon still, als die Zunge sein Kinn berührte, die Spur des Weins zu den Lippen aufleckte. Jeans Lächeln vertiefte sich, als der Finger erneut Rotwein aufnahm und nun eine Spur um Simons rechte Brustwarze zog. Eine kühle, prickelnde Linie aus Saft bahnte sich gleich darauf ihren Weg über sein Brustbein, zum Bauchnabel und tiefer. Simons Bauchmuskeln zuckten, als Jean seinen Finger folgen ließ, eine eher flüchtige Berührung, die zu intim war, um Simon reglos bleiben zu lassen. Hitze zog in seinem Bauch, suchte den Weg in seine Lenden, füllte seinen Unterleib, als Jean sich vorbeugte, die Zunge kurz über dem Hosenbund ansetzte und den Weg des Weins zurück aufleckte.

Ob er wollte oder nicht, das sinnliche Spiel zeigte Wirkung, ließ seine Männlichkeit anschwellen und trieb ihm ein leises Stöhnen über die Lippen. Wie hatte Miguel es formuliert? Jean wusste, wie man einem anderen Mann Lust bereitete, spielte virtuos auf dessen Körper. Mit einem verschmitzten Lächeln, dem vagen Hauch einer sehnsüchtigen Erinnerung hatte Miguel es gesagt. Seufzend schloss Simon die Lider, ließ die Empfindungen in sich sinken. Jeans Finger drückte gegen seine Brustwarze, sandte winzige Schauder in ihn. Noch einmal spürte er die Kühle des Weins, in einem feinen Rinnsal über seine Brust laufen.

Von unten leckte sich Jean noch einmal hoch, stieß tief in den Bauchnabel, ließ Simons Unterleib Feuer fangen, feine Schweißperlen auf der Stirn entstehen. Dieses Mal fuhr er über das Brustbein hinaus, widmete sich den Brustwarzen und brachte Simon abermals zum Stöhnen, ehe seine Zunge den Weg über den Hals und das Kinn fand. Schaudernd fand sich Simon plötzlich in einem Kuss gefangen und erwiderte ihn mechanisch. Gierig nahm er den Geschmack auf, der süßliche Duft des Weins benebelte ihn, die Zunge lechzte nach mehr Feuchtigkeit, Durst mischte sich mit einem immer stärker werdenden Begehren. Hatte er gerade an Jeans Lippen gesaugt, seine Zunge gierig über dessen gleiten lassen?

Keuchend fuhr Simon zurück, riss die Augen auf. Süffisant lächelte Jean ihn an, leckte sich betont langsam und zufrieden über seine feuchten Lippen, setzte das Glas an und nahm einen tiefen Schluck. Sein Adamsapfel bewegte sich beim Schlucken und genießerisch schloss er die Lider.

Verdammt, das war ohne Zweifel sinnlich. Die feuchten Spuren kribbelten überall auf Simons Haut und seine Zunge sehnte sich nach mehr von dem köstlichen Geschmack. Als ob Jean um seine geheimsten Wünsche wüsste, wandte er sich halb um, nahm das andere Glas auf und reichte es Simon. Doch als dieser danach greifen wollte, zog er es ein wenig zurück, schüttelte leicht tadelnd den Kopf.

»Knie dich hin, Simon«, flüsterte er, nippte erneut an seinem Glas, ließ den roten Saft über seine Lippen perlen. Ungewollt entkam Simon ein heftigerer Atemzug, seine Lippen öffneten sich, sein Stolz riss das Schwert der Ehre hoch, bereit, sich zu verweigern. Und verlor.

Langsam beugte Simon ein Knie, ließ sich auf den hölzernen Boden sinken, das Haupt leicht gesenkt, sich viel zu bewusst, wie nahe er Jeans Schritt kam und was dieser sicher gleich von ihm verlangen würde. Konnte er es ihm geben? Ja, er würde es tun. Er würde alles tun, um Miguels Leben zu schützen, denn das lag nun in seinen Händen. Oder eher dem Geschick seiner Lippen und des Mundes.

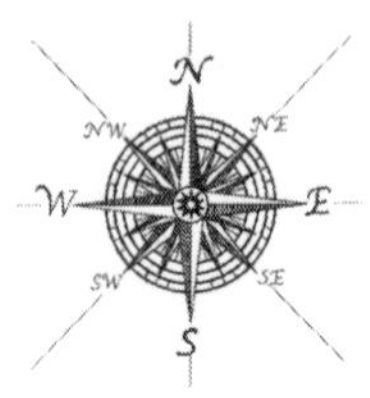

Zwei Schritte in den Abgrund

Zärtlich strich ihm Jean über die Haare, wickelte in einer fürchterlich vertrauten Bewegung eine Locke um seinen Finger. Es fiel Simon zunehmend schwerer, flach zu atmen, sich ganz ruhig zu verhalten und gelassen zu wirken. Immer wieder drohte die alte Furcht seiner Herr zu werden, so viele der Gesten, sein Geruch, Jeans ganze Art lösten ambivalente Gefühle aus.

»Sieh mich an, Simon.« Mit sanftem Nachdruck zogen die Finger an den Haaren des Hinterkopfes, bis sein Blick nach oben gerichtet war. Simon war gewappnet, schloss Furcht und Unsicherheit ein, ließ weder Unbehagen noch Widerwillen erkennen. Sollte Jean glauben, er würde dies gerne tun. Er würde ihn benutzen, sich Lust verschaffen und denken, er hätte ihn gebrochen, ihn besiegt. Was er nicht begriff; und nun wurden Simon auch Miguels Worte noch klarer: Nie würde er seine Liebe besitzen, denn diese gehörte nur einem Mann. Nichts würde daran etwas ändern. Wenn er stöhnte, dann nur, weil Jean wusste, wie er ihn anfassen musste, um ihn zum Stöhnen zu bringen, nicht jedoch, weil er Lust empfand, die ihm liebevoll geschenkt worden war. Es war völlig anders. Sex aus Lust, nicht aus Liebe.

Diese Erkenntnis beruhigte und half ihm, als Jean forderte: »Öffne deine Lippen.« Doch anstatt seine Hose zu öffnen, setzte er behutsam das Glas an, ließ den Wein in Simons Mund fließen. Schluck für Schluck, mit einem gönnerischen Schmunzeln, für das ihn Simon verachtete, auch wenn er froh um die Flüssigkeit war, die er so lange entbehrt hatte. Ganz sicher war es durchaus Absicht, dass Jean ihm kein Wasser zu trinken gab, der Wein würde seine Sinne verwirren, ihn williger und enthemmter werden lassen. Nichts, was Jean tat, diente dazu, es ihm angenehm zu machen, nur dazu, dass Jean sich als Verführer und letztlich Sieger sah. Was er schlicht nicht war und nie sein würde.

Der Gedanke ließ Simon unvorsichtig werden und ein feines Lächeln bewegte seine Lippen. Zum Glück hielt Jean es sicher für das Ergebnis seiner Bemühungen, denn er lächelte zurück, beugte sich herab und küsste Simon. Ein langer, durchaus leidenschaftlicher Kuss, bei dem es Simon nicht sehr schwerfiel, ihn zu erwidern, nur um den Geschmack des Weines noch länger auf der Zunge zu haben.

Mit derselben gönnerischen Freude zog Jean sich seinen Sessel heran, setzte sich breitbeinig hinein und begann, Simon zwischen Küssen mit Streifen des Bratens zu füttern. Zwar drückte der harte Holzboden unangenehm gegen Simons Knie, er verharrte jedoch klaglos in der knienden Position. Was er früher als fürchterliche Demütigung empfunden hätte, nahm er nun schlicht hin. Sollte Jean sich ihm überlegen fühlen, sein Magen knurrte noch immer und er war froh um jedes Stück an Brot und Fleisch, was ihn sättigte, ihm Kraft zurückgab.

Wärme füllte seinen Magen. Der süße Wein sank in seine Glieder, machte das Blut schwer, den Kopf leicht.

»Du bist begehrenswert wie am ersten Tag«, wisperte Jean, stellte das Glas ab und schickte seine Hände auf Wanderschaft über Simons Körper. Über die empfindsamen Brustwarzen, drückte seine Daumen dagegen, rieb über die Haut, bis Simons Atem sich definitiv veränderte. Stück für Stück eroberte er sich, als ob er jedes bisschen Haut berühren müsse, um es für sich zu beanspruchen. Dabei war es nur die Oberfläche. Nichts, was darunter lag, konnte er wirklich erreichen.

Plötzliche Euphorie durchströmte Simon und um ein Haar hätte er Jean ausgelacht. All diese Spielereien, die kleinen Manipulationen, die er nötig hatte und doch würde er niemals erreichen, was er wirklich wollte. Alles, was er für Jean empfand, war Verachtung und vages Mitleid. Der Schmerz in den Knien nahm beständig zu und da Jean offenbar nicht beabsichtigte, derzeit mehr von ihm zu verlangen, war es wohl an der Zeit, etwas zu ändern.

Mit einem tiefen Einatmen erhob sich Simon, richtete sich vor Jean auf, der ihn mit leicht gekrauster Stirn musterte, die Hände abwartend beidseitig auf die Lehnen des Sessels legte. Der Stoff seiner Hose verbarg nichts und ein deutlich sichtbarer Fleck verriet, wie sehr es ihn erregte, Simon gedemütigt zu wissen, frei über ihn verfügen zu können. Genug der Spiele.

»Ich gab mein Ehrenwort. Ich werde es halten«, brachte Simon sicher klingend hervor, auch wenn in seinem Innern ein Sturm brauste, dessen Richtung sich ständig änderte und sich nicht abschätzen ließ. Es war gefährlich, sich Jean hinzugeben. In viel mehr als einer Hinsicht, dessen wurde er sich immer mehr bewusst. Es gab keinen Zweifel an seiner Liebe zu Miguel, doch sein Körper fühlte sich nach wie vor von Jean angezogen und würde ihn womöglich betrügen. Es war längst zu spät, Bedenken zu haben.

Mit fahrigen Fingern, die seine Entschlossenheit nicht recht teilten, öffnete er Gürtel und Hose, ließ sie herabsinken und stand völlig entblößt vor Jean. Schwach, angreifbar, jede Reaktion zu erkennen. Und doch fühlte sich Simon stark. Es gab eine Waffe, mit der er Jean entgegentreten konnte und das war dessen Begehren, seine Faszination für ihn, seine Gier, diesen Körper zu besitzen.

Augenblicklich beschleunigte sich Jeans Atem und die linke Hand rutschte in seinen Schoß, strich über die Beule, während ihm ein seufzender Laut entkam. Langsam, den Blick fest auf Simons nur wenig erhobene Männlichkeit gerichtet, winkte er ihn mit der rechten Hand näher.

Trotz alle Vorsätze fuhr Simon leicht zusammen, als Jean beide Hände an seine Oberschenkel legte und zu ihm aufsah. Für einen Moment glaubte er, in den braunen Augen Anerkennung, ja so etwas wie Stolz und wahre Gefühle zu erkennen, dann presste Jean sein Gesicht in seinen Schritt, drückte seine Finger fest in Simons Muskeln. Genießerisch sog er Simons Duft ein, rieb seine Wange an dessen eher schlaffem Penis. Fest fixierte Simon eins der Bücher im Regal, versuchte, die Buchstaben auf dem Buchrücken zu identifizieren, während Jeans Zunge und seine Lippen über seine Härte fuhren.

Ein nicht schnell genug unterdrücktes Keuchen entkam ihm, als er in die Feuchte und Wärme seines Mundes gesogen wurde. Verdammt, Jean wusste wirklich, wie er es anzustellen hatte. Immer wieder wollte Simons Konzentration nachlassen, von der Reihe der Buchtitel abrutschen. Ein milder Schwindel erfasste ihn, zu viel Blut schoss in seinen Unterleib. Strikt weigerte er sich, den Gedanken an Miguel zuzulassen und ihn womöglich mit Jean zu vergleichen. Nein, er würde ihn nicht beschmutzen, indem er an ihn dachte, während Jean sich nahm, was er erbeutet hatte.

»Simon, du bist wundervoll«, raunte Jean, die Stimme rau vor Lust, noch immer das Gesicht gegen Simons Scham gedrückt. Er stützte sich an Simons Hüften ab und erhob sich, rahmte sein Gesicht mit den Händen

ein, um ihn erneut zu küssen. Wilder, drängender, gieriger. Mit seinem eigenen Duft in der Nase öffnete Simon den Mund, ließ Jeans Zunge seine verführen. Immer heftiger wurden die Küsse, ausgehungert, unersättlich verschlang er ihn, ließ seiner Leidenschaft hemmungslos freien Lauf. Es kostete Simon viel Kraft, dem Ansturm standzuhalten, weiterhin sich küssen zu lassen, auch wenn die Furcht mit spitzen Krallen aus seinem Magen die Kehle hinaufkletterte. War es soweit? Würde Jean die Beherrschung verlieren? Ja, er fürchtete den Schmerz, noch viel mehr jedoch die Erniedrigung, in einem Akt purer Gewalt genommen zu werden.

»Oh Simon«, flüsterte Jean plötzlich, schien sich selbst gerade so eben zu zügeln, drückte die Stirn gegen die seine und verhielt schnaufend. »Wie sehr habe ich mich danach gesehnt.«

Schwer atmend stand Simon still, wartete ab, vor innerer Anspannung zitternd, als Jean sich von ihm löste und endlich begann, sich seiner Kleidung zu entledigen. Viel intensiver als zuvor traf ihn Jeans Duft. Verführerisch wie eh und je, gerade in seinem erregten Zustand. Ihn völlig entblößt vor sich zu sehen, den sehnigen Körper, die Narben, die ihn zierten, die harten Muskeln, die sich abzeichneten sowie die unübersehbare Erektion, ließen Simon wiederholt hart schlucken.

Abermals begann Jean ihn zu küssen, platzierte seine Liebkosungen nun vornehmlich auf den Hals und die Brust, schob Simon dabei unweigerlich zu der Koje zurück. Jean benutzte sie sonst nicht, darüber hing für gewöhnlich die wesentlich bequemere Hängematte, doch nun war sie mit Bettzeug versehen worden. Als Simon mit den Waden dagegen stieß, nahm Jean seine Hand in die seine und führte sie zu seinem tropfenden Schaft. Die Aufforderung war klar, dennoch zögerte Simon einen Moment, ehe er die Finger um den Penis legte. Wie schwer es ihm fiel, Jean zu berühren. Es war nur ein mechanischer Vorgang, eine einfache Bewegung, die Vorstellung, ihm damit Lust zu bereiten, war das, was Simon abstieß. Nichtsdestotrotz tat er es, wenngleich es eher Jeans Hand war, die ihn führte und er den Kontakt so gering wie möglich hielt.

Derweil saugte Jean an seinen Brustwarzen, die er recht schnell als eine von Simons empfindsamsten Stellen ausgemacht hatte. Zündelnde Impulse schossen durch Simons Nerven, ob er wollte oder nicht, seine Erregung wuchs, verleitete ihn dazu, die Hüften vorzuschieben und in näheren Kontakt zu bringen. Sofort wurde er sich dessen bewusst, doch es war zu spät, sich zurückzuschieben, denn Jean reagierte darauf, drängte sich an ihn, rieb seine Erektion an Simons Schritt, murmelte Worte in Französisch.

Einem Impuls folgend ließ Simon sich auf das Lager sinken, löste so den engen Kontakt ihrer Erektionen. Verflucht, es war wirklich schwer. Am besten, er brachte es möglichst rasch hinter sich, ehe er sich wirklich in seiner eigenen Lust verlor. Sein ausgehungerter Körper lechzte zu sehr nach diesem lange verbotenen Elixier. Einmal gekostet, war er süchtig geworden, nun, wo die Dämonen der Sodomie zu Schatten verblasst waren.

»Du hast dich wirklich verändert«, murmelte Jean belustigt, musterte ihn wohlgefällig, in seinen Augen flackerte die Wollust und etwas wie Besitzerstolz. Hastig wandte Simon sich um, konnte den Anblick kaum ertragen. Er kam sich furchtbar schmutzig vor, sein Tun war verwerflich und er würde diesen Makel wohl nie wieder abstreifen können. Wie sollte er Miguel wieder unter die Augen treten, in dem Bewusstsein, dass er sich wie eine Hure verkauft hatte, dass er seinen Körper benutzte, um Jean zu ködern und zu verführen?

Zwei Schritte zu weit und er war in den Abgrund der Sünde gefallen. Einer Sünde, die viel schwerer wog als nur die Lust, bei einem anderen Mann zu liegen, dessen Lippen zu spüren, seine Liebe zu erwidern. Sein Rücken fühlte sich klebrig und klamm an, Jeans Blicke luden weiteren Schmutz auf ihm ab, der durch die Haut drang und nie wieder fortgewaschen werden konnte. Mit zusammengepressten Lippen hob Simon seinen Hintern an, biss sich dabei in die Unterlippe, so sehr schämte er sich für sein Verhalten, als er sich Jean wie eine niedere, läufige Hure anbot. Wenigstens würde er ihn dabei nicht ansehen müssen.

»Simon …« Sein französisch ausgesprochener Name floss über die Haut, schmierig und auf keinen Fall so zärtlich, wie Jean ihn eigentlich verwendete. Etwas Nachsicht schwang mit, eine Spur Belustigung.

»Du hast dich verändert«, murmelt Jean erneut, ließ die Fingerkuppen über Simons Rücken wandern. Ja, dieser Simon war gewiss nicht der, den er zu verführen versucht hatte, der im Gefängnis einer unaussprechlichen Sünde gefangen gewesen war und sich nicht einmal den Gedanken daran gestattet hatte.

Ein überraschter Laut entkam Simons Lippen, als eine Hand sich zwischen seine Schulterblätter legte, zu seinem Nacken glitt und ihn tiefer in die Laken drückte. Die andere fuhr über seinen exponierten Hintern, ein Finger strich durch seine Spalte. Der pochende Schmerz in seiner zerbissenen Lippe schwand, ließ Raum für Ekel und zugleich für eine wachsende Erregung, als Jean seinen Finger kreisen ließ, mit wenig Druck gegen den empfindsamen Bereich stieß.

»Ich kenne seine Leidenschaft«, meinte Jean unvermittelt. »Ein wundervoller Liebhaber war er, kannte keine Hemmungen. Mir scheint, er hat dich gut angeleitet.«

Wie widerlich das klang, wie sehr er Miguel damit beschmutzte. Ihm lag eine heftige Entgegnung auf der Zunge, die er hastig hinabschluckte. Nein, er würde Jean keine Genugtuung geben, keinen Grund. Stillschweigend ertragen, wie sehr er ihn auch demütigen würde.

»Simon.« Erneut wurde sein Name gewispert, dicht an seinem Ohr, Jean hatte sich über ihn geschoben, rieb sich an ihm, während seine Hand noch immer im Nacken lag.

»Auch mich hat er vieles gelehrt«, wisperte Jean, trieb seinen Finger, der sich plötzlich viel rutschiger anfühlte und den er wohl mit Öl benetzt haben musste, tiefer in Simon. Ein leises Stöhnen drang aus Simons Kehle. »Vor allem jedoch, seinen Worten nicht zu vertrauen. Ein Dieb, ein Betrüger ist er und wird er immer bleiben.«

Erneut schluckte Simon Widerworte hinab, bemühte sich darum, sich nicht anzuspannen, als er Jeans Erektion gegen sich drücken fühlte. Es war fast unmöglich, weil zeitgleich ein brennendes Hassgefühl in ihm zu glimmen begann. Warum nur hatte er nicht abgedrückt? Warum hatte er Jean am Leben gelassen? Um sich beschmutzen und Miguel verleumden zu lassen? Es hätte nur das Krümmen eines Fingers bedurft und er wäre frei und Miguel ebenso, ihre Liebe rein und ohne die Sünde, die er nun auf sich lud.

Tief stöhnte Jean auf, als er in ihn drang. Nicht mit einem Stoß, sondern stückweise, zog sich immer wieder zurück, benetzte seinen Ständer erneut mit Öl, ehe er abermals in ihn drang. Seine heißen Lippen küssten sich über Simons Rücken, beide Hände fuhren über die Hüften, die Schulterblätter, den Hals. Tief beugte er sich über Simon, begrub ihn fast unter sich, fasste unter ihn, erweckte die schlaffe Erektion zu neuem Leben. Und obwohl Simon die Lust spürte, schien sie ihm dennoch seltsam fremd, als ob es nicht die Seine wäre, als ob er nicht Herr seines Körpers und dessen Reaktionen wäre.

Mit tiefen Stößen nahm Jean ihn, wusste ihn zu stimulieren, schaffte es, Simon immer mehr Laute zu entlocken, während sein Daumen fortwährend über die Eichel rieb. Unmöglich, dem nicht zu verfallen. Jean wusste um die Kunst, ihn immer näher an die Grenze zu bringen und zurückzuholen, bis Simon beinahe flehende Laute über die wunden Lippen kamen, bis er mit brennenden Augen nahezu um Erlösung bettelte. Nicht mit

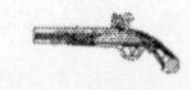

Worten. Sein Stolz hielt sie zurück, aber sein Leib betrog ihn, schmiegte sich Jean entgegen, nahm ihn auf, wollte Erlösung finden.

Schmerzhaft gruben sich Zähne in seine Schulter und Finger in seine Haare, zerrten seinen Kopf etwas nach oben. Seitlich gedreht starrte er in Jeans dunklen Augen, dessen Gesicht schweißfeucht war, dessen Lippen dunkelrot wirkten.

»Du bist mein, Simon. Du gehörst mir und ich sorge dafür, dass du es nie vergessen wirst. Dreh dich um, sieh mich an. Wage es ja nicht, die Augen zu schließen. Schenke mir deine Lust.«

Gequält stöhnte Simon auf, versuchte, sich halbherzig zu wehren, das Gesicht erneut in den Laken zu verbergen. Noch stärker brannten seine Augen, und während Jean ihn an den Schultern und der Hüfte packte und herumdrehte, gelang es ihm kaum noch, die Tränen zurückzuhalten. Bei Gott, er wollte ihn nicht ansehen, nicht erlauben, dass Jean sein Gesicht sah, wenn er Erlösung fand. Hatte er geglaubt, zuvor gedemütigt worden zu sein? Dies war viel schlimmer. Dieser Anblick war einzig Miguel vorbehalten. Jean raubte ihm diesen.

»Sieh mich an«, verlangte Jean erneut, umklammerte sein Kinn, während er ihm die Beine hochdrückte und sich dazwischenschob. Hart krallte Simon die Finger in den Stoff, glaubte, ein Knirschen zu hören, als ob er reißen würde. Seine Lider flatterten, alles in ihm schrie Nein. Nicht diesen Moment, nicht diesen kostbaren Augenblick, den nur Miguel sehen durfte.

»Simon!« Schärfer gesprochen, die Stöße härter, der Daumen und Zeigefinger drückten seine Eichel zusammen, ein ziehender Schmerz, der die Lust vorantrieb.

»Nein«, wimmerte Simon, hasste sich dafür, verachtete die Feuchtigkeit, die ihm aus den Augenwinkeln zu tropfen drohte. »Bitte … Jean …« Hoffnungslos. Er würde es ihm rauben, je mehr er sich sträubte, desto mehr würde Jean es wollen. Schnaubend riss Simon die Augen auf, ballte die Fäuste und starrte Jean herausfordernd an. Nicht schwach, nicht besiegt.

»So ist es gut, mein Liebster.« Lächelnd küsste Jean ihn, bewegte sich schneller, rieb seine Erektion und trieb ihn schließlich zum Höhepunkt, ließ nicht zu, dass Simon den Kopf abwandte, hielt ihn am Kinn fixiert.

»Du wirst ihn vergessen lernen, du wirst mich lieben lernen. Ich kann dir alles geben, was du brauchst«, raunte Jean, die Lider flatterten. »Du gehörst mir und ich weiß es. Ich mag Nouel verloren haben, aber dich werde ich zu halten wissen.« Keuchend stieß er zu, härter, fordernder, die Züge angespannt, die Nasenflügel bebten. Simon schaffte es, die Augen zu verschließen, als er kam und Jean drückte sein Gesicht gleich darauf gegen seine Brust, stöhnte die Wollust gegen Simons schwitzige Haut. War das ein Name, der dazwischen erklang? Hatte er wirklich einen anderen Namen gestöhnt? In Simons Ohren rauschte das Blut so laut, dass er sich nicht sicher sein konnte.

Und er wünschte sich, dass es ewig weiterrauschen würde, so laut, dass er nichts mehr hören würde. In seiner Brust pochte ein Schmerz, der sein Herz zu einem winzigen Ball zusammenpresste, und auf seinen Lippen lag unausgesprochen nur ein Name: Miguel.

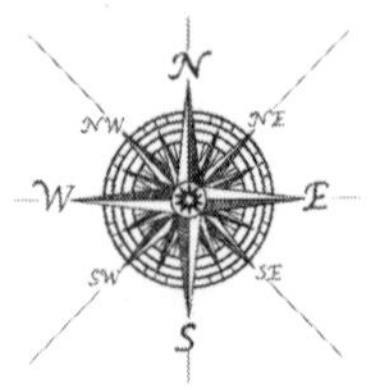

Falsche Worte

Wie erstarrt lag Simon auf dem Bett, versuchte, das unangenehm klebrig feuchte Gefühl zwischen seinen Beinen zu ignorieren, das vage Brennen, das Bedürfnis, sich von Kopf bis Fuß abschrubben zu müssen. Eng an ihn gedrängt, in einer widerlich ähnlichen Haltung, wie Miguel es liebte, lag Jean hinter ihm, eine Hand auf seinem Bauch, die andere an seinem Oberschenkel. Simon war sich sicher, dass er nicht schlief, dass er schlicht döste, den Rausch des Orgasmus nachklingen ließ. Es war definitiv sein eigener Name gewesen, den Jean ihm danach noch ein paar Mal ins Ohr geflüstert hatte.

Vorsichtig verlagerte Simon das Gewicht, kämpfte gegen den Impuls, das Lager so schnell wie möglich zu verlassen. Zu seinem Glück würde Jean sicher nicht ewig bei ihm liegen, denn das Schiff und die Mannschaft würde er kaum vernachlässigen können. Ruhelos kreisten Simons Gedanken um Miguels Schicksal. Nun, da er seinen guten Willen gezeigt hatte und Jean befriedigt worden war, ob er ihm gestatten würde, Miguel zu sehen? Nicht, dass Simon sich sicher war, ob er ihm überhaupt unter die Augen treten konnte. Aber er musste wissen, dass es ihm gut ging. Selbst, wenn ihm nur Verachtung und Hass für sein Tun entgegenschlagen würde. Er hätte es verdient.

»Wo ist …?«, begann er zaghaft, brach ab, als Jean sich rührte und nahm all seinen Mut zusammen. »Darf ich mich vergewissern, dass es ihm gut geht?« Augenblicklich erklang hinter ihm ein unwilliger Laut, die Finger auf seinem Oberschenkel drückten sich in seinen Muskel. Entschlossen schob Simon den Unterkiefer vor, holte Luft. Er hielt sich an die Regel. Seinen Namen würde er nicht nennen. Allerdings auch nicht ruhen, bis er wusste, dass Miguel am Leben und unverletzt war. Sollte ihm ein Leid geschehen sein, dann würde er Mittel und Wege finden, Jean dafür büßen zu lassen. Nichts hatte er zu verlieren, und wenn er irgendwann auch mal ein wenig für Jean empfunden hatte, dann war dieses Gefühl nun tot und kalt und grenzte an Hass.

»Er lebt. Unverletzt. Mehr musst du nicht wissen«, brummte Jean widerwillig, zog ihn enger an sich heran.

»Ich werde nur meinen Augen vertrauen«, stieß Simon hervor, befreite sich energisch und schaffte es tatsächlich, sich umzudrehen und sich aufzusetzen. Ein wenig verwundert, dezenten Spott in den Augen, schaute Jean zu ihm hinauf.

»Du hast zu lange seinen falschen Worten vertraut«, meinte er, lehnte sich gähnend zurück und verschränkte die Arme hinter dem Kopf. Beharrlich vermied Simon, den Blick über die Brust tiefer gleiten zu lassen.

»Ich möchte ihn sehen«, verlangte er, legte so viel Entschlossenheit hinein, wie er nur aufbringen konnte. Wenn Jean ihn dafür zurück in sein Gefängnis unter Deck schicken würde, dann sollte er es tun. Er würde sich nicht einschüchtern lassen.

»Wozu? Willst du etwa Abbitte leisten? Ihm berichten, wie es war? Das dürfte er aus eigener Erfahrung noch erahnen können.« Lachend verzog Jean den Mund, leckte sich über die Lippen, wurde umgehend ernst und ein Hauch von Melancholie schlich sich in seine Züge. »Ein guter Liebhaber war er. Leidenschaftlich, hemmungslos und wild. Vermutlich war einzig seine Leidenschaft nicht falsch, der Rest von ihm ist es durch und durch. Ich habe geglaubt, er hätte sich mit den Jahren geändert. Ich habe mich getäuscht und er hätte dich mir um ein Haar gestohlen. Kein Bukanier nimmt sich ungestraft das Eigentum eines anderen.«

»Nichts an ihm ist falsch«, murmelte Simon, pikiert von den durchaus wehmütig klingenden Worten.

»Alles an ihm. Wie leichtfertig er sein Wort gebrochen hat, dich nicht anzurühren. Miguel gibt nichts auf ein Ehrenwort. Und er würde mich erneut betrügen, wenn ich ihm die Gelegenheit geben würde. Doch nun … Er hat dich verloren und er weiß es.« Triumphierend schnaubte Jean.

Gerade noch rechtzeitig, ehe ihm ein: »Hat er gewiss nicht«, herausrutschte, presste Simon die Lippen aufeinander. Wie zur Hölle konnte Jean nur glauben, er würde ihm verfallen, nur weil er ihn dazu gebracht hatte, ihm zu Willen zu sein? Dieser Mann wusste nichts von der Macht der Liebe, ihm fehlte jegliches Gefühl dafür.

»Ich will wissen, dass es ihm gut geht«, erwiderte Simon, er würde sich nicht durch Jean beirren lassen.

»Simon, Miguel ist es nicht wert. Er hat dich betrogen, dir Gefühle vorgespiegelt, nur um deine Unerfahrenheit auszunutzen. Dies ist nicht das erste Mal, dass er dies tut. Ich kenne ihn. Wir kennen uns.« Langsam richtete sich Jean auf die Ellenbogen auf, sein Ausdruck wurde lauernder und Simon wusste, er musste auf der Hut sein. »Warum denkst du, hat er danebengeschossen? Ein so guter Schütze wie Miguel?«

Verblüfft fuhr Simon zusammen, runzelte die Stirn. Was wollte Jean andeuten? War Miguel denn ein guter Schütze? Der Schuss war mehrere Handbreit neben Jean eingeschlagen. Schlecht gezielt oder eher absichtlich?

»Weil er, im Gegensatz zu Euch, Monsieur, kein Mörder ist«, stieß Simon überzeugt heraus, seine Verachtung erleichterte es ihm, Jean herausfordernd zu begegnen. Er glaubte, er würde ihm verfallen? Darin würde er sich täuschen. Jean blieb, was er war: ein ruchloser Mörder und Manipulator.

Erneut lachte Jean, schüttelte den Kopf und ließ sich zurücksinken, die Finger strichen spielerisch über Simons Unterarm.

»Das ist er nicht. Weil er viel besser lügen und betrügen kann. Deine Unschuld hat ihn angelockt, vom ersten Moment an. Miguel liebt Herausforderungen, nichts von Wert ist vor ihm sicher. Ich wusste, dass er versuchen würde, dich mir zu rauben, dass er …«

»Du hast auf mich geschossen«, zischte Simon erregt, entzog sich den Fingern, sprang aus der Koje und starrte Jean zornig an. »Miguel war es, der mein Leben gerettet hat, der mich von dir befreit hat.«

Bedächtig nickte Jean, für den Moment wirkte er sogar ein wenig betroffen. »Das war voreilig. Ein Fehler. Für den ich mich entschuldigen muss, er geschah aus dem Affekt heraus, geleitet von Enttäuschung und Wut. Simon, ich musste befürchten, dich zu verlieren, nachdem ich dich gerade für mich gewonnen hatte. Ich bin ein durchaus aufbrausender Mann.«

»Du hattest mich nicht gewonnen. Ich empfand und empfinde nichts als Abscheu und Hass für dich«, brachte Simon hervor, musste die Worte aussprechen, auch wenn sie falsch sein mochten. Sie erstickten ihn, die Schuld erdrückte ihn. Laut lachte Jean auf, sein Grinsen wirkte diabolisch, während er sich über den Bauch wischte und Simon mit einer Mischung aus Häme und Nachsicht anschaute.

»Noch magst du so denken, du kennst mich zu wenig, du hast zu viel von seinen vergifteten Worten vernommen, du bist voreingenommen«, wandte er tadelnd ein. »Ich habe dich beschützt, diejenigen bestraft, die

Hand an dich legen wollten. War ich etwa grob zu dir? Bin ich je über dich hergefallen, ganz gleich wie groß mein Sehnen war, wie sehr ich dasselbe in deinen Augen habe funkeln sehen? Habe ich mir mit Gewalt genommen, was ich jederzeit hätte haben können? Habe ich dich zu etwas gezwungen? Nein, du gabst es mir freiwillig und ich habe deine Lust gesehen, dein Flehen um mehr, deine Hingabe erlebt.«

»Es war nicht …« Simon stockte, hatte die Freiwilligkeit dementieren wollen und konnte es nicht. Es war seine Entscheidung gewesen. Weil er das Leben der anderen und Miguels retten wollte.

»Es war deine Entscheidung, mich nicht zu erschießen«, ergänzte Jean schmunzelnd. »Wenn du so sehr darauf bestehst, werde ich dir diese Gunst erweisen. Du kannst zu ihm. Du wirst dich auf meinem Schiff wieder frei bewegen können, solange wir auf hoher See sind.« Nachlässig malte er mit dem Zeigefinger Kreise auf seine Brust. »Du wirst in meiner Kabine übernachten und mit mir speisen. Ein Versuch, Miguel zu befreien, und ich werfe ihn über Bord.«

Okay, das waren Bedingungen, die er annehmen konnte. Stumm nickte Simon, das Herz hüpfte und fürchtete sich zugleich. Miguel lebte und er würde ihn sehen können. Und sei es nur, seine Verachtung zu empfangen. Dies war die Buße, die er tun musste, seine Strafe, die er gerne annehmen würde, wenn es ihm nur gut ging.

»Komm wieder her.« Jean machte eine klopfende Geste auf die Laken. »Bevor der Tag anbricht, sind es noch ein paar Stunden, die wirst du bei mir bleiben.«

Erneut nickte Simon, presste die Zähne fest aufeinander, damit ihm kein falsches Wort entkam, sein Gesicht möglichst reglos blieb. »Gestatte mir, mich zuvor zu reinigen«, bat er betont unterwürfig. »Die Gefangenschaft hat Spuren hinterlassen und ich stinke.« Tapfer reckte er das Kinn, die Augen ganz leicht verengt. Um Jeans Mund zuckte es, er nickte bedächtig, erhob sich und nahm Simon in seine Arme.

»Stolz und mutig wie eh und je. Bald schon wird ohnehin nur noch ein Geruch an dir haften: der meinige«, wisperte er, strich über die wunde Stelle, wo seine Zähne ein Mal in Simons Nacken hinterlassen hatten. »Gestatte mir, dir zur Hand zu gehen.« Natürlich wartete Jean seine Antwort nicht einmal ab, sondern füllte die Waschschüssel mit Wasser und winkte Simon heran, der sich zähneknirschend in sein Schicksal fügte. Wenn er daran zurückdachte, in welchen Zustand ihn Jeans Berührungen beim ersten Mal versetzt hatten. Davon war nichts geblieben.

»Sag, Simon, hat er dir von seinem Land in Spanien erzählt? Eure Zukunft in bunten Farben gemalt?«, fragte Jean nach einer Weile, während er den Schwamm über Simons Rücken gleiten ließ. »Gewiss wird er das. Oh ja, auch ich weiß davon. Es ist kein Geheimnis, auch wenn er dich das hat glauben lassen. Und wer weiß, wer noch alles gelauscht hat, wenn er von einem Leben dort schwärmte. Erstunken und erlogen. In der Gosse geboren und nie herausgekommen. Alles, was Miguel besitzt, ist gestohlen. Seine Zunge findet für jedes und alles eine Geschichte.« Mit gleichmäßigem Druck rieb er über Simons Hintern, wusch jede Spur von Sperma fort, der Schmutz, den seine Worte hinterließen, seine flüchtigen Begrüßungen, wollte sich nicht abwaschen lassen. »Was wird er dem Kapitän eures Schiffes wohl erzählt haben? Die Wahrheit? Dass er den Sohn des Gouverneurs entführt hat und sie ein famoses Lösegeld für dich erzielen werden?«

»Nein!«, stieß Simon empört hervor, wich dem Schwamm aus und wollte zurücktreten, doch Jeans Griff am Arm ließ ihn nicht weit kommen. Hart schlug sein Herz in der engen Brust, die Wut wuchs und doch, so sehr er sich dagegen wehrte, da waren auch diese kleinen Zweifel, die auf trippelnden Mäusebeinen in sein Bewusstsein schlichen und ihr Nest bauen wollten.

»Glaubst du? Miguel spinnt ein Garn so fein und fest, dass sich jeder darin verfängt. Warum denkst du, bin ich hier? Frei und unversehrt, im Besitz meines Schiffes und aller Männer? Weil er die Soldaten deines Vaters natürlich auf eine falsche Fährte geschickt hat. Sie haben ein Piratennest ausgehoben, bedauerlicherweise ist ihnen Ledoux entwischt. Ist er nicht, denn ich war nicht einmal in der Nähe.« Grinsend drückte Jean den Schwamm aus, tupfte vorsichtig über Simons Stirn, beugte sich vor und küsste ihn, senkte seine Stimme zu einem verschwörerischen Flüstern herab: »Du erinnerst dich gewiss an Bernard? Du bist ihm begegnet. Er war einer von uns drei großen Bukanierskapitänen. Bedauerlicherweise waren es seine Männer und sein Unterschlupf, den sie ausgehoben haben. Er hat sich erschossen, ehe sie seiner habhaft werden konnten. Der Teil seiner Männer, der entkommen konnte, ist zum großen Teil zu mir übergelaufen. Ein geschickter Schachzug von Miguel, findest du nicht auch?«

»Das war gewiss nicht beabsichtigt«, brachte Simon stockend hervor. Die Gedanken jagten, Zweifel wuchsen in seinem Innern, wurden von Jeans Worten nur zu gut genährt. Definitiv war Jean am Leben, die *Estrella* unversehrt. Entweder war er entkommen, oder …

Wieso sollte Miguel einen falschen Standort angegeben, die Soldaten bewusst in die Irre geleitet haben? Das ergab keinen Sinn. Es sei denn, er … Hatte er Jeans Leben verschonen wollen? Ihm musste bewusst gewesen sein, dass ein tatsächlicher Verrat Jean das Leben kosten konnte. Aber hatte er nicht selbst gesagt, er glaube, dass Jean rechtzeitig entkommen könnte? Und hatte er absichtlich danebengeschossen? Empfand Miguel womöglich noch etwas für Jean? Da war erneut dieser Gedanke, der nie fort, nur verdrängt worden war.

»Wenn du es sagst.« Zärtlich fuhr Jean Simon durch die Haare. »Mein junger, stolzer Simon. Mein verführter, ehrenhafter Lord. Du wirst noch lernen müssen, dass es in unserer Welt falsch ist, an zu große Gefühle zu glauben.«

»Ich glaube an die Liebe«, wollte Simon hervorstoßen, schluckte es noch gerade rechtzeitig hinab. Auf keinen Fall wollte er Jean zu sehr reizen. Nicht, wenn dieser ihm erlauben würde, nach Miguel zu sehen.

Während Jean, zurück in der Koje, seinen Arm über ihn legte, ihre Körper erneut aneinanderschmiegte, erfasste ihn Unruhe. Was, wenn Miguel ohne Wasser eingesperrt worden war? Hatten sie ihm Essen gegeben oder ihn hungern lassen? Würde er Jean überreden können, ihm beides zu bringen? Wenn er es von ihm annehmen würde. Wieso verstrich die Zeit nur so quälend langsam?

Überall schien seine Haut zu jucken, das Wasser hatte ihm nicht viel von dem Gefühl, besudelt worden zu sein, nehmen können. Würde er sich daran gewöhnen können, von Jean angefasst zu werden, seine Zärtlichkeiten zu ertragen? Zumindest würde er fügsam sein, bis sie Land erreichten. Und dann?

Längst war Simon klar geworden, dass Jean Miguel niemals die Freiheit zurückgeben würde. Nicht, wenn dieser ihn noch liebte und Simon zurückholen wollte. Zu hartnäckig würde Miguel sie verfolgen und er hatte schon einmal bewiesen, zu was er dabei fähig war. Aber vielleicht war seine Liebe erloschen? Vielleicht war er gar keine Gefahr mehr? Vielleicht konnte er Jean dann doch überreden, ihn gehen zu lassen.

Auch wenn sich Simon das Messer damit tiefer ins Herz trieb, wenn Miguel ihn nicht mehr liebte, wenn er ihm nicht verzeihen würde, was er getan hatte, dann … dann war er wenigstens frei. Erlöst von dem Schicksal ewiger Gefangenschaft. Dann würde er gehen können und nach Spanien heimkehren, jemand anderen finden, der ihn mehr verdient hatte. Fest presste Simon die Lider aufeinander, um das Brennen zu lindern.

Wenn er die Wahrheit gesagt hatte.

Verdammt, wieso musste Jean es schaffen, diese Zweifel keimen zu lassen, deren Ranken sich immer weiter ausstreckten und ihn vergifteten? Zu viel Fragen, die er sich stellte, zu viel Kummer.

Ich liebe dich, mein spanischer Freund. Zumindest das weiß ich genau, dachte Simon. Seine Lippen formten, trotz Jeans Verbot, Miguels Namen. Wieder und wieder, auch als Jean leise zu schnarchen begann.

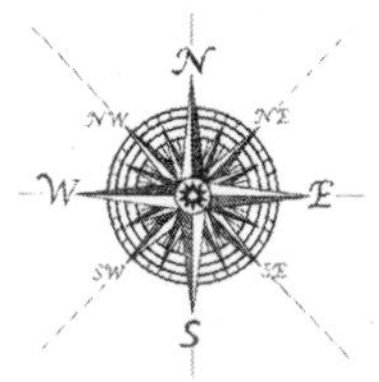

Im Kanonendeck

Kühl strich die Morgenluft über Simons Wangen und er reckte, kaum an Deck, sein Gesicht der Sonne entgegen, atmete tief die salzige Luft ein. Sich der Blicke der anderen Männer durchaus bewusst, schritt er zur Reling und nahm den Anblick des Meeres in sich auf. Ruhige See, nur ein mäßiger Wind, es gab nicht viel an Deck zu tun. Unbehaglich zupfte Simon an seinem Hemd herum, kam sich zu vornehm angezogen vor. Es war eins seiner eigenen, aus dem Gepäck, was Jean von Bord der *Belleza* hatte bringen lassen.

Auch Miguels Sachen waren nun in Jeans Kajüte und er hatte keinen Anspruch darauf erhoben. Erstaunlicherweise war auch die verstimmte Fidel dabei gewesen. Von Jean unbemerkt hatte Simon seine Fingerkuppen über die Saiten gleiten lassen und die Melodie des Liedes schwirrte seither in seinem Kopf herum.

Obwohl der Wind seine flüchtigen Finger wie zur Beruhigung nach ihm ausstreckte, sanft sein Gesicht streichelte, rumorte es dicht unter der Haut. Kaum einen Bissen hatte er hinabbekommen bei dem gemeinsamen Frühstück, bei dem Jean derjenige gewesen war, der die Kommunikation bestritt. Simons Geduld wurde auf eine harte Probe gestellt, denn Jean hatte ihn angewiesen, bis nach dem Frühstück zu warten, bis er ihm erlaubte, Miguel zu besuchen. Und nun war Simon an Deck, wäre am liebsten losgestürmt und traute sich doch nicht recht unter den argwöhnischen Augen der Piraten. Vor allem jedoch nicht, solange Jean noch neben ihm stand und sich mit Jorge unterhielt.

»Er darf sich frei bewegen, er gehört zur Mannschaft, wie zuvor auch«, erklärte Jean gerade einem sichtlich irritierten Jorge. Zwar setzte dieser an,

etwas zu sagen, ließ es jedoch und nickte, während er sich wie zu einem Salut an die Stirn tippte. »Aye, aye, Kapitän.«

»In der Zelle auf dem Kanonendeck«, meinte Jean betont abwesend, den Blick nach oben zu den Segeln gewandt, doch ehe Simon loslaufen konnte, umschlossen auch schon Jeans Finger sein Handgelenk. Nachdenklich musterte er Simon, in dem die Furcht Gestalt annahm. Hatte er es sich anders überlegt? Würde er neue Bedingungen stellen?

»Du bist wunderschön, ich mag den Mann, zu dem du geworden bist«, flüsterte Jean gänzlich unerwartet, umschloss Simons Gesicht mit beiden Händen und drückte ihm einen kurzen Kuss auf. »Grüß ihn von mir. Sag ihm, er hat Glück gehabt. Dieses ist nun jedoch aufgebraucht.« Nach einem weiteren Kuss ließ er Simon los, wandte sich um und marschierte zum Heck, während er Befehle brüllte und die Männer antrieb.

Reichlich verblüfft starrte Simon ihm nach, wischte sich instinktiv über den Mund und schaute sich verstohlen um. Oh doch, der eine oder andere Pirat hatte es durchaus beobachtet, ihr Grinsen und die obszönen Gesten bewiesen es ihm zur Genüge. Sollten sie. Es war völlig sinnlos, zu verbergen, was er für Jean war. Wie hatte Jorge es genannt? Sein »Liebchen«.

Also war alles wieder wie vor seiner Flucht, er ein Teil der Mannschaft, isoliert von den anderen, durch ihre Furcht vor Jean und sein besonderes Interesse an ihm.

Mit verbissenem Gesicht ging er zielstrebig zum Niedergang, wollte zunächst das Haupt senken, den Blicken ausweichen und entschloss sich dann, ihnen direkt zu begegnen. Sie mochten ihn vielleicht verachten und für schwach halten, eventuell sogar hassen, er würde sie nichtsdestotrotz nicht merken lassen, wie sehr ihn das traf. Ein Lord of Fenderwick war er nach wie vor. Und Stolz und Ehre konnte ihm auch Jean nicht nehmen. Zumindest den Stolz nicht. Vor allem jedoch nicht seine Liebe zu Miguel.

Energisch hatte Simon immer wieder all die Zweifel beiseitegeschoben, wenn sie in Wellen hochschwappten. Das war nur Jeans übliches Spiel. Wenn er ihn dazu brachte, an Miguel zu zweifeln, dann verlor er seinen Halt, dann würde er Jean leichter verfallen. Wenn der Piratenkapitän so dachte, dann täuschte er sich. Jede von Miguels Taten hatte die Aufrichtigkeit seiner Gefühle bestätigt, auch wenn es die Worte vielleicht nicht konnten. Und niemals hatte ihn Miguel zu etwas gezwungen. Nicht einmal indirekt oder subtil, wie Jean es tat. Er hatte ihm stets eine wirkliche Wahl gelassen. War er damals nicht erst aus der Menge der Gäste hervorgetreten und hatte sich zu erkennen gegeben, als Simon seinem Vater die Stirn geboten und die

Hochzeit unterbrochen hatte? Auch danach noch hatte er ihn stets um seine Meinung gefragt. Ob sie nach Spanien fliehen oder versuchen sollten, in der Karibik zu bleiben. Wie ein gleichwertiger Partner hatte er ihn sich fühlen lassen. Völlig anders als Jean, der in ihm nur seinen Besitz sah.

Die Treppenstufen knirschten unter Simons Stiefeln und er verhielt an der letzten, um sich an das dämmerige Licht zu gewöhnen. Es roch nach Pulverresten, verbranntem und feuchtem Holz und den Ausdünstungen zu vieler Männer. Zu Simons Glück hingen Öllampen an den Stützpfeilern, als er sich an der Reihe der festgezurrten Kanonen entlang tiefer in den Bug bewegte. Dort waren abgetrennte Lagerräume und er erinnerte sich vage an zwei verschlossene Räume. In einem von ihnen musste Miguel sein.

Im Lichtkegel der letzten Öllampe zögerte Simon, versuchte, in dem finsteren Bereich dahinter etwas auszumachen. Die eine Tür stand offen und er glaubte, ein leises Summen zu vernehmen. Miguel! Das war eindeutig seine Stimme. Er lebte. Die plötzliche Erleichterung bereitete Simon weiche Knie und er stützte sich hastig an den Kanonen neben sich ab, um bei dem stärkeren Wellengang nicht den Halt zu verlieren. Zeitgleich schnürte ihm die Furcht vor der tatsächlichen Begegnung die Kehle zu, ließ sein Herz in schmerzhaften Schlägen pochen, die wie winzige Stiche waren. Und wenn er nur bis zur Tür ging, einen vorsichtigen Blick hineinwarf und wieder ging? Dann würde er Miguel mit seinem Anblick nicht quälen müssen, sich selbst nicht mit dessen Verachtung. Nur wissen, dass es ihm gut ging, dass er unverletzt war.

Hatten sie ihn dort drinnen angekettet? Hatte er Wasser? Bekam er zu essen? Nein, er konnte nicht feige einen Blick hineinwerfen und sich aus dem Staub machen. Das war er Miguel schuldig, sich ihm zu stellen, gleich, wie sehr es schmerzen würde. Er hatte diese Entscheidung getroffen, er musste die Konsequenzen tragen. Wenn er sich nur nicht so wertlos, so besudelt vorkommen würde. Dicke Schichten sündigen Drecks bedeckten seine Haut und Miguel würde es sehen und riechen können.

Hart schluckte Simon, pirschte sich näher an die halb geöffnete Tür heran. Da drinnen herrschte ein dämmeriges Licht, die Lampe schaffte es, zwei Fußbreit des Raumes gerade noch so zu erhellen. Und wenn er die Lampe mit sich nahm? Nein, er würde Miguel nicht das Licht bringen, welches man ihm nur wieder rauben würde.

Das Summen verstummte und Simon hielt den Atem an, vermochte sich nicht weiter zu rühren. Wenn er die Hand ausstreckte, dann konnte er die Tür aufdrücken, dann würde er ihn sehen und gesehen werden.

»Wenn du mir wieder einen Becher Wasser bringst, der schmeckt, als ob einer von euch Schiffsratten hineingepinkelt hätte, dann kipp ihn dir lieber gleich selbst über den Kopf, ehe ich es abermals tun muss. Ich hätte ja auch lieber einen Krug Rum, der würde meine Kehle besser ölen. Na, zu schüchtern, dich zu zeigen?«, erklang Miguels Stimme und unwillkürlich musste Simon schmunzeln. Immerhin hatte er seinen Humor nicht verloren. Zaghaft machte er ein paar weitere Schritte, drückte die Tür etwas auf und bereitete sich auf den Anblick eines angeketteten Miguels vor. Überrascht entdeckte er, dass in dem Raum der hintere Teil eine Zelle war und Gitter ihn verschlossen. Der Schemen darin musste Miguel sein. Es brauchte nicht lange, bis Simons Augen ihn, trotz des schwachen Lichtes, entdeckten.

Miguel saß an der Wand, ein Bein lässig zur Seite gekippt, seine Hände spielten mit dem Hut, dieser wirbelte in drehenden Bewegungen immer wieder in die Luft und wurde gefangen. Verblüfft hielt er inne, hob eine Hand, um das Licht, das hinter Simon hereinfiel, abzuschirmen, und stieß einen überraschten Laut aus, während er hastig aufsprang.

»Simon!« Seine Hände schlossen sich um die Gitterstäbe und Miguel presste sein Gesicht dazwischen, starrte ihn ungläubig an. »Teufel auch. Bist du es wirklich, Simon?«

Wie angewurzelt blieb Simon stehen, prallte wie gegen eine Wand aus Furcht, Scham und dem Entsetzen, dass er womöglich gerade falsche Hoffnung auf Befreiung geweckt hatte. Wie Miguel ihn ansah, wie besorgt, wie er nahezu flehend die Hände nach ihm ausstreckte. Er konnte kaum atmen, sich nicht rühren, fühlte plötzlich jede Berührung, jede Stimulation der vergangenen Nacht auf der Haut ätzen. Wie konnte er es nur wagen, Miguel wieder unter die Augen zu treten? Und dann dessen sorgenvolles Gesicht, seine offensichtliche Erleichterung, ihn zu sehen. Dessen war er nicht würdig. Er sollte gehen, rennen, sich einfach ins Meer stürzen und sich und alle anderen befreien. Aber nein, dann würde Jean Miguel leiden lassen.

»Simon, mi amado. Komm her zu mir. Was ist? Bist du verletzt? Geht es dir gut?«, stieß Miguel hervor, presste sich noch enger an die Gitter, streckte die Hände aus. »Was ist mit dir?«

»Ich …«, begann Simon, in dessen Kehle ein hartnäckiges Schluchzen lauerte. Seine Augen brannten und er fühlte sich so entsetzlich schmutzig, dass er sich am liebsten die Haut herabgerissen hätte. »Ich kann nicht. Ich … Oh Miguel.« Verzweifelt ballte er die Fäuste, überbrückte den Abstand und blieb vor dem Gitter stehen, wich Miguels Hände jedoch aus. »Es tut mir so leid. Bitte fass mich nicht an, ich …«

»Bei Gott und allen Teufeln, wenn er dir Gewalt angetan hat, dann schwöre ich, ich werde ihn umbringen«, stieß Miguel zornig hervor, hieb die flache Hand gegen das Holz.

»Nein. Nein, das … hat … er nicht«, stammelte Simon, wand sich, konnte die Worte nicht herausbringen.

»Verstehe.« Ganz leise sagte Miguel es, entspannte sich, hielt eine Hand ausgestreckt, die Handfläche nach oben, als ob er Simon Halt anbieten würde. »Und das ist viel schlimmer für dich. Oh Simon, mein wunderschöner, ehrenvoller Lord. Es gibt nichts, wofür du dich schämen müsstest. Gar nichts.«

»Ich habe dich in diese Lage gebracht, unsere Liebe verraten«, stieß Simon verzweifelt hervor. »Angeboten wie eine Hure.« Das Letzte flüsterte er, hauchte es eher dahin.

»Du hast mein Leben gerettet und nebenbei gesagt auch das der Mannschaft und des Kapitäns. Du konntest nicht anders handeln«, meinte Miguel beschwichtigend. »Deine verdammte Ehre hat dich ihn nicht erschießen lassen und ebenso wenig konntest du die Last ihrer Tode auf deine Schultern laden. Simon, ich verstehe dich.« Verflucht sollte Miguel sein, denn er wollte seinen Worten glauben, wollte sicher sein, dass er ihn nicht verurteilte. Aber wie sollte das möglich sein?

»Miguel, ich habe … mit ihm … Und ich habe dabei …« Es wollte nicht über seine Lippen, er konnte ihn nicht ansehen, das Zittern seiner Hände nicht länger kontrollieren.

»Und du denkst, das wüsste ich nicht längst? Natürlich hat er dich genommen. Teufel auch, er war schon scharf auf dich, da wusste ich nicht mal, dass du existierst.« Schnaubend schüttelte Miguel den Kopf. »Der Jean, den ich kenne, ist über dich hergefallen, kaum war die Tür hinter ihm zu. Und wenn er es nicht geschafft hat, dass du nahezu jeden Moment davon genossen hast, dann wäre er nicht mehr der Mann, den ich kannte. Hat er dich zum Flehen gebracht? Gut, das kann er nämlich wirklich gut.«

Mit offenem Mund starrte Simon ihn an, konnte kaum glauben, was Miguel da sagte. Log er? Spielte er ihm nur vor, dass da keinerlei Eifersucht war?

»Es stört dich nicht, dass …?« So leise seine Worte, unsicher und voller Angst.

Laut lachte Miguel auf, drückte sein Gesicht zwischen die Stäbe. »Natürlich stört es mich, dass dieser Hundesohn eine weitaus anregendere Nacht verbracht hat, als ich in diesem Loch. Und ja, ich gönne ihm keinen deiner wundervollen Laute, noch den Anblick, wenn du dich hingibst, oder den Geschmack deiner Haut, das Schaudern, wenn ich dich dort berühre, wo du dich kaum selbst anzufassen wagst.«

Also doch. Da war die Eifersucht, und gleich würde Miguel sein wahres Gesicht zeigen und ihm Verachtung entgegenbringen, dass er sich seinem Konkurrenten hingegeben hatte. Kälte prickelte in Simons Fingerspitzen und im Nacken, die Schultern sackten nach unten und er fühlte sich elend.

»Irgendwann wird Jean dafür auch bezahlen. Hey, er hätte mich ja wenigstens einladen können. Wobei nur zuzusehen mehr Folter gewesen wäre, als hier zu hocken und zu wissen, wie er seinen Sieg alleine genießt. Simon, ich gönne es ihm nicht! Nicht einen Moment mit dir. Dir hingegen gönne ich jedes bisschen lustvolle Hingabe. Gewiss werde ich dich nicht dafür verurteilen. Wie könnte ich?«, erklärte Miguel im Brustton der Überzeugung.

»Ich fühle mich so schmutzig«, murmelte Simon, konnte das Brennen kaum noch ignorieren. Warum spuckte Miguel ihn nicht an? Warum strafte er ihn nicht mit der gebührenden Verachtung? Sein Verhalten machte es ihm noch schwerer. Wie konnte er noch immer so liebevoll sein, so besorgt, ihn auf diese Weise ansehen?

»Ich sehe nichts an dir, was ich nicht jederzeit und voller Sehnsucht mit der Zunge abschlecken würde.« Miguels Lächeln war warm, die Zungenspitze benetzte die Lippen, auffordernd winkte er mit den Fingern. »Komm zu mir. Lass mich nachschauen.«

Zögernd kam Simon näher. Seine bebenden Finger fanden von alleine den Weg in Miguels, der ihn sogleich ganz eng heranzog, beide Arme durch die Gitter streckte und ihn umschlang. Halbherzig wehrte Simon sich, kämpfte wahrhaftig mit Tränen. Wie konnte er erleichtert sein, wenn er doch wusste, dass Miguel nicht so liebevoll sein sollte?

»Ich stinke. Nach ihm«, murmelte Simon, wandte beschämt den Kopf ab.

»Hm, also für mich riechst du so herrlich wie immer. Da bleibt nichts an dir haften, was sich nicht einfach abwaschen lässt«, gab Miguel zurück, schnupperte demonstrativ an ihm und schnalzte mit der Zunge. »Simon, es gibt rein gar nichts, wofür du dich schämen müsstest.«

»Aber ich … Wie kannst du so empfinden? Wie kannst du mich noch berühren wollen, nachdem er …?« Die Stimme brach, als Miguels Handrücken über seine Wange fuhr.

»Du hast mich doch auch berührt, und ich denke, ich habe sehr viel öfter bei ihm gelegen und noch viel mehr nach ihm gestunken als du.«

Irritiert sog Simon die Luft ein, war für den Moment sprachlos.

»Nun komm schon: Ich kenne Jean viel besser als du und er weiß wohl um jede meiner empfindsamen Stellen. Davon gibt es einige. Schämst du dich etwa, weil du dabei Lust empfunden hast? Nun, dann dürfte ich dich nicht einmal mehr ansehen, noch in deine Nähe kommen, denn bei Gott, ich habe damals meine Lust so laut herausgebrüllt, dass ich noch zwei Tage später heiser war. Ach nein, das lag natürlich auch mit daran, dass er mir seinen Schwanz so tief in den Rachen gestoßen hat, dass ich zu ersticken drohte. Das war ein wirklich grenzwertiges Vergnügen, aber es hat mich unglaublich geil gemacht.« Ausgelassen lachte Miguel, nichtsdestotrotz war da ein ernster Ausdruck in dem Funkeln seiner Augen.

»Miguel«, entkam es Simon gequält, er wusste nicht, was er sagen, nicht, ob er erleichtert sein sollte oder auf der Hut. Ob er wollte oder nicht, Jean hatte den Keim von Zweifeln gesät und alles, was Miguel sagte, bekam einen vagen Hauch davon. Meinte er, was er sagte? Konnte er derart großmütig sein?

»Simon, ich liebe dich und daran wird nichts und niemand etwas ändern. Hast du vergessen? Liebe stellt keine Bedingungen, sie fordert nicht, sie engt nicht ein. Was ich für dich empfinde, wird ganz gewiss nicht dadurch etwas anderes werden, nur weil ein anderer Mann dich berührt hat.« Vorsichtig lockerte Miguel seinen Griff, umschloss Simons Wangen mit den rauen Händen. »Was er niemals berühren und beschmutzen kann, ist das, was du in deinem Herzen fühlst, mi amado. Wollust und Begierde entsteht hier.« Er legte eine Hand an Simons Schritt, zog sie gleich darauf fort und legte sie an seine Brust. »Die Liebe hingegen verwahrst du dort drinnen. Fest verschlossen mit einem Schlüssel, den nur du verwenden kannst.«

Heiß tropften Tränen aus Simons Augen, er konnte sie nicht zurückhalten, die Wucht dieser Worte traf ihn. Mit bebenden Lippen küsste er Miguel, schloss die Lider, ließ die Fingerkuppen über das vertraute Gesicht und in die Haare wandern.

In einem hatte Jean wohl Recht: Miguel wusste einfach mit Worten umzugehen, und mit aller Macht, mit allem Sehnen wollte Simon ihnen glauben.

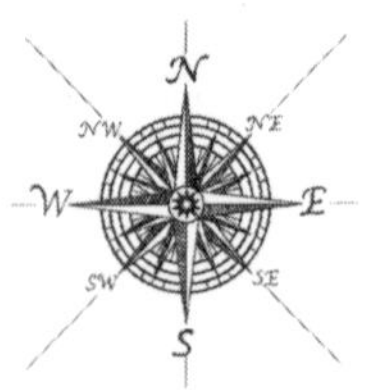

Zwischen Gittern

Denkst du etwa wirklich, daran könntest du etwas ändern, Jean?« Überrascht fuhr Simon zusammen, wandte den Kopf. Mit wem sprach Miguel? Wahrhaftig, da stand Jean, die Arme verschränkt und beobachtete sie. Wie lange war er schon dort? Wie viel hatte er vernommen? Hastig wollte er sich aus Miguels Arme befreien, doch dieser ließ ihn nicht, auch nicht, als er seinen Namen ermahnend flüsterte.

Sicher würde Jean ihn oder Miguel bestrafen, weil sie so eng beieinanderstanden. Wenn er sich entschuldigte, wenn er unterwürfig genug war, dann …

»Fürchte ihn nicht«, raunte Miguel ihm zu, ließ die Finger der rechten Hand kraulend in seinem Nacken zu liegen kommen. »Zeig es ihm zumindest nicht.«

Hinter Simon erklang ein schnaubendes, verächtliches Lachen. Schwere Schritte näherten sich, doch er blieb, wo er war, alle Sinne indes nach hinten gerichtet.

»Noch immer so pathetisch. Du weißt nie, wann du verloren hast, mein spanischer Freund«, vernahm er Jeans spöttisch nachsichtige Stimme. »Du erstaunst mich. Du hast dich scheinbar verändert.«

»Du hingegen gar nicht. Und du hast offenbar nichts dazugelernt«, gab Miguel über Simons Schulter hinweg zurück.

»Ich durchschaue deine Lügen«, knurrte Jean, der mittlerweile dicht hinter ihnen stehen musste. Kribbelnd lief die Furcht über Simons Rücken und nur die sanft kraulenden Finger und Miguels starke Ausstrahlung, das Gefühl, geborgen zu sein, hinderten ihn daran, sich ruckartig umzuwenden. Keine Furcht zeigen. Ja, Miguel hatte Recht, genau das würde Jean

erwarten. Nein, er würde ihm ganz etwas anderes zeigen, ihm keinen Sieg gönnen. Dies hatte er doch geplant. Es hätte sein Misstrauen erwecken sollen, dass er ihn alleine zu Miguel gehen ließ.

Langsam entließ Simon den angehaltenen Atem, schmiegte sich mehr in Miguels Umarmung, legte den Kopf etwas seitlich, als ob er die Zärtlichkeiten voll und ganz genießen würde. Wenn Jean glaubte, er könne Miguel demütigen, indem er ihm demonstrierte, welche Macht er über Simon besaß, dann würde er ihm einen Strich durch die Rechnung machen. Gewiss hatte Jean doch, wie er selbst, mit einer anderen Reaktion Miguels gerechnet. Ob es ihn frustrierte, dass Miguel keine Eifersucht zeigte?

»Oh, das ist für gewöhnlich nicht einmal schwierig. Wenn man etwas gesunden Verstand besitzt«, gab Miguel ebenso spöttisch klingend zurück. »Mir scheint eher, du vernimmst meine Worte, aber du bist ein Meister darin, sie zu überhören oder nur herauszufiltern, was du hören willst. Sagte ich dir nicht, dass du diesen stolzen jungen Mann nicht brechen, nicht besitzen können würdest? Ich habe dir prophezeit, dass du sein Herz nicht berühren kannst, wenn du Ledoux, der grausame Bukanier bleibst. Du erinnerst dich daran, dass ich dir nahezu dasselbe schon einmal gesagt habe?«

»Falsche Worte, sie haben mir nicht geholfen. Ich hätte nicht auf dich hören sollen, dann …«, zischte Jean. Simon glaubte seinen warmen Atem im Nacken zu spüren.

»Falsch! Du hättest viel eher auf mich hören sollen. Im Gegensatz zu allen anderen um dich herum, weiß ich, dass es neben dem Bukanier Ledoux auch jenen Jean gibt, der sich nach der wahren Liebe verzehrt und verzweifelt nach ihr sucht. Sie hatte dich schon gefunden und du warst zu blind und verbohrt, sie rechtzeitig zu erkennen.« Fester packte Miguel ihn, sein Zeigefinger strich in einer beruhigend wirkenden Geste über Simons Ohr. Verblüfft versuchte Simon den Worten einen Sinn zu entnehmen. Wovon sprachen die beiden? Sicher nicht von ihm. Da musste etwas vorgefallen sein, lange bevor er von Jean entführt worden war. Hatte es etwas mit dem Namen zu tun, den Jean gemurmelt hatte?

»Genug! Du wirst nicht mehr davon sprechen, oder ich lasse es dich büßen. Das ist Vergangenheit«, stieß Jean drohend aus. »Ein Fehler, den ich nie wiederholen werde, ist es, abzuwarten. Dieses Mal nehme ich mir, was mir zusteht und du wirst nichts daran ändern können.«

Plötzlich spürte Simon seine Hände an den Hüften, Lippen streiften das Ohr. Schaudernd fuhr er zusammen, schaute zu Miguel auf, der die

Hand noch immer in seinem Nacken ruhen ließ und ihn anlächelte. Was sollte er tun? Wenn er sich wehrte, brach er sein Ehrenwort. Dann gab er Jean einen Vorwand, Miguel zu verletzen oder gar zu töten.

»Du hast ihn selbst gehört, Simon«, wisperte Jean in sein Ohr, die Hände schoben sich nach vorne auf den Bauch, die Lippen berührten sein Ohr, die Wange seitlich. »Er ist nicht eifersüchtig. Es stört Miguel nicht einmal, wenn ich dir Lust verschaffe. Zu gerne würde er zusehen und sich daran aufgeilen. Hast du seine Worte vernommen?« Ein abgehacktes Keuchen rutschte Simon heraus, als Jean ihn durch den Stoff der Hose hindurch zu massieren begann, eine Hand das Hemd aus der Hose zupfte und über seinen angespannten Bauch rieb. »Und weißt du, warum?«

Mühsam unterdrückte Simon sein Stöhnen, als die Hand vom Bauch in den Hosenbund glitt und sein Glied erreichte, die andere nach seinen Hoden tastete. Bei Gott, was sollte er tun? Wie würde Miguel sich verhalten, wenn Jean noch weiter ging? Wollte der ihn provozieren, um einen Grund zu haben, ihn zu verletzen? Oh, hoffentlich tat er nichts, was sein Leben gefährden würde.

Und was meinte Jean? Was wollte er nur andeuten?

»Aus einem ganz pragmatischen Grund, mein schöner Simon«, murmelte Jean gegen den Nacken, während er die Hose öffnete und nun beide Hände sich an Simons Erektion zu schaffen machten. »Hätte er seiner Eifersucht Ausdruck verliehen, hätte er dir gezeigt, wie sehr er dich wirklich verachtet, weil du mir zu Willen bist, weil du genießt, was ich dir gebe …« Mit einem festen Ruck zerrte Jean ihm die Hose vom Hintern, drängte ihn gegen das Gitter, sodass Simon zwischen ihm, den Stäben und Miguel gefangen war. Noch immer hatte sich Miguel nicht von der Stelle gerührt, die Fingerkuppen kreisten weiterhin sanft in Simons Nacken und er sah ihn mit einem derart zärtlichen Ausdruck an, dass Simon unwillkürlich ein erneutes ächzendes Stöhnen entkam.

»Miguel ist gerissen. Realistisch betrachtet, hat er nur eine Chance zu entkommen.« Verzweifelt biss sich Simon auf die Lippen, wollte ihn nicht hören lassen, wie die Lust in einer heißen Woge aufbrandete, als Jeans Daumen die empfindsame Eichel rieb, die Vorhaut zurückschob, den Finger in der kleinen Öffnung kreisen ließ. »Und die bist du, Simon. Nur du könntest ihn befreien. Daher würde er nichts tun, um dich zu verärgern, nicht wahr? Er kann sich gar nicht leisten, zu zeigen, was er wirklich spürt. Sieh ihn dir an: Würde jemand, der dich wirklich liebt, dies hier geschehen lassen?«

Simon wand sich, hielt sich an den Gitterstäben fest, während Jean seinen angefeuchteten Finger in ihn schob. Verflucht sollte er sein, er war zu schwach, den Impulsen zu widerstehen. Längst stand sein Leib in Flammen, wollte mehr, die Erlösung durch den Orgasmus finden. Er konnte nicht mehr klar denken, kaum erfassen, was Jean sagte.

»Würde er, weil er dich liebt«, wisperte Miguel, küsste Simon, leckte ihm über die Lippen, die Finger strichen zärtlich über die Wangen. »Weil er genau weiß, wer dich nur beherrschen will und wer dir wirklich Lust bereitet, weil es ihm ein inneres Bedürfnis ist. Sieh mich an, mi amado. Sieh mich immer an.«

Kein Entrinnen. Zwischen den beiden Männern und dem Gitter gefangen, konnte Simon weder vor noch zurück, wand sich unter Jeans Berührungen, streckte sich schaudernd weiteren von Miguels Küssen entgegen, dessen Finger über seinen entblößten Bauch glitten. Die Augen hielten ihn gefangen, die Dunkelheit darin, die ihn aufsaugte. Dieses unglaublich intensive Leuchten. Pure Liebe strahlte ihm entgegen.

Lippen saugten an seinem Nacken, Jeans Hände glitten an seine Hüften, während er sich gegen ihn presste, sein harter Ständer durch den Stoff der Hose zu spüren war. Mit federleichten Berührungen schwebten hingegen Fingerkuppen über Simons Bauch und Miguel sank langsam in die Knie, ohne einmal den Augenkontakt abzubrechen. Da war dieses besondere Lächeln auf seinen Lippen. Warm und weich, kostbar und innig, sprach es von Liebe und Zärtlichkeit, hielt ihn gefangen, auch als hinter ihm kein Stoff mehr war, Jeans Erektion auf Simons heiße Haut traf.

Stöhnend rieb Jean sich an ihm, Finger drückten sich in die Hüfte, der Penis glitt durch Simons Spalte, Lippen und Zähne ließen heiße und schmerzhafte Impulse über seinen Nacken das Rückgrat hinablaufen. Simon konnte nicht mehr denken, nicht agieren, wurde immer fester eingesponnen in ein Netz aus Lust, dessen klebrige Fäden ihn stärker fesselten, jedes Mal, wenn er sich zu befreien versuchte. Zischend holte er Luft. Feuchte Lippen umschlossen seine Eichel, die Zungenspitze spielte mit dem Bändchen. Rote Lippen, die wortlos formulierten, Augen, die mit jeder Auf- und Abbewegung: »Ich liebe dich« sagten.

Härter umklammerte Simon die Gitterstäbe, wurde nach vorne gedrückt, tiefer in Miguels Mund getrieben. Ziehender Schmerz, das Gefühl, unnachgiebig ausgefüllt zu werden, dann zog sich Jean zurück, spuckte in die Hand, verrieb erneut den Speichel, ehe er abermals in ihn drang.

Der Schmerz war stärker als zuvor mit dem Öl und instinktiv verkrampfte Simon sich. Just in dem Moment veränderte sich Miguels Zungenspiel,

zog seine volle Aufmerksamkeit auf sich. Zwischen Daumen und Zeigefinger massierte Miguel zeitgleich Hoden, verstand sich wunderbar darauf, den Schmerz des Eindringens in ein Begehren umzuwandeln, zu der Summe der Impulse zu addieren, sodass Simon sich sogar ein wenig hineindrängte. Mit einem tiefen, kehligen Stöhnen drang Jean ganz in ihn, verharrte, schlang einen Arm um Simons Brust, die Lippen auf seinen Nacken gepresst.

Schwer atmend verhielten sie alle drei, das Geräusch ihres Atems erfüllte die Luft, das Auf und Ab des Schiffes wiegte sie. Langsam zog sich Jean zurück, stieß wieder nach vorne, begleitete jede seiner Bewegungen mit Küssen, dem Spiel der Zunge am Nacken und den Ohren. Im selben Rhythmus arbeitete Miguel, verwöhnte ihn mit Zunge, Lippen, Zähnen und Fingern. Kaum wusste Simon, wie ihm geschah, seine Sinne drehten sich in einem wilden Sturm. Als ob er aus seinem Körper gerissen werden würde und haltlos herumtrieb. Es gab nur einen Fixpunkt: Augen, so dunkel, erfüllt von Zärtlichkeit, einem gewinnenden Lächeln, das seine Seele band, auch wenn sein Leib sich auflöste.

Jean wisperte seinen Namen, die Stöße waren nicht länger hart, eher ein zärtliches Liebkosen seines Inneren. Immer wieder verhielt er, wenn er exakt jenen Bereich traf, der Simon schaudern ließ, die Hitze dichter an die Explosion trieb. Die Hand auf der Brust streichelte ihn, die Finger spielten mit den empfindsamen Brustwarzen. Es war, als ob jeder Bereich von Simon, der dazu geeignet war, Lust zu empfinden, in Flammen stand. Längst hatte er keine Kontrolle mehr über die Laute, die ihm entkamen oder die Bewegungen, mit denen sein Leib sich den Stößen entgegenreckte oder in die Wärme der feuchten Mundhöhle stieß. Nie zuvor hatte er sich derart in den Empfindungen seines Körpers verloren.

Lippen berührten seine Wange und ein Daumen strich über die Lippen, den er gierig einsaugte. Längst wusste er kaum noch, von wem welche Empfindungen ausgingen, wer ihn wie stimulierte. Nur die Augen hielten ihn gefangen, von ihnen konnte und wollte er sich nicht lösen. Er vernahm seinen Namen mit zwei Stimmen zugleich, stieß einen kehligen, erfüllten Laut aus, mit dem sich die Lust endgültig Bahn brach und ihn überrollte. Nach vorne, nach hinten stieß er, unfähig, auch nur eine Zuckung zu steuern, die feuchten Hände drohten ihren Griff an den Stäben zu verlieren. Seine Lider flatterten. Da war ein Arm, der ihn hielt, Hände, die seine Hüften führten und dazwischen immer wieder das Wispern seines Namens.

Welle um Welle der Erregung floss über ihn, gleich Wogen des Meeres, die ihn kurz zu ersticken drohten, wenn sie wuchtig über ihm niedergingen, nur um ihn gleich darauf, nach Luft schnappend, wieder freizugeben. Überall waren streichelnde Hände und Lippen, Stöhnen und Keuchen. Jean kam in ihm, er spürte es, der Griff um seine Brust wurde kurz klammernd, Zähne gruben sich abermals in seinen Nacken. Lippen eroberten die seinen, eine Zunge, die nach seinem Erguss schmeckte, stieß in den Mund, verführte ihn zu wilden Küssen.

Nur langsam gab die Woge ihn wieder frei, perlte von seinem Leib, nahm die große Hitze mit und ließ ihn, gierig Atem holend, mit dem vagen Gefühl eines Verlustes zurück.

Es war Miguel, der ihn leidenschaftlich küsste und Jean, dessen Hände fortwährend über seinen Rücken strichen, dessen Mund, der seinen Nacken mit Küssen bedeckte.

Gleich einem tiefen Eintauchen in das warme Meer trieb Simon nun langsam zurück an die Oberfläche, blinzelte die Schlieren fort und musste sich neu orientieren. Was war gerade geschehen? Beide Männer liebkosten ihn auf ihre Weise, und anders als zuvor, waren Jeans Küsse, seine Berührungen nicht fordernd oder besitzergreifend, sondern wirkten kaum weniger liebkosend als die von Miguel. War das noch derselbe Jean?

Miguel murmelte irgendetwas, eine Hand lag sanft an Simons Wange, sodass er ihm wieder in die Augen sehen konnte. Eine so große Vielzahl an Gefühlen sprang ihm entgegen, dass Simon sie kaum benennen, noch alle identifizieren konnte. Nur ganz leicht bewegte sich Miguels Kopf zur Seite und der Blick strich an Simon vorbei zu Jean, der noch immer in ihm war.

»Verletze ihn nicht«, wisperte Miguel, die Hand rutschte von Simons Wange und streckte sich an ihm vorbei nach Jean aus. Mit angehaltenem Atem folgte Simons Blick den Fingerspitzen. Mit leicht geöffneten, noch feuchten Lippen, Schweißperlen auf der Stirn und eingehüllt vom herben Duft erfüllter Lust, hielt Jean still, die Züge erstaunlich weich, die Augen auf Miguel gerichtet. Er fuhr nicht zurück, ließ zu, dass Miguel ihn flüchtig am Kinn berührte. Seine Stimme klang heiser, fast wie in Trance, als er antwortete: »Niemals.«

»Er gehört dir nicht«, fuhr Miguel fort, in einem Tonfall, als ob er liebevoll nachsichtig ein Kind belehren würde. »Du kannst ihn nicht besitzen. Nur gewinnen. Es ist seine Entscheidung.«

Jeans Adamsapfel bewegte sich, hart schluckte er. Instinktiv spannte Simon sich an, erwartete eine heftige Reaktion, einen Ausbruch von Wut, einen harschen Widerspruch und wurde überrascht. Unverwandt starrte Jean Miguel an, als ob sie wortlos kommunizieren würden. Was dachte

Jean? Was würde er tun? Kannte Miguel ihn wirklich gut genug, um so viel zu riskieren?

Nicht einen Fingerbreit wagte Simon sich zu bewegen, wollte den seltsamen Moment nicht stören. Etwas ging vor sich, was er nicht verstand. War das gut oder schlecht?

Mit einem leisen Seufzen, jenem ähnlich, das Simon von ihm auf der *Belleza* vernommen hatte, rutschte Jean aus ihm. Sein Blick ließ Miguel los und er lächelte Simon an. Nicht sein spöttisches Lächeln. Ein warmes, weiches, seltsames Lächeln, welches Simon an den Mann erinnerte, der diese verwirrenden Gefühle in ihm ausgelöst hatte. Miguel hatte Recht: Jean hatte zwei Seiten.

Jeans Finger berührten Simons Wange, glitten zu den Lippen. Kurz wirkte es so, als ob er ihn küssen wollte, dann zog er sich zurück. Noch immer mit diesem besonderen Lächeln wandte er sich ab, löste den Arm von ihm und zog sich die Hosen hoch.

»Ich erwarte dich an Deck. Dort wartet Arbeit. Auch auf dich«, sagte Jean, schien Miguel gar nicht mehr wahrzunehmen, nahm seinen Hut hoch, der am Boden lag und setzte ihn auf.

Hastig griff Simon nach seiner Hose, zog sie hinauf, noch immer völlig aufgewühlt und verwirrt. Jeans Erguss rann an der Innenseite seiner Beine herab, doch er hatte keine Möglichkeit, sich zu säubern.

»Jean!« Miguels Stimme stoppte Jean an der Tür. Betont langsam wandte Jean sich um, die Züge wirkten so harsch wie zuvor, alles Weiche schien verschwunden zu sein.

Tief holte Miguel durch die Nase Luft, seine Lippen bebten minimal, als er die Gitterstäbe umfasste und sagte: »Er lebt.«

Augenblicklich veränderte sich Jeans Gesicht, die Augen wurden groß, die Züge entglitten ihm und in die Augen trat ein völlig neuer Ausdruck, den Simon nicht zuordnen konnte.

»Das ist nicht wahr. Du lügst mich an«, brachte Jean hervor, schob den Unterkiefer etwas vor, die Zähne schienen zu knirschen, so stark spannte er sich an, beide Hände zu Fäusten geballt.

»Tue ich nicht«, erwiderte Miguel scheinbar gelassen, nur die Kraft, mit der er die Finger um die Gitter schloss, sprach vom Gegenteil. Verwirrt schaute Simon von einem zum anderen. Was hatte das nun wieder zu bedeuten?

»Du bist und bleibst ein Lügner, Miguel!«, stieß Jean zornig hervor, trat drohend zurück in den Raum, eine Hand lag plötzlich an seinem Gürtel mit der Pistole darin. Grob packte er Simon am Arm, der sich gerade noch hastig die Hose zubinden konnte, als er auch schon aus dem Raum gezogen wurde. Hinter ihm krachte die Tür zu und Jean stieß ihn voran, sprach kein Wort. An der Treppe ließ er ihn los und ging voraus, sah sich nicht mehr nach ihm um.

Zögernd blieb Simon stehen, stopfte sich das lose Hemd in den Bund und schaute noch einmal zurück. Nein, er konnte nicht zurückgehen, er durfte Jean nicht verärgern. Was auch immer da gerade vorgefallen war, es gab viele Geheimnisse zwischen Jean und Miguel. Ob er sie irgendwann erfahren würde? Und würden sie ihm helfen, aus diesem ganzen Schlamassel herauszukommen?

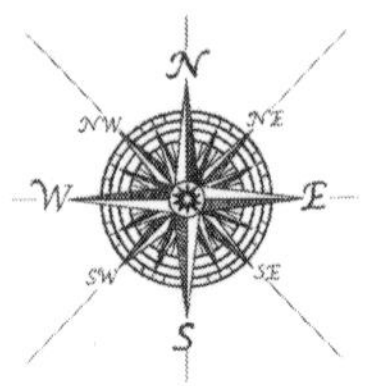

Nur eine Erinnerung

Und zieh!«, brüllte Jorge irgendwo hinter Simon. Seine kratzige Stimme durchdrang das Ächzen und Schnaufen der Männer, die in einer Reihe am Seil zogen. Simons Handflächen brannten, waren teilweise aufgeschürft, die Muskeln schmerzten und sein Rücken fühlte sich an, als ob er bald brechen würde. Nichtsdestotrotz biss er die Zähne zusammen und zog mit aller Kraft, die er noch hatte, im Rhythmus der Rufe. Die Erschöpfung schien ihm gerade der einzige Weg, sich von den Gedanken abzulenken, die auf ihn einzustürzen drohten.

Es war schon schwer genug, die Blicke und die zotigen Bemerkungen zu ignorieren, ab und an hatte ihn auch einer der Männer angerempelt, doch da er resolut reagiert und denjenigen böse angefunkelt oder gar zurückgedrückt hatte, schienen sie es weniger interessant zu finden. Und niemand wagte, ihn wirklich zu provozieren oder ihn anzugehen. Dazu war der Respekt vor dem Kapitän und auch vor Jorge, der immer wachsam war, zu groß.

Schwer schnaufend wischte sich Simon den Schweiß aus dem Gesicht, als das Segel endlich oben war. Ihm war schwindelig, vor seinen Augen tanzten Funken. Leicht taumelnd stützte er sich an der Reling ab.

»Mach langsam, kleiner Lord«, brummte Jorge, griff nach seinem Arm und zog ihn vor der Reling fort, bugsierte ihn auf ein Packen Seile und drückte ihn energisch herab. Nur schwach protestierte Simon, die großen Hände des Jamaikaners waren zu stark und beeindruckend. Müde lehnte er den Kopf zurück, ließ die Erschöpfung für einen Moment überhandnehmen.

»Nützt niemand was, wenn du über Bord gehst. Soll auf dich aufpassen und das werde ich. Hier, trink.« Jorge drückte ihm einen Holzkrug in die Hand, der zum Glück wirklich Wasser und keinen Rum enthielt. Gierig trank Simon, blinzelte die Pünktchen weg, die noch immer vor seinen Augen tanzten. Schnaufend und müde hockten auch die anderen Männer an Deck, gnadenlos hatte Jean sie angetrieben. Es schien, als ob er die Mannschaft und das Schiff aufs Äußerste fordern wolle. Murrende Stimmen hatten seine Befehle begleitet, so leise, dass er sie wahrscheinlich nicht alle vernommen hatte. Hoch aufgerichtet stand er am Heck und schien sich in den letzten Stunden nicht von dort fortbewegt zu haben, den Blick nach oben in die Segel gerichtet, wenn er nicht die Männer an Deck anbrüllte.

Müde Schwere machte sich in Simons Knochen breit und er sehnte sich nach einer Gelegenheit, sich zu waschen und einem Platz zum Schlafen. Wenn er daran dachte, dass er zu Jean in die Kajüte musste, dann sträubte sich freilich alles in ihm dagegen.

Was war da unten geschehen? Woran hatte er teilgehabt? Dass es nicht nur um Sex gegangen war, dessen war er sich sehr sicher. Jean und Miguel, sie hatten jeder auf ihre Art und Weise etwas beweisen wollen. Und er war zwischen ihnen gefangen gewesen. Fatalerweise spürte er jetzt noch ein erregendes Schaudern, wenn er an die Situation dachte, die völlig anders gewesen war, wie seine Fantasie sich dergleichen ausgemalt hatte.

Hätte er sich nicht gedemütigt fühlen sollen? Als Jean ihm die Hose herabzog, da hatte er sich für einen Moment wehren wollen. Welche Schande, direkt vor Miguel's Augen auf diese Weise in Besitz genommen zu werden. Eine reine Machtdemonstration. Mehr schien es nicht werden zu sollen. Und dann war da Miguel gewesen, dessen Zärtlichkeit, dessen liebevoller Blick ihm dieses Gefühl genommen hatte. Jede seiner Aktionen schien zu sagen: fühle die Lust. Genieße es. Gib dich hin, du verdienst, verwöhnt zu werden. Oh, wie sehr er seine Liebe gespürt hat, die den Akt zu einem gänzlich anderen Erlebnis hatte werden lassen.

Und Jean? Irgendwann hatte sich etwas verändert. Beinahe hatte Simon das Gefühl gehabt, er wolle ihn ebenso davon überzeugen, dass er zärtlich sein konnte, ihn liebte und begehrte, dass, ihm Lust zu bereiten, die Erfüllung all seines Strebens sei. Aber das war doch Unsinn. Oder?

Irgendwo tief in sich hatte Simon sich nach dergleichen gesehnt: Nicht nachdenken zu müssen, sich völlig hinzugeben, mit Liebkosungen überhäuft zu werden, vielfältigste Lust zu empfangen. So viel Emotionen und Empfindungen waren auf ihn eingestürzt, dass er sie noch immer nicht sortieren konnte.

Direkt nachdem er an Deck gekommen war und Jean ihn wortlos hatte stehen lassen, da war Scham das überwältigendste der Gefühle gewesen. Nicht viel hätte gefehlt und er hätte sich ins Meer gestürzt, nur um dem Gedanken zu entkommen, dass er aus vollstem Herzen genossen hatte, was ihm geschah. Einmal von der verbotenen Frucht gekostet, war er ihr derart verfallen, dass er sich völlig in der Sodomie verlor? Hätte seine Liebe zu Miguel ihn nicht daran hindern sollen, die Lust zu empfinden, die Jean ihm bereitet hatte? Und doch war es gerade die Summe aus den Bemühungen beider Männer, die ihm ein unvergleichliches Erlebnis geschenkt hatte. Als ob sie aufeinander abgestimmt gewesen wären. Als ob sowohl Miguel als auch Jean genau gewusst hätten, wie sie was zu welchem Zeitpunkt tun sollten, damit er die höchste Wonne empfand. Unwillkürlich fragte Simon sich, ob es das erste Mal gewesen war, dass sie sich mit einem dritten Mann vergnügt hatten.

Wieso hatte Jean zugelassen, was Miguel tat? Hatte er wirklich geglaubt, Simon würde sich ganz auf ihn konzentrieren können, während Miguel direkt vor ihm stand? Oh, wenn Miguel zornig und zum Nichtstun verdammt hätte ansehen müssen, was Jean trieb, Simons Herz wäre zersprungen. Niemals mehr hätte er ihm in die Augen blicken können. Ob Jean genau das beabsichtigt hatte? Einen tiefen Keil zwischen sie zu treiben, der aus seiner Scham und Miguels hilfloser Wut geformt geworden wäre? Aber Miguel hatte ganz anders reagiert und seine Augen waren Simons Halt geworden. Geschickt hatte er den Akt zu etwas gänzlich anderem werden lassen, dem sich Jean sogar gefügt hatte. Ein Jean, der sich von Miguel hatte berühren lassen. Und nicht nur äußerlich, dessen war sich Simon sehr sicher.

»Schick die Männer zum Essen und Ausruhen, Jorge.« Simon fuhr zusammen und rappelte sich hastig auf, als er Jeans Stimme vernahm, der ein allgemeines, erleichtertes Gemurmel und zustimmende Laute folgten. »Für jeden einen halben Krug Rum. Gute Arbeit.« Deutlich begeisterter antworteten die Seemänner und Simon blickte in erschöpfte, aber strahlende Gesichter. Wie gerne wäre er ihnen gefolgt, seinetwegen hätte er auch in einer Ecke neben einer der Kanonen zusammengerollt einen Schlafplatz gefunden. Alles wäre besser, als alleine mit Jean zu sein.

»Geh in meine Kajüte, Simon«, befahl Jean ihm natürlich. Zwar hielt Simon den Blick gesenkt, er spürte dennoch, wie ihn Jean musterte. »Ricardo wird das Essen bringen.«

Simon verbiss sich wohlweislich die Frage, ob er noch einmal nach Miguel sehen dürfte. Ein paar Mal hatte er überlegt, sich davonzustehlen und wenigstens kurz ein paar Worte mit ihm zu wechseln. Angesichts der Härte, mit der Jean sie angetrieben hatte, hatte er jedoch davon abgesehen. Dabei brannten ihm so viele Fragen auf der Zunge, die nur Miguel beantworten würde.

Mit schleppenden Schritten bewegte sich Simon zur Kapitänskajüte, jeder Schritt schwerer als der davor. Es kostete ihn viel Überwindung, die Tür zu öffnen. Wie sollte er sich verhalten, was würde Jean von ihm verlangen? Nach dem Erlebnis in der Zelle würde er gewiss, sobald sie alleine waren, in aller Deutlichkeit klarstellen, wem er gehörte. Und wenn schon. Schnaubend schürzte Simon die Lippen, als er die Tür aufdrückte. Nach dem Sex in der Zelle wäre es nur ein machtloser Versuch ohne Nachdruck. Auch wenn Jean es sich nicht eingestehen würde, er hatte verloren.

Seufzend füllte Simon sich Wasser in die Schüssel, entledigte sich hastig der verschwitzten Kleidung und wusch sich alle Spuren des Tages vom Leib. Jederzeit rechnete er damit, dass Jean hereinkommen würde, doch als es klopfte, war es nur der Smutje mit dem Essen, welches er mit einem knappen Gruß auf den Tisch stellte und der gleich wieder verschwand. Etwas unentschlossen stand Simon vor dem wohlriechenden Essen, ließ den Blick unbehaglich zu der Koje schweifen, in der er wohl die nächste Nacht mit Jean verbringen würde.

Wie sollte er seine Nähe ertragen, wie seine Berührungen? Vor allem, wenn sie wieder so zärtlich wurden und er jene andere Seite Jeans erleben durfte, die ihn nicht abschreckte, die ihn auf ihre ganz eigene Art und Weise sogar anzog.

»Ah, das Essen duftet herrlich. Lang zu, ich werde mich eben frisch machen.« Mit einem auffordernden Nicken betrat Jean die Kajüte, streifte sich gleich darauf das Hemd ab und warf seinen Hut auf die Koje. Rasch nahm Simon Platz, schaffte es indes nicht, mit dem Essen zu beginnen. Unmöglich, nicht verstohlen zu Jean hinzusehen, als dieser den Schwamm über die gebräunte Haut gleiten ließ.

Immer stärker brannte eine Frage auf Simons Lippen, auch wenn er sich ganz sicher war, dass er sie nicht stellen sollte. Stattdessen schenkte er sich Wasser ein, den Rotwein, der auf dem Tisch stand, ignorierte er bewusst, auch wenn er den süßherben Geschmack dem schalen Wasser vorgezogen hätte. Noch immer mit nacktem Oberkörper, auf dem feinste Wassertröpfchen schimmerten, nahm Jean Platz, bemerkte sehr wohl, dass Simons Glas nicht gefüllt war, schenkte ihm ein und lächelte auffordernd.

Insgeheim seufzend griff Simon nach dem Glas, zu müde, selbst diesen

kleinen Kampf auszufechten. Vielleicht war es ganz gut so, denn wenn er ein wenig betrunken war, würde er schneller einschlafen, wenn Jean mit ihm fertig war und vergessen können.

Schweigend saßen sie beieinander, jeder Bissen fiel Simon in der bedrückenden Stimmung schwer. Auch Jean schien ein wenig abwesend zu sein, drehte des Öfteren das Glas zwischen den Fingern und starrte gedankenverloren in die rote Flüssigkeit. Ob auch er überlegte, was dort geschehen war? Oder dachte er über Miguels Worte nach? Wenn dieser Nouel lebte, warum hatte Miguel es ihm bisher verschwiegen? Warum glaubte Jean ihm nicht? Und welche Bedeutung hatte dieser Mann für Jean? War er jene Liebe, von der er einst gesprochen hatte? Was war geschehen, dass er nun so verbittert wirkte? War er verraten worden?

Nachdenklich biss sich Simon seitlich in die Wange, schluckte die Fragen zusammen mit dem nächsten Kanten Brot herab. Er konnte nicht abschätzen, wie Jean reagieren würde, wenn er ihn fragte. Das Thema schien mehr als heikel zu sein.

»Simon …« Erstaunt hob Simon den Kopf, begegnete Jeans Blick. Da war es wieder, diese Art, ihn anzusehen. Nicht besitzergreifend, sondern weich und nahezu zärtlich. »Was geschehen ist …« Zögernd rieb sich Jean über das stoppelige Kinn, schwenkte sein Glas ein wenig hin und her. Perplex musterte Simon ihn, wusste nicht recht einzuschätzen, was nun kommen würde.

»Es tut mir leid. Ich möchte mich entschuldigen. Das hätte ich nicht tun sollen«, brachte Jean hervor, setzte das Glas hart ab, sodass ein paar Tropfen auf die Tischplatte spritzten. Energisch schob er den Stuhl zurück und trat auf Simon zu, der ihn verdattert ansah. Mit vielem hatte er gerechnet, ganz gewiss nicht mit einer Entschuldigung. Raue Hände rahmten sein Gesicht ein.

»Ich kann nicht erklären, was über mich kommt, wenn ich dir nahe bin«, murmelte Jean, sank plötzlich herab und ergriff Simons Schultern. »Da ist eine Faszination, ein Begehren, welches ich kaum steuern kann. Du spürst es, du hast dasselbe von Anfang an gespürt, schon als wir uns das erste Mal begegnet sind. Oh, wie stark du gekämpft hast. So genau konnte ich es in deinen Augen sehen. Wie gerne du wolltest, wie sehr du indoktriniert wurdest von dem Gefasel jener, die keine Ahnung von wahren Gefühlen und der Freiheit haben. Eingekerkert in ihren Käfig aus Vorschriften, Traditionen und Moralvorstellungen.« Seine Hände schoben sich an Simons Hals, der still saß, sich nicht zu rühren wagte, zu

überrumpelt von diesem Jean, der so gar nicht zu dem anderen zu passen schien. Wenn er nicht wüsste, dass es ein und derselbe wäre …

Lippen pressten sich auf seine, Finger gruben sich in sein Haar und er wurde hochgezogen, ließ es nur mit geringem Widerstand geschehen. Sich zu wehren war sinnlos, und ob er wollte oder nicht, die Erinnerung an das vorherige Geschehen flammte erneut auf, sandte heiße Impulse in seine Lenden.

»Freiheit. Sie bedeutet auch, sich demjenigen bedingungslos hinzugeben, dem man Gefühle entgegenbringt, auch wenn er dasselbe Geschlecht hat, auch wenn er …« Jeans Zungenspitze benetzte flüchtig seine Lippen und er sog die Luft durch die Nase ein. »Auch wenn er nicht dem Maßstab der gängigen Moral entspricht, auch wenn sein Tun teilweise verwerflich sein sollte. Es gibt Dinge, die unabänderlich sind, die getan werden mussten. Ohne Rücksicht auf das Leben anderer. Dinge, die aus Liebenden Feinde machen. Begreifst du das?«

Stumm schüttelte Simon den Kopf, irritiert und verunsichert. Ihn beschlich das Gefühl, dass Jean nicht wirklich mit ihm sprach. Leise lachte Jean, es klang resigniert und er schloss die Lider, drückte seine Wange an Simons.

»Simon, ich bedauere, wozu ich dich gebracht habe. Miguel hat gekonnt geschauspielert, er mag dich getäuscht haben, durch sein scheinbar gelassenes Verhalten, hinter dem dennoch die Wut gärt. Ja, er kennt keine Hemmungen, er vergnügt sich, wie es ihm passt. Und er würde alles tun, um dich nicht zu verlieren. Zu wertvoll bist du für ihn. Aber eins hat er mir nichtsdestotrotz vor Augen geführt: Keiner von uns sollte dich benutzen. Es wird nicht noch einmal geschehen.«

Finger glitten über Simons Rücken, eng hielt Jean ihn an sich gedrückt, küsste seitlich den Hals. Keine der Berührungen wirkte wie der Auftakt zu mehr. Es waren nur Zärtlichkeiten und diese waren viel verwirrender. Selbst wenn Simon versuchte, stocksteif und aufrecht stehen zu bleiben, es wollte nicht recht gelingen, denn genau diese Art von Berührungen schmolzen ihn, hatte er so viele Jahre entbehren müssen, vermisste er schmerzlich. Wie auf einem Instrument, welches er meisterlich beherrschte, spielte Jean auf ihm, gab ihm das sehnsüchtig herbeigesehnte Gefühl von Geborgenheit.

Und es war so schwer, sich dem nicht zu ergeben, immer daran zu denken, dass nicht Jean es sein sollte, der dies tat, sondern Miguel. Dunkle Augen in einem dunkelhäutigen Gesicht, stets mit einem frechen Schmunzeln auf den Lippen.

Lange stand Jean, hielt ihn, berührte ihn sanft und zärtlich, ehe er sich endlich löste und zurücktrat. Wehmut war in seine Augen getreten, er musste

bemerkt haben, dass Simon keine davon erwidert hatte. Mit pochendem Herzen schaute Simon ihn an, bereit für den Wechsel, wenn der andere Jean sich erneut zeigen würde. Der, der ihn brechen, der ihn besitzen und beherrschen wollte.

Fein lächelnd nickte Jean, nahm sein Glas und entleerte es in einem Zug, schenkte sich gleich darauf nach. »Ich weiß, du brauchst mehr Zeit, alles ist ungewohnt und du hast zu lange seinen Lügen gelauscht. Sie sind zu festen Steinen in deinem Innern geworden.« Ohne abzusetzen, trank Jean das nächste Glas leer, stellte es hart ab, wandte sich zu der Koje um und begann, sich zu entkleiden.

Mit einem deutlichen Unwohlsein im Magen schaute Simon ihm zu. War es soweit, würde er wieder bei ihm liegen müssen? Und würde Jean auf dieselbe Art und Weise fortfahren? Oh, es würde viel schwerer sein, diese Art von sexueller Annäherung zu ertragen. Ohne ihr zu verfallen.

Zu Simons Überraschung bewegte sich Jean jedoch von der Koje fort, nachdem er seine Sachen darauf abgelegt hatte. Nun erst bemerkte Simon, dass es noch eine zweite Hängematte gab, die bisher nicht aufgespannt gewesen war und die Jean nun aufhängte.

»Ich denke, du schläfst lieber alleine«, bemerkte er, deutete auf seine Hängematte über der Koje und nahm sich ein Kissen, um es in die andere Hängematte zu legen.

Verblüfft und sehr erleichtert schaute Simon zu, wie er in diese kletterte. Zögernd machte er es sich in der anderen bequem, starrte an die Decke und lauschte, nachdem Jean das Licht gelöscht hatte.

»Wer war …?« Als er es aussprach, bereute Simon seine Worte bereits, konnte nun jedoch nicht mehr zurück, holte noch einmal Luft und stieß die Frage aus: »Wer war Nouel?«

Stille. Schlief Jean bereits? Nicht einmal das Geräusch seines Atems war zu hören. Hatte er die Frage vernommen und wollte nicht antworten? Eine Ewigkeit vernahm Simon nur das Knarzen des Schiffes in dem Auf und Ab der Wellen. Bedrückt rollte er sich zur anderen Seite, schloss die Augen und überließ sich der Mattigkeit der Muskeln und Knochen.

»Er war …« Ganz leise kamen Jeans Worte, nur ein Flüstern. »Er ist nur noch eine Erinnerung. Daran, dass ich nie wieder zögern sollte, zu tun, was nötig ist. Und nun schlaf. Erwähne seinen Namen nicht noch einmal.«

Es hatte nicht drohend geklungen. Eher resignierend.

Oder mutlos.

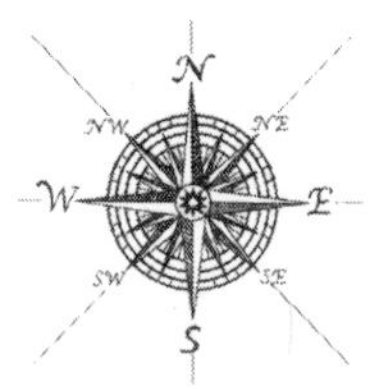

Mit dem Kopf durch die Wand

Dank seiner Erschöpfung wurde Simon erst wieder wach, als ihn jemand sanft an der Schulter rüttelte und ihm einen Kuss aufdrückte, den er schlaftrunken sogar erwiderte, ehe er erkannte, wer es war. Verlegen wandte er den Kopf zur Seite, tat so, als ob er noch nicht ganz wach wäre.

»Steh auf, mein Liebster, es steht viel Arbeit an. Wir werden die *Estrella* heimfliegen lassen.« Zärtlich strich ihm Jean über die Stirn, küsste ihn noch einmal auf die Wange, ehe er sich zurückzog und sich anzukleiden begann.

Noch einen Moment Geborgenheit gönnte Simon sich in der Hängematte. Ein neuer Tag voller Arbeit, die er zwar mochte, die ihm jedoch mit González Männer weit angenehmer und unbeschwerter von der Hand gegangen war. Der Unterschied, weil die einen ihn von königlichem Blut hielten und die anderen in ihm nur das Liebchen des Kapitäns sahen. Verstohlen seufzend kleidete er sich an und aß zusammen mit Jean das Frühstück, der, wie zuvor auch, die Konversation bestritt. Würde es immer so sein? Ob er sich irgendwann daran gewöhnen würde, dass Jean einfach davon ausging, dass er dieselben Gefühle empfinden würde, wenn er nur hartnäckig genug daran arbeitete? Simon schwor sich, wann immer sich die Gelegenheit bieten würde, zu Miguel zu schlüpfen und nach ihm zu sehen. Ob er seine drängenden Fragen beantworten konnte?

Ein leichter Nebel empfing sie, der Wind schien fast zum Erliegen gekommen zu sein und Jean fluchte lautstark. Ohne Wind gab es kein Vorwärtskommen, wohl oder übel mussten sie warten, bis er ihre Segel erneut füllte. Der halbe Krug Rum schien einigen der Männer auch noch nachzuhängen, denn viele hatten blasse Gesichter, wirkten erleichtert, dass ihnen keine harte Arbeit blühte. Kurzerhand ordnete Jean an, klar Schiff zu machen, was die Männer mürrisch annahmen.

Simon setzte sich zu einer Gruppe, die sich an das Flicken alter Segel machte, froh, dass er seine Finger beschäftigen konnte und nicht gezwungen war, mit Jean in dessen Kajüte zu bleiben, bis der Wind auffrischte. Nur mit halbem Ohr lauschte er den Schauergeschichten, die die Seemänner von sich gaben und wartete nur auf seine Chance, sich zu Miguel zu schleichen. Eine bessere Gelegenheit würde er schwerlich bekommen. In seiner Hosentasche brannte das Stück Brot, welches er abgezweigt hatte, weil er nicht sicher war, ob Miguel auch zu essen bekam.

Erst am späten Nachmittag gelang es ihm tatsächlich, sich davonzustehlen, während die Männer gelangweilt an Deck dösten, derweil der Wind weiter fernblieb. Noch einmal schaute Simon sich um, ehe er die Treppe nach unten betrat und im Zwischendeck hastig in die Hocke ging, um sich zunächst zu versichern, ob er alleine war. In dem dämmerigen Halbdunkel war niemand zu entdecken. So schnell wie möglich, immer bereit, sich hinter einer der Kanonen zu verbergen, hastete er zu der Tür und betete inständig, dass diese nicht verschlossen worden war.

Sie war es nicht, schwang jedoch mit einem grässlich laut klingenden Knarzen auf. Simons Herz rutschte ihm in die Knie, als er durch den Spalt schlüpfte. Was, wenn ihn Jorge verfolgte, wenn er Jean Bericht erstattete? Was würde Jean tun? Miguel bestrafen? Das würde er niemals zulassen.

»Simon?« Der Klang von Miguels Stimme ließ ihn alle Furcht vergessen. Wie hoffnungsvoll und sehnsüchtig er klang.

»Ich bin hier«, wisperte er, warf noch einen Blick nach draußen, ob er irgendwo eine Bewegung erkennen konnte, und trat dann ans Gitter heran. »Geht es dir gut?«, flüsterte er in die Dunkelheit, seine Augen mussten sich erst an die Finsternis gewöhnen.

»Jetzt geht es mir auf jeden Fall besser.« Die Stimme war ganz nahe und Finger tasteten durch das Gitter nach ihm, erfassten seine Schulter. Ein vertrauter Geruch schlug ihm entgegen. Was war das? »Du kommst nicht zufällig mit dem Schlüssel für diese Zelle?«

»Nein«, flüsterte Simon sofort mit schlechtem Gewissen. Er hatte nicht einmal versucht, herauszufinden, wer den Schlüssel besaß, noch einen Plan geschmiedet, Miguel zu befreien. Viel zu sehr war er mit sich selbst beschäftigt gewesen. Doch was war seine Situation gegen die von Miguel, der hier eingesperrt in der Finsternis hockte?

»Verzeih«, wisperte er betroffen, griff nach Miguels Hand und fuhr überrascht zusammen, als dieser einen leisen Schmerzlaut von sich gab. Die Finger … sie fühlten sich klebrig an. Voll nur halb geronnenen Blutes.

»Miguel! Du bist verletzt. Was ist geschehen?« Plötzlich voller Panik, griff Simon nach seiner anderen Hand, tastete im Halbdunkel über die Finger.

»Mein spanisches Temperament ist mit den sturen Holzbohlen der Schiffswände und den unnachgiebigen Gitterstäben kollidiert«, gab Miguel zurück, seufzte tief auf und versuchte, sich vorsichtig zu befreien. »Es ist nichts gebrochen, glaube ich. Wäre es Jeans Schädel gewesen …« Noch tiefer seufzte er auf.

»Du hast auf die Wände eingedroschen?«, stieß Simon hervor, dem sofort klar wurde, dass Miguel seiner Wut hatte Ausdruck verleihen müssen, nachdem Jean und er gegangen waren. Verdammt, natürlich hatte es Miguel getroffen. Wie hilflos er sein musste, eingesperrt, Jeans Launen ausgesetzt und dann mit ansehen zu müssen, wie dieser … Und er hatte gedacht, es würde ihn gleichgültig lassen.

»Verzeih mir«, presste er mit erstickter Stimme hervor, küsste ganz vorsichtig die gekrümmten Finger, wünschte sich so sehr, er könne den Schmerz und die Verletzungen heilen, die Miguel seinetwegen erlitt.

»Nein! Nein, mi amado, es gibt nichts zu verzeihen. Ich … Teufel noch eins, ich wäre vor Zorn beinahe mit dem Kopf durch diese Wand gestoßen. Was sollte ich tun? Was ich auch getan hätte, es wäre falsch gewesen. Hätte ich Jean verflucht, meiner Wut sofort Ausdruck verliehen, dann hätte er dich nur noch mehr gedemütigt, seinen Triumph ausgekostet und dich beschämt. Oh, bei dem nicht existierenden Gott, ich wollte ihn am liebsten würgen, durch die Gitterstäbe ziehen und eigenhändig kastrieren. Und indem ich teilnahm und sein Vorhaben verhinderte, dich Lust um deinetwillen erleben ließ, ihn bestärkte, dass es dich zu gewinnen galt, laufe ich auch noch Gefahr, dich an ihn zu verlieren. Jede Wahl war die des Teufels. Oh, Simon, noch nie habe ich mich so entsetzlich gefühlt.«

War das ein Schluchzen? Atemlos lauschte Simon, dessen Herz sich schmerzhaft zusammenzog, die Haut wurde kalt, er hielt noch immer Miguels Hände mit dem Geruch des Blutes daran in den seinen. Es war Miguel nicht gleichgültig gewesen, was Jean mit ihm getrieben hatte. Die Eifersucht musste ihm schier das Herz zerrissen haben, wenn er sich so schwer selbst verletzt hatte.

»Glaub mir, ich war oft in Situationen wie diesen. Eingesperrt, gefangen mit lausigem Essen und wenig Aussicht auf Rettung. Nie zuvor jedoch gab es jemand, dessen Schicksal viel wichtiger als das meinige war. Der einzige Grund, warum ich hier so rasch wie möglich raus möchte, bist du.«

Weich drückte Simon die Lippen auf die verletzten Knöchel, blinzelte gegen das Brennen an, tastete nach Miguels Gesicht und nach dessen Mund, um ihn zu küssen. Was konnte er sagen, was tun, um ihm diese Verzweiflung zu nehmen? Sein starker, lebensfroher Miguel. Momentan wirkte er so hoffnungslos, dass er selbst Wut auf Jean empfand, der ihm dies antat.

»Ich finde einen Weg, dich zu befreien«, schwor er. »Sorge dich nicht um mich, ich werde stark genug sein. Du wirst mich nie verlieren. Es gibt nichts, was Jean tun könnte, um meine Gefühle für dich zu ändern.«

Der Laut, der über Miguels Lippen kam, war definitiv ein Schluchzen, die Kraft, mit der er seine Hände entzog und Simons Hand umfasste, überraschte ihn. Leise, spanische Worte perlten über Miguels Lippen, noch immer ganz nah an den seinen. Diese Ergriffenheit konnte er nicht spielen. Nie und nimmer. Die Zweifel rutschten von Simon ab wie ein zu großes Kleidungsstück. Sicher konnte Miguel lügen, sicher wusste er zu tricksen und zu betrügen, aber er liebte ihn, diese eine Gewissheit war stärker als alles andere. Gleichgültig, was Jean erzählte, wie sehr er Miguels Verhalten schlechtzureden versuchte. Letztlich galt nur, was er selbst fühlte. Liebe ist bedingungslos, hatte Miguel das nicht zu ihm gesagt?

Ein Geräusch aus dem Kanonendeck ließ sie zusammenfahren. Jemand kam herab. Nein, zwei. Es waren die Stimmen zweier Männer, die miteinander scherzten.

»Verdammt«, zischte Simon, ließ Miguel los, duckte sich instinktiv und schlich sich zur Tür. Wenn sie herkamen, würden sie ihn entdecken. Sicher würde Jean zornig werden, wenn er erfuhr, dass er hier war.

Zwei der Seemänner waren zu sehen, die am Fuß der Treppe kurz verhielten, ehe sie sich zwischen die Kanonen bewegten. Ihre Stimmen klangen gedämpft, allerdings konnte Simon gut erkennen, was sie vorhatten. Hart schluckte er, als er einen blanken Hintern entdeckte, ein unterdrücktes Lachen vernahm und sich der andere Mann über den über die Kanonen Gebeugten schob.

»Schleiche dich an ihnen vorbei, wenn sie fertig sind«, flüsterte ihm Miguel zu. »Die beiden kommen öfter herab und unterhalten mich mit ihren Lauten. Sie sind damit eine Weile beschäftigt und schnarchen dann gemeinsam eine Runde.«

Vorsichtig, um nur ja keinen Laut zu verursachen, wich Simon zurück, zerrte das Stück Brot aus der Hosentasche und drückte es Miguel in die Hand. Ein glückliches Seufzen war seine Antwort, während von draußen eindeutige Grunzlaute bezeugten, was die beiden Männer trieben.

»Ich versuche, mich später noch mal herzustehlen«, versicherte Simon, verdrängte die Fragen, die er hatte stellen wollen, angesichts der immer lauter werdenden Betätigung hinter ihnen. Stattdessen strich er noch einmal, wie zur Beruhigung, über Miguels Knöchel. Hoffentlich war wirklich nichts gebrochen, er wüsste nicht, wie er einen Finger schienen sollte.

»Simon? Unterschätze Jean nicht. Niemals«, raunte Miguel ihm zu. »Es gibt nur wenige Gelegenheiten, in denen man zuverlässig an ihn herankommt. An den Mann, der sich auch in ihm befindet. Einer davon ist der Moment seiner Befriedigung. Sei auf der Hut, seine Laune schlägt immer sehr schnell um.«

Stumm nickte Simon, erinnerte sich an den Moment, in dem Miguel seine Finger nach Jean ausgestreckt hatte, er das Gefühl gehabt hatte, sie würden wortlos kommunizieren über den Wandel, den Jean durchgemacht zu haben schien. Zwei Männer. Und sie steckten in demselben Körper. Unberechenbar.

Draußen kamen die beiden Männer zu ihrem Höhepunkt, das Schnaufen endete und es dauerte nicht lange, ehe die Erschöpfung sie übermannte, sie sich ineinander verschlungen neben die Kanone sinken ließen. Erst als Simon nichts mehr von ihnen vernahm, fühlte er sich sicher genug, küsste Miguel noch einmal und versicherte, dass er wiederkommen würde, und schlich sich aus der Tür. Eng in den Schatten hinter der Öllampe gedrückt, den Atem angehalten, lauschte er, ob sie wirklich schliefen, ehe er sich vorsichtig, immer bereit, sich hinter einer Kanone zu ducken, zur Treppe schlich. Rasch hastete er nach oben, vergewisserte sich, dass keine Augen ihn entdeckten, ehe er sich an Deck bewegte und flink neben ein paar aufgerollte Seile fallen ließ. Sorgfältig horchte er, beobachtete jeden der Männer in der Nähe und erlaubte sich erst, als niemand auch nur zu ihm hinsah, ein erleichtertes Ausatmen.

Geschafft. Verstohlen hob Simon seine Hand, betrachtete die Handfläche, an der ein Hauch Blut klebte. Entschlossen presste er die Lippen aufeinander. Wer mochte den Schlüssel haben? Wer versorgte Miguel? Wenn er denjenigen beobachten könnte, wie die Tür aufgeschlossen wurde. Vorerst musste er herausfinden, wer Miguel Trinken und Essen brachte und den Eimer mit der Notdurft entleerte.

Es war an ihm, einen Weg zu finden, wie er Miguel befreien konnte. Lange genug hatte er sich im Elend seines eigenen Schicksals gesuhlt. Aber er war derjenige, der sich frei bewegen durfte, der genug zu essen bekam, frisches Wasser, saubere Kleidung und eine Hängematte zum Schlafen. All dies hatte Miguel nicht. Wegen ihm. Und er würde dafür sorgen, dass er wieder freikam.

Derart sich selbst Mut einredend, bewegte sich Simon am Abend zu Jeans Kajüte. Immerhin hatte er einen der Männer, der ihm als Lamar bekannt war, mit dem Eimer aus dem Kanonendeck kommen sehen, den er über die Bordwand entleerte.

Noch immer hatte sich kein Lüftchen geregt, die *Estrella* lag auf dem spiegelglatten Meer und es war unwahrscheinlich, dass sich daran in der Nacht etwas ändern würde. Simon hatte die Männer vernommen, die verstimmt davon sprachen, dass Jean sie gewiss am folgenden Tag in die Beiboote schicken und die *Estrella* ziehen lassen würde. Eine harte Arbeit in der gleißenden Sonne. Noch immer hatte er nicht erfahren können und wollte auch nicht direkt nachfragen, wohin ihre Reise ging. Ihm war klar, dass er Miguel auch erst dann befreien konnte, wenn sie in Sichtweite von Land waren. Sie waren beide keine Seemänner und eins der Beiboote zu stehlen und sich auf gut Glück vom Meer treiben zu lassen, käme einem Todesurteil gleich.

Sehr wahrscheinlich hatte Jean selbst den Schlüssel zu der Zelle und er würde ihn verborgen halten. Nun, er lebte in Jeans Kabine. Wer außer ihm hätte eine bessere Chance, das Versteck herauszufinden? Wie hatte er bisher nicht einmal daran denken können? Nicht länger war er der junge Mann, der sich sein Leben diktieren ließ. Hatte er nicht selbst einen anderen Weg gewählt? Fern aller Konventionen? Dann würde er diesen auch gehen. Mit allen Konsequenzen.

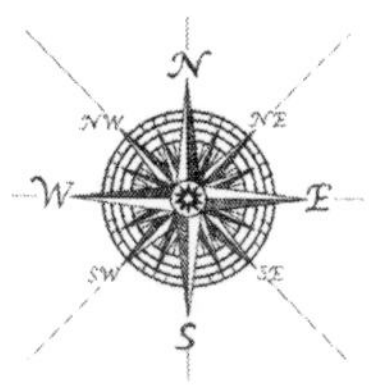

Die Reinheit des Herzens

Jean war bereits in der Kajüte, schien sie tagsüber nicht einmal verlassen zu haben und brütete über Karten. Mit einem Lächeln hob er den Kopf, als Simon eintrat, rollte die Karten zusammen und ließ sich mit einem Seufzen in den Sessel fallen.

»Nichts ist schlimmer als eine Flaute. Das Schiff ist unbeweglich und die Männer unzufrieden. Beschäftigt man sie, murren sie, lässt man sie faulenzen, kommen sie auf dumme Gedanken. Die Bukaniere sind ein wildes Volk auf See, an Land dagegen weitaus leichter zufriedenzustellen. Jorge ist zuversichtlich, dass es in den Morgenstunden auffrischen wird und wir vielleicht sogar einen Sturm bekommen. Diese Jamaikaner haben ein spezielles Gefühl für den Wind«, erklärte Jean, langte auf den kleinen Tisch neben sich und schenkte ihnen Rotwein ein. Mit einer winkenden Bewegung lud er Simon zu sich ein, reichte ihm das Glas.

Widerwillig bewegte sich Simon zu ihm. Mittlerweile glaubte er, zu erkennen, wann Jean mehr von ihm wollte, als nur ein paar Zärtlichkeiten. Viel lieber würde er seinen Hunger stillen und sich anschließend in der Hängematte zusammenrollen. Als Jean beide Hände auf seine Hüften platzierte, war es wie Ketten, in die er ihn legen würde. Stocksteif stand Simon, atmete flach, wünschte sich, Jean würde nur einmal erkennen, dass er ihn nicht begehrte, dass er sich nur deshalb nicht wehrte, weil er Konsequenzen für Miguel fürchtete. Wieso sah Jean das nicht? Wieso war er so blind? Oder wollte er es nicht sehen?

Daumen schoben sich auf seinen Bauch, Jean musterte ihn von unten mit jenem Flackern im Blick, vor dem Simon sich fürchtete. Nun noch viel mehr, weil er wusste, was es zu bedeuten hatte.

»Zieh dein Hemd aus«, verlangte er, nahm ihm das kaum berührte Glas ab, zupfte selbst an dem Stoff. Ganz kurz war Simon versucht, ihn zu bitten, es nicht zu tun, dann dachte er an Miguels verletzte Hände, an dessen richtungslose Wut, daran, dass er Jeans Launen ausgeliefert war, wenn er nicht tat, was dieser wollte. Er würde kein Risiko eingehen und Jeans Zorn herausfordern. Besser, er tat, was er verlangte.

»So liebst du es doch. Ich gebe dir, was du brauchst«, flüsterte Jean. Kaum zeigte sich etwas nackte Haut, lagen seine Hände auch schon darauf. Mit einem zufriedenen Ausdruck strich er über Simons Bauch, ließ die Finger zu den Brustwarzen wandern und wieder hinunter, wo sie sich an der Hose zu schaffen machten. Der Stoff glitt herab und Simon fixierte einen Punkt hinter Jean, fühlte sich ausgeliefert, taub und leer.

Wo verbarg Jean den Schlüssel? Trug er ihn vielleicht sogar bei sich? Lag er in einer der Schubladen? In einer der Truhen? Während warme Lippen sich um seinen Schaft legten, das Blut hitzig und gierig in seine Lenden strömte, versuchte Simon sich mit geschlossenen Lidern ganz auf dieses Problem zu konzentrieren. Nichtsdestotrotz entkamen ihm leise, wohlige Laute, zu geschickt wusste Jean ihn zu stimulieren. Schwarze Augen, ein verschmitztes Lächeln durchbrachen immer wieder Simons Konzentration. Der Eindruck aus der Zelle war noch zu frisch, das Erlebnis flammte augenblicklich wieder auf.

»Deine Selbstbeherrschung ist bewundernswert, aber du musst dich nicht zurückhalten. Lass dich gehen, Simon, ich möchte, dass du es einfach nur genießt. Zu lange hast du verbergen müssen, wer du bist, was du brauchst. Lass mich deine Sehnsucht stillen«, raunte ihm Jean zu, half mit der Hand nach, küsste Bauch und Oberschenkel. Es fiel Simon sehr schwer, die Lust stärker werden zu lassen, den Widerwillen zurückzudrängen. Wenn Jean auch ein Meister darin war, seine Gefühle falsch zu interpretieren, dann würde er doch gewiss an seiner körperlichen Reaktion bemerken, wie wenig er sich ihm hingeben konnte. Würde er es ihm womöglich übel nehmen? Verdammt, er musste sich darauf einlassen. Wenn er die Lust verlor, würde Jean enttäuscht sein, und auf gar keinen Fall wollte Simon ihn reizen, er hatte Miguels Worte nicht vergessen.

Verstärkt versuchte er, sich auf die Wärme zu konzentrieren, die Erinnerung an die doppelte Stimulation in der Zelle heraufzubeschwören, die verschiedenen Reize, die Jean ihm verschaffte. Jeder davon war erregend, Jean wusste genau, was er tat und entwickelte hierin ein besonderes Feingefühl. Was für eine Diskrepanz.

Es dauerte recht lange, bis Simon spürte, wie die Lust endlich überhandnahm, das Denken fortwischte und sein Körper das Recht auf Befriedigung einforderte. Er kam mit einem kehligen Laut und krallte instinktiv die Finger in Jeans Schultern, sich dessen durchaus bewusst. Sollte Jean doch glauben, es wäre sein Wunsch nach Nähe, wenn es eher ein Halt suchen war. Erst als das letzte Schaudern nachklang, die Hitze wich, stieß sich Simon ab, wich minimal zurück. Mit funkelnden Augen schaute Jean zu ihm hoch, wirkte äußerst beglückt, wischte sich Spuren des Spermas von der Wange. Einen Teil hatte er aufgenommen, ein weiterer Teil war auf der Armlehne gelandet.

»Ich liebe deine Laute«, flüsterte er, »wie du versuchst, stark zu sein, und unter meiner Zunge schmilzt. Noch immer die Dämonen der Vergangenheit im Kopf? Lass sie endlich gehen, Simon. Wir sind frei, uns ist alles erlaubt. Kein Gott, und erst recht kein Mensch, richtet über uns.« Sein Lächeln wurde stärker und er setzte sich breitbeinig hin, öffnete seine Hose, hieß Simon, sich hinzuknien.

Oh verdammt, er hatte geahnt, dass Jean dies von ihm verlangen würde. Wie sollte er das fertigbringen? Mit der Gewissheit, dass es Eifersucht war, welche Miguel seine Fäuste gegen das harte Holz hatte donnern lassen, erschien es Simon gänzlich unmöglich, ihn derart zu betrügen.

»Mein Liebster, mein Simon«, wisperte Jean, fuhr ihm zärtlich durch die Haare, als er zögernd vor ihm kniete, einen vagen Brechreiz spürte und die Hände auf Jeans Oberschenkel legte. »Fällt es dir noch so schwer? Hast du ihn nicht auch schon mit dem Mund befriedigt? Ich weiß, wie sehr er das liebt.«

Ein unwilliger Laut presste sich an Simons Selbstkontrolle vorbei, wollte sich in die Wahrheit formen. Doch, das hatte er, und ja, Miguel liebte es. Verwundert darüber, wie wunderbar er Miguels Lust führen und steuern konnte, hatte Simon es ihm gegeben. Erfüllend und ein Geschenk, welches er geben durfte. Nichts, was Jean einfordern konnte, noch dürfen sollte. Und zum ersten Mal log Simon, formten sein Mund und die Zunge das Wort, das die Wahrheit verhöhnte: »Nein.« Es klang falsch, es brannte in ihm, und er hielt den Blick krampfhaft neben Jeans längst erwachten Ständer gerichtet. Würde es Jean zurückhalten? Zumindest würde er damit sein Zögern genügend rechtfertigen können.

»Gut, dann werde ich es dich gerne lehren. Es ist nicht schwer. Öffne deinen Mund, entspanne deine Zunge«, ordnete Jean an, fuhr mit dem Finger über Simons Lippen, drückte die Unterlippe nach unten.

Bei Gott, dies konnte er nicht tun. Nur äußerst zögernd näherte sich Simon der wippenden Erektion. Dies war nicht der warme, herbe Duft Miguels. Jean roch gänzlich anders, nicht unangenehm, eher ungewohnt. Mit einer Hand umfasste Jean sich selbst, ließ die Spitze des Glieds gegen Simons Lippen tippen. Einfach nur den Mund öffnen, ihn einlassen, vergessen, wessen Erektion er im Mund hatte. Wieso war es so unglaublich schwer?

»Simon …« So sanft gesprochen, wie immer in der verhassten französischen Aussprache. Finger hoben sein Kinn an. Fragend schaute Jean ihn an, nicht fordernd, sondern auf eine gewisse Art mitfühlend wirkend. Eine ganze Weile blickten sie sich an, ehe Jean abermals über seine Lippen wischte. »Möchtest du es tun?«

Eine solche Frage zu stellen! Scharf sog Simon die Luft ein, kämpfte mit sich. Was sollte er antworten? Konnte er noch einmal lügen, konnte er es über sich bringen? Aber Jean sah ihm in die Augen, er musste die Wahrheit darin doch sehen. Oder wollte er sie nicht wissen? Simons Lippen öffneten sich ganz leicht, die Zunge bewegte sich, wollte ein ›Nein‹ formulieren, indes fand er die Kraft dazu nicht, bewegte stattdessen ganz vage den Kopf. Kälte kroch ihm über den Rücken, wie mit eisigen Krallen, die sich über ihn schoben, ihn zu zerquetschen drohten. Was würde Jean tun? Würde er seinen Zorn an ihm auslassen? Schläge würde er ertragen, es gab nichts, was er nicht erdulden konnte, wenn es nur nicht Miguel treffen würde. Jean wusste um diesen einen wunden Punkt, wusste, womit er ihn wirklich verletzen würde. Sicher würde er ihn zwingen, zu tun, was er verlangte.

Mit angehaltenem Atem starrte Simon in Jeans braune Augen, erwartete den Moment der Kälte, wenn sich die Grausamkeit in ihnen nicht länger verbarg, sondern an die Oberfläche kam. Zu oft schon hatte er dies gesehen, um es nicht zu fürchten.

»Gut.« Nur dieses eine Wort kam über Jeans Lippen, obwohl sie etwas zu angespannt erschienen. Keine Kälte trat in seine Augen, nicht einmal die Züge wurden härter. Simon konnte nicht sagen, was er darin las. Perplex atmete er aus, hielt gerade eben noch ein erleichtertes Geräusch zurück.

»Ich werde dich weder verletzen noch dich zu etwas zwingen. Simon, du musst mich nicht fürchten«, wisperte Jean, ließ den Zeigefinger in einer liebevollen Geste über Simons Lippen streichen, lächelte wahrhaftig nachsichtig. Eher zaghaft drang der Zeigefinger in Simons Mund, raubte ihm etwas Feuchtigkeit, ehe Jean die Hand zurückzog und um seinen prallen Schaft legte. Zögernd lehnte sich Simon nach hinten, konnte nicht recht

glauben, dass ihn Jean so leicht gehen ließ. Hatten Miguels Worte doch etwas bewirkt? Hatte er Jean berührt? Hatte die Erwähnung, dass Nouel lebte, etwas verändert? War dies der wahre Jean, der durchaus spürte, wie sein Gegenüber empfand?

Das Lächeln auf den Lippen blieb, während Jean sich selbst befriedigte, den Blick auf Simons Gesicht gerichtet, die Finger strichen immer wieder über sein Gesicht und die Haare. Langsam sank Simon zurück, nahm sogar die Hände von Jeans Oberschenkeln. Mit einer gewissen Faszination und dem Hauch von Unsicherheit schaute er zu, wie er sich selbst streichelte, die Hand immer schneller bewegte, sein Atem keuchender wurde, die Laute heller, bis er kam. Genüsslich verrieb Jean seinen Erguss auf den Oberschenkeln, legte den Kopf nach hinten und entließ einen tiefen, seufzend klingenden Laut, der zugleich so viel Sehnsucht enthielt, dass es trotz allem Simons Herz berührte.

Mit noch immer geschlossenen Lidern beugte Jean sich wieder vor, schien sie nur unwillig öffnen zu wollen und betrachtete Simon beinahe verwundert. War dies nun der Jean, den Miguel gemeint hatte? Der wahre Mann, der sich hinter dem grausamen Bukanier verbarg? Mit wild klopfendem Herzen wartete Simon ab, wusste nicht, was er tun sollte, wie reagieren.

Langsam erhob Jean beide Hände, streckte sie nach Simon aus, wirkte wie in Trance, als ob er nach einem Geist greifen würde, seine Lippen formten ein Wort, doch es kam kein Laut darüber. Beinahe zaghaft berührten die Finger Simon, umfingen sein Gesicht, als ob eine zu starke Berührung ihm schaden würde. Sah Jean noch ihn oder jenen anderen Mann, Nouel? War er ihm etwa ähnlich? Hatten sie etwas gemein, was Jean an ihn erinnerte? Dieser weiche Blick, er sprach von Liebe. Echter Liebe, dessen war Simon sich sicher. Nur nicht, ob sie ihm galt.

»Was kann ich nur tun, damit du mich lieben lernst, Simon?«, raunte Jean, der Druck wurde fester, die Finger rahmten ihn ein. Wie ein schwerer Kloß lag die Antwort in Simons Kehle, drohte ihn zu ersticken. *Nichts*. Es gab nichts. Liebe ließ sich nicht erzwingen.

»Lass …«, die Worte kamen stockend und klangen zittrig, »Miguel bitte frei. Er ist verletzt, er …« Der Daumen auf seinen Lippen verschloss ihm den Mund. Erstaunlicherweise blieb Jeans Ausdruck gleichwohl sanft, als er den Kopf schüttelte.

»Du weißt, dass ich das nicht tun kann. Wenn ich eins von ihm weiß, dann dass seine Leidenschaft keine Grenzen kennt. Nie würde er kapitulieren.

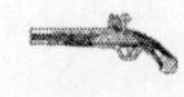

Wenn ich ihn gehen ließe, würde er stets versuchen, uns zu finden. Du verstehst, dass ich das nicht tun kann.«

Ja. Auch wenn es furchtbar war, Simon wusste, dass Jean Recht hatte. Niemals würde Miguel ihn aufgeben. Weil er ihn liebte. Aus tiefstem Herzen und bedingungslos. Wie madiges Brot drehte Simon die Worte im Mund hin und her, unentschlossen, ob er sie wirklich hervorbringen konnte. Und sollte.

»Hast du … Nouel geliebt?« Verflucht sollte sein furchtsames Herz sein, das wie ein wilder Vogel flatterte und nach einem Ausweg suchte. Die Angst vor Jeans Reaktion ließ seine Hände klamm werden, jagte ihm Schauder über den Rücken. Was, wenn Jeans Stimmung just in diesem Moment umschlug? Was würde ihn erwarten? Es war ein zu fragiler Moment, womöglich hatte er ihn gerade zerstört.

Blicklos starrte Jean ihn an, schien direkt durch ihn hindurchzusehen, die Nasenflügel blähten sich, um den Mund entstand ein verkniffener Zug. Angespannt wartete Simon, bereit, sich zurückzuwerfen, einem Schlag zu entgehen.

»Liebe … Was ist das schon? Wenn es das war, dann war es wohl ein Fehler«, erklärte Jean seltsam tonlos, als ob er mehr zu sich selbst sprechen würde. »Mein größter und einziger. Denkst du, Miguel liebt dich?« Ganz plötzlich war er wieder da, der Blick hatte sich aus der Ferne gelöst, traf Simon unvorbereitet. Stumm nickte er, sich der Härte des Holzes unter den Knien, seines nackten Zustands plötzlich überdeutlich gewahr. Tapfer wappnete er sich gegen den Angriff, ob er verbal oder physisch kommen würde. Diesen Jean kannte er mittlerweile auch gut genug.

»Denkst du allen Ernstes, jemand wie er liebt dich? Denkst du, du bist der Einzige, dem er je süße Worte der Verführung ins Ohr geraunt hätte? Oh, darin ist er meisterhaft. Es ist ihm gelungen, dich zu überzeugen, er hat seine Lust an dir gestillt. Du hast es mir gerade bewiesen, und ich will mich wahrlich nicht darüber beschweren, Miguel hat dich gut angeleitet«, stieß Jean hervor, jedoch nicht mit der Schärfe, die er sonst verwendete. »Ein Betrüger, Lügner, Dieb. Ein Verführer.« Das Wort klang aus, wirkte nicht wie eine Beleidigung, eher sinnierend. In einer abwesenden Geste streichelten die Daumen Simons Gesicht, wie zuvor schien Jean etwas ganz anderes zu sehen. War das Melancholie? Trauerte er dem nach, was hätte sein können? Was hatte er verloren und wie hatte er es verloren? War er deshalb so verzweifelt auf der Suche nach einem Partner, nach jemandem, der ihn zurückliebte?

»Wenn Miguels schmeichelnde Worte nicht gewesen wären, wir wären uns nie begegnet. Wenn es nicht dieses drängende Verlangen gewesen wäre, jede Freiheit auszukosten, kein Tabu mehr zu kennen, dann …« Jean holte Luft, und für einen Augenblick war es ganz offensichtlich Trauer, die seine Züge überflog. Ganz plötzlich beugte er sich vor, zog Simon an sich, drückte die Stirn gegen die seinige.

»Wenn die Liebe dem Verrat zum Opfer fällt, dann gibt es nur einen Weg, sie wiederzufinden: In der Reinheit eines Herzens. Deines ist derart rein, Simon. Kein böser Gedanke darin. Du bist es. So tapfer, so stolz, so unglaublich begehrenswert. Und wenn der totgeglaubte spanische Teufel nicht wie einer dieser verfluchten Dämonen der Vergangenheit aus jenem Lagerraum aufgetaucht wäre, dann … dann wäre es mir vielleicht gelungen, dein Herz zu gewinnen.« Sein Seufzen schmerzte, die Sehnsucht traf Simons Herz und instinktiv berührte er Jeans Arm, legte eine Hand auf den Oberarm, fühlte sich seltsam schwebend zwischen Gefühlen, die er nicht sortieren konnte.

»Ich hätte ihn einfach gleich töten sollen«, wisperte Jean, die Lippen noch immer an Simons Stirn, der sich nicht sicher war, ob er Miguel meinte. Jeans Finger schoben sich in seine Haare, keine besitzergreifende Geste, eher resignierend, noch einmal festhaltend, was er verloren hatte.

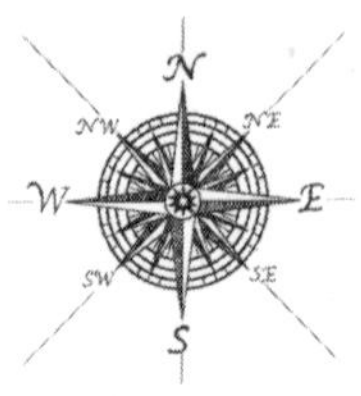

In der Flaute

Es wurde eine Nacht mit wenig Schlaf. Immer wieder schreckte Simon hoch, wenn Jean erneut aufstand, rastlos durch die Kajüte lief oder den Raum sogar verließ, nur um einige Zeit später zurückzukehren. Jedes Mal hoffte Simon, er möge nicht zurückkehren und lauschte dennoch angespannt, bis sich die Schritte wieder näherten.

Etwas lag in der Luft, eine Spannung, die vielleicht mit einem Sturm einhergehen würde, noch lag die *Estrella* jedoch ruhig und still in einem windlosen Meer.

Wie gerädert, nach nur wenigen Stunden Schlaf, rollte sich Simon schließlich aus der Hängematte, entdeckte, dass Jean abermals die Kajüte verlassen hatte, die Reste ihrer Mahlzeit vom Abend noch auf dem Tisch standen. Rasch steckte Simon Brot und etwas Braten ein, den er kurzentschlossen in ein Blatt Pergament einwickelte, um ihn unter seinem Wams zu verbergen. Mit angehaltenem Atem lauschte er, ob Jean zurückkam, ehe er sehr vorsichtig die Schublade des Schreibtisches aufzog und den Inhalt flüchtig überflog. Nein, kein Schlüssel. Behutsam schob er die Schublade zurück, traute sich, eines der kleinen Kästchen zu öffnen, die auf dem Tisch standen, als er Schritte vernahm und sich hastig vom Tisch fortbewegte. Es war jedoch nur Lamar, der mit mürrischem Ausdruck das Essen brachte und die Reste abräumte.

»Totale Flaute. Wird ein fauler Tag, gibt nichts zu tun, außer zu warten«, brummte er, stopfte sich ein Stück Brot mit tropfender Bratensoße in den Mund und zwinkerte Simon dabei verschwörerisch zu. »Halt den Kapitän nur ja gut bei Laune, Hübscher. Wenn der Wind nicht auffrischt, lässt er uns sonst rudern.« Mit einer obszönen Geste nickte er

Simon zu, wischte sich die Hand an der Hose ab und verschwand mit dem Geschirr.

Mit wild klopfendem Herzen und immer auf der Hut, dass er nicht erwischt wurde, durchsuchte Simon noch weitere Verstecke, fand gleichwohl keinen Schlüssel. Frustriert aß er hastig etwas, packte auch davon etwas ein und begab sich schließlich doch an Deck. Noch immer lag das Meer spiegelglatt vor ihm, nicht ein Hauch kräuselte die Wellen, die Segel der *Estrella* hingen schlaff und wie leblos herab. Nur wenige der Männer waren an Deck, ein paar von ihnen maßen sich in einem Ringkampf, andere saßen beieinander, flickten Segel und andere Stoffe oder splissen Seile, während sie sich Geschichten erzählten. Am Heck standen Jean, Jorge und noch zwei weitere Bukaniere und diskutierten miteinander.

So, dass er Jean sehen konnte, setzte Simon sich auf ein paar zusammengerollte Seile und zog das Buch hervor, was er sich mitgenommen hatte. Es war ein Reisebericht, der ihn unter normalen Umständen ganz gewiss angesprochen hätte. Heute diente er ihm als Vorwand, über den Rand die Männer zu beobachten und zu entscheiden, wann er es wagen konnte, zu Miguel zu verschwinden.

Bald danach kam Jorge zu ihm, nickte ihm zu und ließ sich neben ihn auf die Deckplanken fallen, wo er seine Kautabakdose hervorzog und einen Brocken in den Mund schob.

»Wind kommt. Viel Wind wird kommen. Womöglich ein Sturm. Vielleicht nicht gleich, vielleicht erst, wenn die Sonne höher steht. Dann wird der Wind uns endlich vorantreiben«, brummte er kauend, bot Simon etwas an, der sofort hastig den Kopf schüttelte.

»Wohin?«, wagte er zu fragen, erwartete nicht wirklich eine Antwort und beobachtete zugleich, wie Jean zurück nach unten in Richtung seiner Kajüte ging. Erleichtert seufzte er auf. Wenn Jeans wachsame Augen nicht an Deck waren, konnte er es eher wagen, zu Miguel zu gelangen.

»Heim. Dorthin, wohin die Bukaniere gehen, wenn sie des Kämpfens müde geworden sind.« Breit grinsend und kauend schaute Jorge ihn an, deutete in Richtung Jean und ergänzte: »Er wird langsam auch müde, glaube ich. Ist nicht mehr dasselbe wie früher. Die verfluchten Engländer holen immer mehr Schiffe, jagen uns gezielt. Den Bärtigen Fünftöter haben sie erledigt. Drei seiner Schiffe liegen auf dem Grund, sie haben sie in Stücke geschossen und die Insel verwüstet. Wenn Ledoux nicht dafür gesorgt hätte, dass alle, die es wollten, rechtzeitig fliehen, dann wären sie mit dem

Fünftöter zur Hölle gegangen. Dummer, sturer Kerl, dachte, er könnte sie alleine besiegen und hat die Insel ungeschützt gelassen.«

»Was ist passiert?« Langsam ließ Simon das Buch sinken. In hohem Bogen spie Jorge über die Reling, schnitt sich ein neues Stück ab und fuhr kauend fort: »Jemand hat die Insel, den Unterschlupf verraten. Aber es kam vorher eine Warnung. Der Lange Jacques hat sofort seine Sachen gepackt und ist davon, der Fünftöter spuckte auf die Warnung, wollte sich nicht vertreiben lassen und Ledoux bot allen Männern und Frauen an, sie in Sicherheit zu bringen. Der wusste genau, dass sie kommen würden. Tja, der Fünftöter schimpfte ihn einen Feigling und Verräter, nahm die Männer, die er hatte und stach in See, um die Flotte anzugreifen. Haben es nicht überlebt. Aber die Bruderschaft hat Beute und Menschen rechtzeitig in Sicherheit gebracht.«

»Und dorthin segeln wir?«, hakte Simon nach. Die Erzählung deckte sich mit dem, was er aus Miguels und Jeans Gespräch mitbekommen hatte. Wieso war Jean nicht mitgesegelt? War ihm das Leben der Menschen wahrhaftig mehr wert gewesen? Oder war es Berechnung, um an mehr Männer und Schiffe zu kommen?

»Ay, zu einem Hafen, der uneinnehmbar ist, überragt von einer Festung. Dort sind sie in Sicherheit, dort können alle, die müde sind, ausruhen und ihr Leben in Ruhe leben. Makaiwi, nennen sie den Ort«, erklärte Jorge.

»Du warst noch nicht dort?« Überrascht blickte Simon den Jamaikaner an, der grinsend verneinte.

»Keiner von uns. Der Ort ist geheim, nur Ledoux kennt ihn. Er hat den Langen Jacques hingeschickt, die Mitglieder der Bruderschaft dorthin in Sicherheit zu bringen. Die *Estrella* setzte sofort Segel, um dich zu fangen.« In einer Art entschuldigenden Geste hob Jorge die Schultern, hieb Simon auf den Arm. »Wenn unser Kapitän wirklich müde ist, dann wird er mit dir dortbleiben. Ist kein schlechtes Leben, denke ich. Siehst du den Mann dort mit dem blauen Wams? Einer der Männer vom Fünftöter. Wäre nur gerne zu bereit, die *Estrella* zu segeln, wenn der Kapitän an Land bleiben will. Aber …« Verschwörerisch beugte sich Jorge zu Simon herüber, lachte leise glucksend und flüsterte ihm zu: »Lieber schickt Ledoux sein Schiff auf die Klippen, als einen anderen am Steuer zu sehen. Du magst sein Bett gut wärmen, seine wahre Braut ist jedoch die See, und sie wird ihn sich eines Tages auf ihr feuchtes Lager holen. Zu oft hat er sie bezwungen und betrogen. Und diese Frau ist nachtragend, sage ich dir.«

Leicht pikiert nickte Simon, er kannte diese Art von Legenden. Viele der Offiziere, die bei seinem Vater ein und aus gegangen waren, hatten ganz ähnlich vom Meer gesprochen. Ob Jean wirklich vorhatte, mit ihm auf dieser Insel zu leben? Oder würde er dortbleiben, während Jean seine Raubzüge fortsetzte und … eines Tages nicht zurückkehrte? Simon verspürte eine winzige Spur von Gänsehaut auf den Armen. Ob er auf dieser Insel Miguel befreien konnte? Die Chancen waren sicherlich größer als auf dem Schiff. Just in dem Moment tauchte Jean wieder an Deck auf, schritt an ihnen vorbei zu den Männern, die immer lauter ihre jeweiligen Kameraden bei dem Kampf anfeuerten.

»Denk nicht drüber nach. Dieser alte Jamaikaner erzählt Seemannsgarn. Ledoux war wie der Teufel persönlich hinter dem Spanier her, nur um dich zurückzuholen. Und gewiss nicht, weil du nur eine Geisel bist, kleiner Lord.« Ächzend erhob Jorge sich, zwinkerte Simon vielsagend zu.

»Jorge? Wer war Nouel?«, stieß Simon aus, begierig, mehr zu erfahren, wenn Jorge schon in Erzähllaune war.

»Wer? Kenn ich nicht. Keiner aus der Bruderschaft.« Der Jamaikaner kratzte sich am Hinterkopf, zuckte die kräftigen Schultern und marschierte in Richtung des Ringkampfes davon. Verblüfft blieb Simon zurück, hatte er doch definitiv erwartet, dass der Name bekannt sein musste. Oder hatte Jean diesen Nouel etwa vor der Bruderschaft verheimlicht? Was war das Geheimnis um diesen Mann? Es gab nur einen, der ihm mehr verraten konnte.

Verstohlen blickte Simon sich um, die Gelegenheit schien günstig, die kämpfenden Männer zogen alle Aufmerksamkeit auf sich. Nur, wo war Jean? Von ihm war nichts zu sehen. Er war nicht wieder an ihnen vorbeigekommen. Simon ging das ganze Deck ab, sein Herz schlug immer schneller, als er ihn nirgends entdecken konnte, und schlagartig kroch Furcht in seine Eingeweide. Nur einmal schaute er sich flüchtig um, als er den Niedergang betrat, es war ihm fast gleichgültig, gesehen zu werden, denn die Sorge, dass Jean bei Miguel war und diesem womöglich etwas antat, überwog alles. Schnellen Schrittes durchquerte er das Zwischendeck, erkannte sofort, dass die Tür auf stand und vernahm auch schon Jeans Stimme. Panisch schaute er sich um, suchte etwas, was er als Waffe verwenden, irgendetwas, was er notfalls benutzen konnte, um Jean zu überwältigen.

Er nahm sich nicht die Zeit zu lauschen, die Furcht überwog und so stieß er die Tür wuchtig auf, bereit, sich auf Jean zu stürzen und stoppte abrupt ab. An einem Haken hing die Öllampe, leuchtete den Raum aus.

Mit fliehendem Atem, die Fäuste geballt, zu allem entschlossen, starrte er auf Jean, der sich eher gemächlich zu ihm umwandte. Hinter den Gittern stand Miguel, schaute ihn überrascht und sichtlich begeistert an. Das Licht malte tiefe Schatten in sein Gesicht und es war wie ein Déjà-vu ihrer ersten Begegnung, denn seine Augen brannten wie damals, der Mund verzog sich zu jenem typischen Lächeln und er senkte anerkennend den Kopf. Zu seinen Füßen lagen die Überreste des Hutes, in Streifen zerrissen, und an den Händen waren nun überdeutlich die Abschürfungen und Wunden zu erkennen. Wie mitgenommen er aussah, es zerriss Simon das Herz.

Jean schnaubte lediglich einmal, wandte sich Miguel zu, als ob Simon völlig unwichtig wäre, sein Erscheinen unbedeutend.

»Wo ist er?«, fragte er schneidend, alles an ihm wirkte wie ein Raubtier, das sich jeden Moment auf seine Beute stürzen würde. Miguel verdrehte die Augen, fuhr sich durch die Haare und verschränkte die Arme vor der Brust.

»Scheint fast, als ob du mich keinen Lügner mehr nennst.« Recht arrogant wirkend reckte Miguel das Kinn. Er konnte Simon nicht täuschen, er war äußerst wachsam.

»Ich frage dich noch einmal: Wo ist er?« Jean verschärfte den Ton, die Worte trugen ebenso wenig dazu bei, dass Simon weniger auf der Hut war. Mit aufgerissenen Augen, die Hände nur minimal entspannt behielt er Jean im Blick. Wenn dieser zu einer Waffe greifen würde, dann …

Langsam senkte Miguel das Kinn, kam etwas näher an die Gitterstäbe, blieb indes sicher außerhalb der Reichweite von Jeans Händen. Das Lächeln, was seine Lippen umspielte, den Schnurrbart zucken ließ, wirkte gefährlich verschlagen, als er die Stimme senkte: »Was ist dir diese Information denn wert?«

Ein kaum wahrnehmbares Aufrichten, eine Spur stärkere Körperspannung war Jeans Reaktion. Lange schaute er Miguel an, wandte den Kopf und musterte Simon mit einem Blick, der völlig kalt war, sogar abfällig wirkte. Wie eine eisige Faust umklammerte die Furcht Simons Herz. Da schien kein Gefühl mehr zu sein, nicht ein Funke dessen, was Jean ihm vorher gezeigt hatte. Wie einen Fremden sah er ihn an. Schlimmer, wie etwas, was entbehrlich war.

Jean entblößte die obere Zahnreihe, neigte sich zu Miguel vor und raunte: »Was ist dir sein Leben wert?«

Zischend stieß Miguel die Luft aus, der Schreck ließ ihn die Augen aufreißen. Mit zwei Schritten war er am Gitter, umklammerte die Stäbe, als ob er sie gleich herausreißen wolle. »Du bluffst!«

»So wie du!«, gab Jean zurück, die Lippen geschürzt, eine Hand legte sich lässig auf eine der Pistolen. Alarmiert trat Simon näher heran. Hatte Jean gerade damit gedroht, ihn zu töten, wenn Miguel die Informationen nicht preisgab? Bei Gott, was passierte hier? Wie stark mussten die Gefühle für diesen Nouel sein, wie sehr hatten sie Jean all die Jahre belastet.

Hart stieß Miguel den Atem aus, die Lippen bewegten sich hin und her, er starrte Jean an und zum ersten Mal hatte Simon das Gefühl, als würde er ihn wirklich fürchten, als wüsste er nicht, ob Jean seine Drohung wahr machen würde. Unruhig bewegte er sich in der Zelle hin und her, sein Blick glitt immer wieder zu Simon, dessen Herz so hoch oben im Hals schlug, dass es in den Ohren dröhnte.

»Ich muss erst wissen, ob du ihm nach all der Zeit noch immer eine Kugel in den Kopf jagen willst«, stieß Miguel schließlich hervor, kam zum Gitter zurück.

»Miguel, er hat mich verraten!«, zischte Jean voller Hass, die Hand legte sich noch fester um den Pistolengriff, und instinktiv duckte Simon sich, spähte zur Tür, versuchte abzuschätzen, ob er sich hindurchwerfen konnte.

»Er hat dich nie verraten!« Miguel betonte das »nie« scharf, sein Gesicht wirkte zornig, er zuckte jedoch gleich darauf die Schultern und fügte in seinem üblich lockeren Ton hinzu: »Ihr wart nur zufällig auf verschiedenen Seiten.«

»Wie du lügst.« Erneut schnaubte Jean. »Keins deiner Worte, noch deine Gefühle sind wahr. Du hast keine, alles was du suchtest, war eine neue Herausforderung, das Stillen deines Verlangens. Du empfindest nichts für Simon, deine Gefühle sind ebenso eine Lüge, wie alles andere.«

»Und deine? Du schließt von dir auf mich, mein Freund. Ja, ich war nie einem Vergnügen abgeneigt. So wie du. Etwas, was uns eng verbunden hat. Zwei junge, abenteuerlustige Männer, die die Freiheit voll auskosten wollten. Und das haben wir. Aber seither ist viel Zeit vergangen. Ich für meinen Teil habe genug von der Freiheit gekostet, um satt zu werden«, erklärte Miguel. »Glaube es oder nicht, in dieser Brust schlägt ein Herz, was auch einmal für dich geschlagen hat. Auf andere Weise, als es das nun für diesen jungen, tapferen Lord tut. Darum nicht weniger ehrlich.« Immer lauter war Miguels Stimme geworden, immer eindringlicher. Es schien, als ob er nach Jean greifen wollte, ließ die verletzten Hände dann jedoch sinken. Sein Adamsapfel hüpfte und er fixierte Jean, als ob er direkt in ihn dringen, die Wahrheit in ihn pflanzen könne.

Mit angehaltenem Atem war Simon wieder näher gekommen, wollte sich ans Gitter stellen, Jean die Wahrheit sagen. Nicht länger konnte er es verleugnen, er musste sie endlich erkennen. Dies war der Moment dazu, er spürte es. Es gab nur den einen Weg, Jean seine Freiheit zurückzugeben, indem er die Wahrheit erkannte.

»Jean, du liebst Simon nicht. Du willst ihn besitzen, etwas derart Reines dein Eigen nennen. Seine Gefühle sind dir dabei gleichgültig«, fuhr Miguel fort, zögerte einen kurzen Moment, fuhr sich mit der Zunge über die Lippen und ergänzte bedeutungsvoll: »Weil dein Herz einem anderen gehört und es immer gehören wird!«

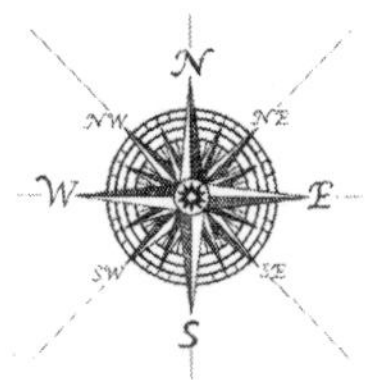

In der Taverne

Über Jeans Lippen kam ein Geräusch wie ein bitteres Lachen.

»Wollen wir sehen, wie echt deine Gefühle sind?«, stieß er hervor, packte Simon am Arm, riss ihn heran. Urplötzlich blitzte ein Messer auf, hart griffen Finger in seine Haare, rissen ihm den Kopf zurück, sodass die Kehle exponiert lag. Und die Schneide des Messers fast die Haut berührte. Keuchend hielt Simon still, versuchte, den ziehenden Schmerz auszuschalten, ganz ruhig zu bleiben und keine unwillkürliche Abwehrbewegung zu machen.

»Jean! Nicht!«, schrie Miguel, versuchte, durch das Gitter nach ihnen zu greifen, das Gesicht aschfahl, Panik in den dunklen Augen.

»Gib mir seinen Aufenthaltsort«, verlangte Jean unnachgiebig, zerrte Simon ein Stück weiter zurück, der verzweifelt nach einem Ausweg suchte, flach atmete, ein schmerzvolles Stöhnen unterdrückte.

»Jean, nicht«, flehte Miguel, hieb in hilfloser Wut seine ohnehin verletzte Faust gegen das Gitter. »Bitte, verletze ihn nicht. Bei Gott, Jean, er hat damit nichts zu tun. Bei allem was mir und dir heilig ist.«

»Gib mir die Informationen.« In seinem Rücken spürte Simon Jeans Herz schlagen, die starke Spannung, die von ihm Besitz ergriffen hatte. Würde er es tun können? Würde er ihn verletzen? War alles an Gefühlen wirklich nur Schall und Rauch gewesen?

»Das kann ich nicht, wenn du ihn töten willst«, brachte Miguel hervor, hob die Hände, atmete tief ein und wurde plötzlich ruhiger. »Und du wirst Simon nicht verletzen. Der Jean, den ich kenne, würde das nicht tun. Niemals.«

»Wie gut kennst du mich denn, Miguel?« Abermals erklang das harte Lachen, der Griff lockerte sich indes minimal, als ob die Kraft aus Jean weichen würde. Nein, er würde ihn nicht verletzen, dessen war sich auch Simon mit einem Mal sehr sicher. Wie ein verzweifeltes Aufbäumen, ein Schrei der Seele wirkte diese Aktion.

»Gut genug. Bitte, lass ihn gehen. Lass ihn nicht büßen für die Taten eines anderen«, bat Miguel, die Stimme leiser. Noch etwas mehr lockerte sich der Griff und Simon warf sich augenblicklich zur Seite, hieb mit dem Ellenbogen nach hinten, duckte sich und griff in einer drehenden Bewegung nach Jeans Handgelenk. Die Überraschung war auf seiner Seite, es gelang ihm tatsächlich, das Messer fortzuschlagen. Rasch sprang er hinterher, riss es an sich, wirbelte herum und hielt es drohend vor sich.

Mit einem lachend schnaubenden Laut starrte Jean ihn an, der Blick flackerte unstet, die Hände hielt er wie zu einer Umarmung bereit und trat wahrhaftig einen Schritt auf Simon zu, der sofort das Messer höher hob.

»Nur zu, stich zu«, forderte Jean, lächelte verschmitzt, als ob er sich köstlich über Simons Versuch amüsieren würde. »Worauf wartest du?«

»Gib mir den Schlüssel«, verlangte Simon atemlos, der Puls raste, sein Rücken fühlte sich klamm an. Was tat er? Dies war Wahnsinn. Sie hatten keine Chance, zu entkommen. Und das wusste Jean natürlich ebenso gut.

Laut lachte Jean auf, grinste ihn an und schüttelte mit geschürzten Lippen den Kopf. »Ganz sicher nicht.«

»Ich liebe dich nicht«, schleuderte Simon ihm verzweifelt entgegen, das Messer zitterte in seiner Hand. War Jean noch näher gekommen? Verdammt, was sollte er tun? »Ich kann dich nicht lieben, egal wie viel Zeit vergeht, egal wie sehr du es ignorierst, ich empfinde nichts für dich.«

»Das ist eine Lüge«, sagte Jean, die Stimme plötzlich merkwürdig gesenkt. Wie ein Eimer kaltes Wasser trafen die Worte Simon, dessen Hand noch stärker zitterte, der einen unsicheren Blick zu Miguel warf.

»Ja, ist es«, presste Simon hervor. »Ich empfand vielleicht etwas für den Mann, der mich zu verstehen schien, in mein Innerstes blicken konnte. Jener Mann, der mit denselben Dämonen kämpfte. Von hohem Rang, eingebunden in die Zwänge unseres Standes, ein verbotenes Begehren und dieselbe Erfahrung der Züchtigung. Aber außer diesen Gemeinsamkeiten verbindet uns nichts. Ich bin nicht wie du, ich will und werde es nie sein.« Täuschte er sich oder erreichten die Worte Jean? Zumindest kam er nicht näher, noch immer hielt er allerdings die Arme ausgebreitet, als ob er ihn einladen wolle, ihn zu umarmen oder abzustechen.

»Jean! Lass Simon und mich frei und ich gebe dir, was du wissen willst«,

mischte sich Miguel von hinten ein, das Gesicht durch die Lücke der Gitter gepresst.

»Damit du mich noch einmal an die Engländer verraten kannst?« Ruckartig wandte Jean sich um.

»Ich habe dich nicht verraten. Es war Bernhards Schlupfwinkel, den ich ihnen genannt habe. Und du konntest ihn eh nie leiden. Er wurde zudem rechtzeitig vorgewarnt. Was denkst du, warum so viele seiner Männer zu dir überlaufen konnten? Bestimmt nicht, weil du so ein netter Kerl bist.«

Verächtlich schnaubte Jean, schüttelte den Kopf. »Ihr bleibt beide hier, bis wir in den Hafen einlaufen.« Ohne die drohende Waffe in Simons Hand wirklich zu beachten, trat er an ihm vorbei zur Tür. Augenblicklich wich Simon zu Miguel zurück. Jeder Atemzug schmerzte, in seiner Brust trommelte das Herz so hart, dass die Rippen dröhnten. Jeden Augenblick rechnete er damit, dass Jean ihn angreifen würde. An der Tür wandte Jean sich noch einmal um, musterte ihn mit belustigtem Blick.

»Du kannst das Messer ruhig behalten.« Dumpf fiel die Tür zu, ein Schlüssel wurde gedreht und Schritte entfernten sich. Sofort sank Simons Hand bebend herab, alle Kraft schien aus seinen Gliedern zu strömen und er lehnte sich schwer gegen das Gitter. Es war vorbei. Sie waren eingesperrt, jedoch am Leben.

»Mi amado! Selten habe ich etwas Schöneres gesehen, als dich, der du in den Raum gestürzt kamst, um ihn deine Fäuste schmecken zu lassen«, wisperte Miguel, streckte die Finger nach ihm aus, berührte ihn zärtlich an der Wange. Hastig wandte Simon sich ihm zu, legte das Messer zu Boden und griff durch die Gitter nach Miguel, um ihn an sich zu pressen.

»Ich hätte ihn niedergeschlagen, wenn er dich verletzt hätte«, flüsterte er, die Anspannung fiel vollständig von ihm ab und er vergrub die Nase in Miguels Halsbeuge, sog seinen Duft ein, war so froh, ihn an sich drücken zu dürfen.

»Eigentlich dachte ich immer, er kann mich leiden«, flüsterte Miguel zurück. »Bis er versuchte, mich zu töten. Und dich. Ich fürchte, damals ist sein Herz zerbrochen und nun lebt er mit zwei Splitterteilen davon in der Brust, die nicht miteinander im Einklang stehen.«

»Was ist damals passiert?« Vorsichtig löste Simon sich, schaute Miguel fragend an.

»Es ist lange her«, murmelte Miguel ausweichend, unter Simons Händen spannten sich die Rückenmuskeln an. »Die Zeit scheint diese Wunde jedoch

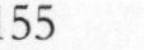

nicht geheilt zu haben. Sie schwärt noch immer und treibt Jean Stück für Stück in den Wahnsinn.«

»Wer ist Nouel? Lebt er wirklich noch?«

»Oh ja.« Seufzend fuhr ihm Miguel über die Wange, wirkte verlegen und senkte den Blick.

»Erzähle mir davon«, verlangte Simon, etwas irritiert über Miguels schuldbewusst wirkendes Verhalten.

»Ich fürchte, meine Rolle in dieser Sache ist keine allzu rühmliche«, gestand Miguel, legte den Kopf zur Seite und schaute wie ein ertappter Junge drein. Plötzlich musste Simon lachen, packte ihn an den Schultern und schüttelte schmunzelnd den Kopf. »Du bist doch nicht etwa um deinen Ruf besorgt?«

»Ein wenig schon.« Verschämt grinste Miguel zurück, sog die Lippen ein und fuhr sich mit der Zungenspitze darüber, ehe er ebenfalls zu lachen begann. Flüchtig küsste er Simon, wisperte gegen dessen Lippen: »Eher, was du von mir denkst, mein ehrenhafter Lord.«

»Ich weiß bereits, dass du ein Dieb und Betrüger bist, deine Zunge die Wahrheit oft in anderen Farben malt, als sie es ist. Und ich liebe dich dennoch. Also, was ist damals geschehen?«, raunte Simon zurück.

»Nun …« Noch einmal seufzte Miguel, legte den Kopf zurück und starrte kurz an die Decke, ehe er zu erzählen begann. »Als ich Jean das erste Mal traf, war das in Tortuga. Ja, die Geschichten, die man sich über diese Stadt erzählt, sind alle wahr. Laster und Sünde sind die Steine, mit denen dort die Straßen gepflastert sind. Es war in einer Taverne, wo ich einige der Kaufleute um ihre zu schweren Geldbeutel erleichterte. Da war dieser Mann mit den aristokratischen Zügen, der mir gleich aufgefallen war, als er die Taverne betrat. Ich kann es dir nicht sagen, aber etwas zog mich an ihm an. Er beobachtete mich, ich wusste es, spürte seine Blicke auf mir ruhen, als ich den Beutel eines fetten Portugiesen abschnitt. Tja, ich schlenderte zu ihm und gab ihm einen aus. Wir kamen ins Gespräch und Jean meinte, meine Finger seien sehr geschickt, woraufhin ich …« Verschmitzt lächelte Miguel, schob die Zunge in die Wange. »Willst du alle Details hören? In Ordnung. Nun ja, ich erwähnte, dass nicht nur meine Finger ein gewisses Geschick aufwiesen und nun … Es stellte sich heraus, dass wir recht ähnliche Interessen hatten, folglich unsere Fähigkeiten mit Fingern, Zungen und halt allem anderen gegenseitig auf die Probe stellten.«

Ein vages Brennen kitzelte in Simons Wangen, leise schlich sich eine gedämpfte Glut in seinen Unterleib. Ob er es nun wollte oder nicht, der

Gedanke an diese beiden Männer, wie sie beieinanderlagen, erregte ihn nach wie vor, weckte die Erinnerung, wie es sich zwischen ihnen angefühlt hatte. Unbehaglich bewegte er sich, lauschte aufmerksam, als Miguel fortfuhr: »Jean war noch nicht lange bei den Bukanieren. Er segelte damals mit dem Schwarzen Pfefferbeißer, an dem der Skorbut bereits fraß, und lud mich ein, mit ihnen zu segeln, fettere Beute zu machen. Mein Geschick der Zunge und dass ich mir fast überall Zugang verschaffen konnte, erwies sich als nützlich auf den Raubzügen der Bruderschaft.«

Mit einem schuldbewussten schiefen Lächeln kratzte Miguel sich an der Stirn, schien seinen Hut zu vermissen. »Nun, den Pfefferbeißer raffte es dahin und Jean übernahm das Schiff. Natürlich waren nicht alle damit einverstanden und er hat darum jeden von ihnen herausgefordert. Fünf von ihnen stieß er das Messer in die Eingeweide, ehe alle einvernehmlich der Meinung waren, er wäre am besten geeignet.« Entschuldigend zuckte Miguel die Schultern, rieb mit dem Daumen über Simons Kinn. »Du kennst ihn ja, Jean kann sehr überzeugend sein. Ich gestehe, er hat mich fasziniert. Seine Grausamkeit hielt nie lange an, er tat, was er für nötig hielt, räumte aus dem Weg, wer sich ihm entgegenstellte. Einer der Jüngsten, und doch fürchteten sie ihn alle.«

Seufzend lockerte Miguel seinen Griff, glitt aus Simons Arme, rutschte am Gitter herab und lehnte sich sitzend dagegen. Simon tat es ihm nach, lehnte sich von der anderen Seite gegen ihn. Zum Glück war ihnen das Licht geblieben. Miguels Magen knurrte plötzlich vernehmlich und hastig zog Simon das eingepackte Fleisch und Brot hervor.

»Wunderbar. Wir werden also vorerst nicht verhungern, sollte er uns darben lassen.« Glücklich schnappte sich Miguel das Fleisch und fuhr kauend und schmatzend fort: »Ich hole zu weit aus, vermeide das eigentliche Thema, verzeih. Nun, es war eine wirklich wilde Zeit. Es schien keine Grenzen mehr zu geben, alles war möglich und erlaubt. Oft wurde ein Teil der Beute in der nächsten Hafenstadt verprasst und glaub mir, nicht nur Tortuga rühmt sich seiner sündigen Häuser. In einem davon fand ich Quartier, während Jeans Schiff nach einer nicht ganz so glücklichen Begegnung mit einem englischen Linienschiff repariert werden musste. Oh ja, die Bukaniere waren ihnen schon immer ein Dorn im Auge.

Nun, es war ein äußerst angenehmer Aufenthalt dort, gebettet in weiche Frauenarme und Brüste und gelegentlich auch zwischen den Beinen eines Mannes. Verzeih, ich erwähnte meine anrüchige Rolle hierbei bereits. Du kennst mein Geschick, nein, nicht nur das, das meiner Zunge. Also der

gesprochenen Worte. Nicht unbedingt, aber doch auch das andere. Also … Wie auch immer. Nun, oft genug war nicht ich es, der für die Liebesdienste zahlte und nun ja …« Miguel wand sich hin und her, zupfte an seinem Schnurrbart und starrte auf die Schuhspitzen.

»Da war dieser junge Mann. Helle Haare, wache Augen, gut gekleidet, von stattlichem Wuchs und dieses Feuer im Blick. Selbstbewusst kam er in die Taverne und doch sah ich ihm sofort an, dass sein Herz flatterte und seine Lenden die Unschuld noch nicht verloren hatten. Nicht nach einem Weib fragte er, sondern nach einem Mann. Tja, du kannst dir denken, dass ich nicht abgeneigt war, seinem Wunsch zu entsprechen.«

»Und das war Nouel?«, hakte Simon, gefangen in der Erzählung, nach. Wie gut er sich Miguel vorstellen konnte, wie dieser inmitten der Freudenmädchen Hof hielt. Sie alle mussten seinem Charme verfallen sein.

»Er war es. So jung wie du, und damit nur wenig jünger als ich oder Jean. Unerfahren, wissbegierig, voller Sehnsucht. Ich zeigte ihm, wie ein Mann Lust erfahren kann, fütterte ihn mit dem cremigen Wein, der ihn süchtig nach so viel mehr machte. Er kam wieder, lernte dazu, verlor seine Hemmungen. Ja, ich ahnte natürlich, dass er zu den Soldaten der Garnison gehören musste. Es gibt kein Geheimnis, was sich mir allzu lange verbirgt. Stets kam er spät, sehr wohl darauf bedacht, dass ihn niemand bei seinem Tun entdeckte. Du kennst das Problem. Sodomie. Das unsägliche Verteufeln, wenn zwei Männer einander nahe sind. Es war zu gefährlich für ihn, seine wahre Identität zu offenbaren.«

»Das meintest du, dass sie auf verschiedenen Seiten standen. Ich verstehe.« Bedächtig nickte Simon, rutschte in eine bequemere Position.

»Tja nun, ohne mein Zutun wären sie einander wahrscheinlich nie begegnet«, murmelte Miguel, er zupfte an seiner Hose herum, tastete nach Simons Hand und strich über die Finger. »Nouel war jung, ebenso abenteuerlustig wie ich. Wie Jean. Und in mir regte sich die verwegene Idee … Nun, ein Mann im Bett ist geneigt, dir viel Lust zu bereiten. Zwei hingegen …« Sehnsuchtsvoll erklang sein Seufzen.

»Du meinst … Du … ihr habt …?« Das Brennen in Simons Wangen war nichts im Vergleich zu dem Pochen seiner Lenden. Genau hier hatte er gestanden, hier war er zwischen den beiden Männern … Hartnäckig verdrängte er den Gedanken.

»Genau das. Wir luden Jean dazu ein, und ich sage dir, ich wusste sofort, dass zwischen den beiden die Funken sprühten. Nun, ich erspare dir die ausführliche Version, obwohl sie sehr anregend und durchaus erzählens…

Ja, schon gut. Also, um es kurz zu machen: Ich habe nur selten danach ein derart lustvolles Erlebnis gehabt, wie zwischen diesen beiden Männern zu sein, den einen in mir, den anderen ausfüllend … Oh, gewiss kannst du das nachvollziehen.« Spitzbübisch schmunzelnd streichelte Miguel über Simons Hand, die sich plötzlich ebenso warm wie sein Leib anfühlte. Sich vorzustellen, wie Miguel … Oh Gott, es gab Dinge, die sollten seine Fantasie nicht anregen.

»Es blieb nicht bei dem einen Mal, und es war nicht schwer zu erkennen, dass Nouels Besuche bald nicht mehr mir galten. Es dauerte nicht einmal lange, ehe Jean mich bat, sich anderweitig zu beschäftigen. Das war nicht schwer, es gab genug Abwechslung, und was zwischen den beiden wuchs … Nun, ich hätte blind und taub sein müssen, um es nicht zu erkennen.« Langgezogen entließ Miguel den Atem, die Finger schlossen sich um Simons und für einen Augenblick ließ er das Schweigen den Raum füllen.

»Mein Fehler, Jean nicht gleich zu verraten, wer Nouel war. Aber ich war sicher, dass sie einander nicht außerhalb der Taverne begegnen würden. Es schien wie ein Vergnügen auf Zeit, das enden würde, wenn die *Estrella* wieder in See stach. Was wusste ich schon, wie stark Nouel bereits in Jeans Herz eingedrungen war.«

»Wusste er denn, wer Jean war?«, fragte Simon, der ahnte, welche Komplikationen diese Art einer heimlichen Beziehung bringen konnte. Ein Soldat, der Sodomie bezichtigt, wäre gewiss am Galgen gelandet. Fortgehen war Desertieren. Eine Beziehung, zum Scheitern verurteilt.

»Natürlich nicht. Keiner dort wusste es. Die Gefahr eines Verrates wäre zu groß gewesen, denn auch damals schon war eine erkleckliche Summe auf Ledoux ausgesetzt«, erklärte Miguel kopfschüttelnd. »Du hättest Jean erleben sollen, wie er aufblühte. Nein, ich bin froh, dass du ihn nie so erlebt hast, denn das, was er empfand, musste die wahre Liebe gewesen sein. Es brachte ihn zum Strahlen. Und ich gönnte es ihm. Halte mich für einen Idioten, aber Jean war längst so etwas wie ein Bruder für mich geworden. Ja, ich kannte alle seine Seiten, wusste um seine Skrupellosigkeit, wie leicht er ein Leben nehmen konnte und doch … Etwas verband uns. Tut es vielleicht noch heute.«

»Deshalb hast du danebengeschossen«, vermutete Simon, erntete ein bedächtiges Nicken. Ein seltsames Gefühl überkam ihn, etwas, was wie Verstehen wirkte. Hatte er nicht auch so gefühlt? Am Anfang, ehe er Jean wirklich erlebt hatte? Eine gewisse Faszination für dessen Kaltblütigkeit und den Mann, der sie hinter einer Maske aus zivilisiertem Auftreten verbarg.

»Also hat Nouel es herausgefunden und Jean verraten?«, vermutete er, allerdings schüttelte Miguel sofort den Kopf.

»Nein. Ich denke, er hätte Jean nicht verraten, nicht einmal, wenn er gewusst hätte, wer er ist. Liebe … Sie tut seltsame Dinge mit uns, ändert Überzeugungen oder Prioritäten und oft genug unser Schicksal.« Tief sog Miguel die Luft ein.

»Wie das von Nouel und Jean.«

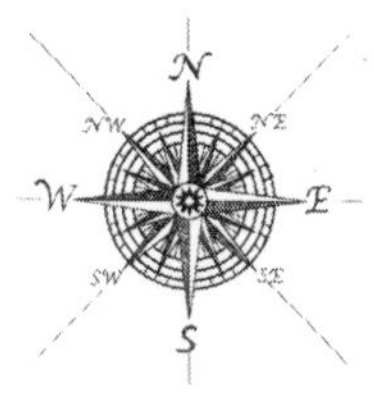

Die Mündung einer Pistole

Um zu den unerfreulichen Ereignissen zu kommen, die uns in dieser Zelle unter dem wenig lauschigen Licht einer Öllampe zusammensitzen lassen: Die Reparatur der Estrella erwies sich als kostspielig und so kam Jean auf die famose Idee, eine Festung, etwa 60 Meilen entfernt, aufzusuchen, wo eine Menge spanisches Gold lagerte, was nach Frankreich verschifft werden sollte. Ich erbot mich, die Gegebenheiten auszukundschaften, was mir in meiner unvergleichlichen Art natürlich auch gelang. Die Bukaniere griffen kurz vor Tagesanbruch an, während den Wache schiebenden Soldaten die Lider schwer wurden und die anderen erst schlaftrunken aus ihren Betten purzelten. Ich wies Jean den Weg zum Gold, war an seiner Seite, als wir durch die Gänge eilten, immer wieder in Scharmützel verstrickt wurden und dann …«

Abrupt stoppte Miguel, ergriff Simons Hand und nahm sie ganz in seine, schloss sie mit beiden Händen ein. Die Haut fühlte sich kalt an und offenbar fiel es ihm schwer, fortzufahren.

»Plötzlich stand er vor uns, die Pistole auf Jean gerichtet. In der Uniform der französischen Soldaten.«

»Nouel«, rutschte es Simon heraus, atemlos lauschend, während er das Geschehen direkt vor Augen hatte.

»Nouel. Er erkannte Jean, ließ die Waffe sinken, stieß seinen Namen aus. Teufel noch eins, Jeans Gesicht war aschfahl und die Pistole, sie zielte auf Nouels Brust. Ich schlug sie herab, ehe er den Finger krümmen konnte, hinderte Jean daran, den Säbel zu ziehen. Er war außer sich. Nein, ich habe nicht darüber nachgedacht, es passierte einfach. Da stand Nouel, die Pistole noch immer in der Hand und starrte Jean

an. Er konnte sie nicht auf ihn richten, aber er konnte uns auch nicht passieren lassen. Also ging ich auf ihn zu, sprach ihn an, die Hände erhoben und … schlug ihn nieder.« Hart stieß Miguel die Luft aus, drückte Simons Hand.

»Er hätte ihn getötet?«, stieß Simon hervor, erinnerte sich an die auf ihn gerichtete Mündung.

»Ich weiß es nicht. Nein, ich denke, er hätte es nicht gekonnt. Und wenn, dann hätte es sein Herz in tausend Splitter gesprengt, nicht nur gebrochen. Er hat mir hinterher oft vorgeworfen, ihn daran gehindert zu haben«, erklärte Miguel, klang schwermütig, »es damals zu beenden.«

»Aber wieso hat er geglaubt, Nouel wäre tot? Sind sie sich danach noch einmal begegnet?«, warf Simon ein. Mit einem Mal glaubte er zu verstehen, was Jean zu dem Mann gemacht hatte, der er war. Und wieso er auf ihn gezielt und abgedrückt hatte. Ein Fehler, hatte er gesagt. Und, dass er ihn nicht wiederholen würde.

»Oh ja.« Ein tiefes, aus dem Herzen kommendes Seufzen hob Miguels Brust an. »Unser Raubzug war erfolgreich, Jean trieb die Arbeiten an der *Estrella* ohne Rücksicht voran, wollte so rasch wie möglich wieder in See stechen, fürchtete, Nouel würde ihn verraten. Das hat er jedoch nicht. Er kam zu mir in die Taverne. Genaugenommen wartete er dort auf mich. Bei dem Gott, an den ich nicht glaube, Simon, er war so verzweifelt. Alles, was er wollte, war, dass ich Jean sagte, dass er ihn liebte und immer lieben würde. Und er erklärte mir, dass er zu den Soldaten an Bord eines der Schiffe gehörte, die Jagd auf die Bruderschaft machten. Sie würden bald schon in See stechen und nach Tortuga segeln.«

»Dann …« Mit enger Kehle suchte Simon nach Worten, fand keine.

»Es war ein Abschied. Und obwohl er wusste, wer Jean war, sprach er von Liebe.« Weich drückte Miguel Simons Hand an seine Lippen.

»Ich überbrachte Jean seine Botschaft und sah ihn in einem seiner schwächsten Momente. Nicht jedoch verriet ich ihm, dass Nouel nicht zu der Besatzung der Festung gehörte. Wozu auch? Wir planten, eine ganz andere Route zu nehmen, ein spanisches Silberschiff aufzubringen.«

»Dann sind sie sich also auf See wieder begegnet?«, vermutete Simon. »Als Feinde.«

»Ja.« Das Wort klang nach, faserte in die Schatten des Raumes auf. Nur das Knarzen des Schiffes war zu vernehmen, das sich zu wiegen begann. Der Wind musste zurückgekehrt sein. Bald würden sich die Segel füllen, die *Estrella* wieder Fahrt aufnehmen.

»Inmitten eines Sturmes trafen wir etwa einen Monat später aufeinander. Sie griffen uns trotz des Wetters an, waren der *Estrella* jedoch nicht lange gewachsen. Jean schoss ihnen den Hauptmast weg, das Schiff havarierte, der verfluchte Kapitän hisste die weiße Flagge. Mit dem Beiboot setzte Jean über, da holten sie die Flagge wieder ein und der Kapitän gab den Soldaten den Befehl, zu schießen. Nouel war einer von ihnen und Jean entdeckte ihn dabei. Teufel auch, ich kann jetzt noch sehen, wie sich Jeans Züge verhärteten. Ich schwöre bei allen Ungeheuern der See, Nouel zielte nicht einmal auf das Boot, er gab keinen Schuss ab, der uns gefährlich wurde. Aber die anderen. Fünf Mann wurden getötet, viele andere getroffen, eine Kugel verfehlte Jean, riss ihm den Arm auf.

Zurück an Bord ließ er aus allen Kanonen feuern, obwohl sie erneut die Flagge hissten, obwohl sie die Kapitulation herüberbrüllten, um Gnade flehten, der Sturm uns alle zu vernichten drohte. Ich habe es versucht, Jean am Arm gepackt und geschrien, dass der Mann, der ihn liebt, den er liebt, auf diesem Schiff sei und mit untergehen würde. Nutzlos. In Stücke hat er sie geschossen. Das Schiff versank, die Überlebenden krallten sich ans Treibholz und Jean …« Ganz fest presste Miguel Simons Hand gegen den Mund, ehe er wisperte: »Davongesegelt ist er. Hat sie in den Wellen sterben lassen. Sein Herz hat er mitversenkt.«

»Oh Gott«, stieß Simon betroffen aus. Wie furchtbar musste Jean sich verraten gefühlt haben, um zu so einer Tat fähig zu sein? Nur, was hätte Nouel tun sollen? Ein Soldat, er unterstand dem Befehl seines Kommandanten. Hätte er sich geweigert, er wäre erschossen worden. Sehr gut erinnerte sich Simon an die Gespräche der Kommandanten bei den Treffen bei seinem Vater. Disziplin, bedingungsloser Gehorsam, war das Fundament ihres Regimes. Wer Befehle verweigerte, verwirkte sein Leben.

»Aber Nouel hat es überlebt?«

»Unglaublicherweise, ja. Ich dachte erst, ich sehe einen Geist. Ich traf ihn vor gut einem Jahr in einer kleinen Taverne und er erkannte mich. Er hatte Glück und trieb an den Strand einer Insel, überlebte und kehrte nicht wieder zu seiner Einheit zurück. Nouel ist damals gestorben, er hat einen neuen Namen angenommen, ein neues Leben begonnen«, erklärte Miguel, den Blick wie in die Ferne gerichtet.

»Und er zürnt Jean nicht?«, hakte Simon fassungslos nach. Wie musste es gewesen sein, dem Tod überlassen in dem Toben der Elemente? Zu sehen, wie der Mann, den man liebte, davonsegelte? Schaudernd fuhr Simon zusammen.

»Nein. Ich glaube, er liebt Jean noch immer«, ergänzte Miguel. »Seine erste Frage galt ihm.«

»Warum …?«, begann Simon, wurde von Miguel lächelnd unterbrochen: »Warum er nicht zu Jean zurückgekehrt ist? Weil er fürchtete, dass er ihn töten würde und er nie die Gelegenheit bekäme, ihm zu sagen, was er zu sagen hätte. Vielleicht würde er Jean nicht einmal mehr erreichen. In den vielen Jahren ist er immer verbitterter, rastloser, unberechenbarer geworden. Nichts scheint ihm mehr zu genügen, sein Hunger, seine Sehnsucht, sie frisst ihn selbst auf. Bis er dich traf. Vielleicht hast du etwas in ihm berührt. Vielleicht will das Schicksal, dass er etwas erkennt.«

»Aber wenn er diesen Nouel noch immer liebt, wie du gesagt hast, warum nennst du ihm nicht seinen Namen und den Ort?«

»Weil ich, auch wenn ich Jean gut kenne, nicht mehr ganz sicher bin, ob er wirklich dieser Mann ist. Sein gebrochenes Herz scheint nun zwei Männern zu gehören und nur der eine hat noch Mitgefühl darin. Lass uns hoffen, dass der andere uns hier nicht verhungern und verdursten lässt.«

Mit einem Lächeln drückte sich Simon an ihn. Auch wenn ihre Situation nicht gerade rosig aussah, so war er doch unendlich froh, bei Miguel zu sein. Selbst wenn das bedeutete, auf den harten Brettern zu schlafen und ihn nur durch das Gitter berühren zu können. Während die *Estrella* sich immer stärker hob und senkte, von oben gelegentlich Rufe zu ihnen drangen und das Knarzen des Schiffes lauter zu werden schien, summte Miguel vor sich hin, versuchte, die Zeit und düstere Gedanken mit Liedern zu vertreiben. Der fehlende Schlaf der letzten Nacht machte es Simon leicht, einzunicken. Er schreckte hoch, als Miguel an seiner Schulter rüttelte, sich Schritte näherten.

»Tue nichts Unüberlegtes«, warnte Miguel ihn, sprang hastig auf. Rasch schob sich Simon das Messer in den Ärmel, richtete sich dicht am Gitter auf. Kam Jean zurück? Nein, es waren Lamar und zwei weitere Piraten, die mit gezückter Pistole die Tür aufstießen und diese drohend auf Simon richteten.

»Sieht so aus, als ob du ihn verärgert hättest, Liebchen. Weg von der Tür. Los, Spanier, gib mir den Eimer«, verlangte Lamar, unterstrichen mit wedelnden Bewegungen. Gehorsam wich Simon zurück, während Miguel den Eimer mit der Notdurft ans Gitter schob.

»Jeder bekommt, wonach es ihm gelüstet«, meinte er augenzwinkernd. »Mich gelüstet ja eher nach einem leckeren Braten, gewürzt mit Zwiebeln und einer Soße aus Madeira. Mmh, weißt du, wie lecker das duftet? Oh,

nun gut, ich nehme dann wohl erst mal wieder das trockene Brot und salzige Trockenfleisch, bis dir das Rezept gelingt.«

Mit einem unwilligen Grunzen schob ihm Lamar den Teller hin, wuchtete den Eimer durch das Gitter, bedachte Simon mit einem abfälligen Blick und verschwand auch schon wieder mit den anderen. Erleichtert atmete Simon aus, als die Tür verriegelt wurde.

»Sieht nicht so aus, als ob Jean uns ungestörte, gitterlose Zweisamkeit gönnt«, murrte Miguel, rüttelte an den Gittern und ließ sich wieder in eine sitzende Position sinken. »Immerhin will er uns nicht verhungern lassen. Das werte ich als ein positives Zeichen.«

Während das Schiff sich immer stärker zu wiegen begann, über ihnen der Wind heulte, aßen sie die spärliche Mahlzeit, ergänzten sie mit Simons erbeuteten Resten. Jorge schien Recht zu behalten, über ihnen tanzte der Sturm, jagte die *Estrella* ächzend von einem Wellenberg ins nächste Tal.

»Ich vermisse eine ordentliche Hängematte«, brummte Miguel, der sich, wie Simon, immer wieder an dem Gitter festhalten musste, wenn die rollende Bewegung des Schiffes sie aus dem Gleichgewicht brachte. »Noch viel mehr die weichen Daunen eines echten Bettes.«

»Ich vermisse festen Boden unter den Füßen«, murmelte Simon, dessen Magen ihm mit einem neuen Anfall von Übelkeit drohte. »Jorge erzählte, es gäbe einen Ort namens Makaiwi, wohin sich die Bukaniere zurückziehen würden, die der Überfälle müde seien. Kennst du ihn? Er meinte, dorthin würden wir segeln.«

»Teufel auch, ja, ich habe davon gehört, wenngleich ich nie dort gewesen bin. Es war eine von Jeans großen Ideen, einen Ort zu schaffen, an dem Menschen leben könnten, ohne sich den moralischen oder religiösen Zwängen beugen zu müssen. Wo alle Männer gleich seien, niemand reicher oder ärmer, besser oder schlechter. Er sprach immer davon, dass er einen solchen Ort schaffen wollte, wohin alle Männer der Bruderschaft gehen und ihr Leben in Frieden leben könnten. Mit wem immer sie es wollten. Libète nannte er es, das kreolische Wort für Freiheit. Dann hat er diesen Ort gefunden und erschaffen. Nun bin ich aber gespannt. Gut, für uns zwei dürfte er weniger Freiheit beinhalten als für andere.« Glucksend lachte Miguel. Nie schien ihm die gute Laune auszugehen, egal wie aussichtslos die Lage war.

»Irgendeine Gelegenheit zur Flucht wird sich finden. Ich werde eine finden«, meinte Simon zwischen zusammengebissenen Zähnen. Er hatte sie in diese Lage gebracht, er würde sie auch wieder herausholen.

»Mein liebster Simon, unterschätze meine Fähigkeiten nicht«, raunte ihm Miguel ins Ohr. »Bisher bin ich aus jedem Loch, in das man mich gesperrt hat, auch wieder herausgekommen. Es gibt immer einen Weg, man muss ihn nur finden.«

Worte, denen Simon sofort glaubte. So hoffnungslos ihre derzeitige Lage wirkte, sie gaben ihm Hoffnung. Er wurde das Gefühl nicht los, dass Miguels Erwähnung, dass Nouel noch lebte, eine Entwicklung in Gang gesetzt hatte, die Jeans zwiegespaltenes Herz verändern würde. Und sollte er sich auf die Suche nach Nouel begeben wollen, dann benötigte er die Informationen, die Miguel ihm geben konnte.

Während über ihnen der Sturm tobte, begann Miguel wieder zu singen, erzählte Geschichten, deren Wahrheitsgehalt dem von Sand in einem Rumkrug entsprechen mochte, die jedoch so unterhaltsam und neckisch waren, dass Simon immer wieder schmunzeln und lachen musste. Wie geschickt Miguel es verstand, seine latente Furcht, das Licht möge verlöschen oder der Sturm das Schiff so hart treffen, dass sie kenterten, in den Hintergrund rücken zu lassen.

In dem stets gleichen, flackernden Licht der Öllampe war es unmöglich, das Vergehen der Zeit abzuschätzen. Längst knurrte sein Magen und Lamar tauchte nicht wieder auf. Der Sturm machte jede Hand an Deck notwendig und Simon ertappte sich dabei, dass er gerne an Deck wäre, Teil des Ganzen, mithelfen würde, das Schiff sicher voranzubringen.

Endlich ebbten die starken Bewegungen ab, das Schiff stieg und sank nicht mehr so, dass Simons Mageninhalt sich drehte. Mit schmerzenden Knochen, jeder Muskel hart vom stetigen Festhalten, stand er schließlich aufrecht, bewegte sich vorsichtig. Auch Miguel erhob sich, schüttelte seine Arme und Beine und begann bald darauf, zu seiner eigenen Melodie zu tanzen. Seine Fröhlichkeit war ansteckend und auch wenn zwischen ihnen das Gitter war, so tanzten sie doch einen Tanz, der sie immer wieder zusammenführte. Atemlos hielt Simon erst inne, als erneut Schritte Lamar ankündigten. Wie zuvor brachte er ihnen Essen, tauschte den Eimer mit der Notdurft aus, während zwei andere Männer ihre Pistolen auf Simon gerichtet hielten.

Tage flossen dahin, die sie nur anhand ihrer Mahlzeiten erahnen konnten. Langeweile und der Mangel an Bewegung setzte Simon mehr zu, als das karge Essen und das muffige Wasser, und nur Miguel war es zu verdanken, der immer ein Lächeln auf den Lippen hatte, ihn immer wieder zum Schmunzeln brachte, dass er nicht doch einen Fluchtversuch unternahm, nur um wieder frische Luft atmen zu dürfen.

Und dann kam der Tag, an dem die beiden Piraten ihn mit den Pistolen in Miguels Zelle drängten und hinter ihnen das Gitter wieder schlossen.

»Wir sind da«, meinte Miguel, schnupperte die Luft, die durch die halboffene Tür in ihre Zelle drang. Ich rieche Land.« Sorgfältig prüfte Simon die Luft und tatsächlich wirkte sie anders, der Hauch von Erde und Pflanzen haftete ihr an.

»Der Duft der Freiheit«, wisperte Miguel, umarmte ihn und küsste ihn. »Bald werden wir frei sein.«

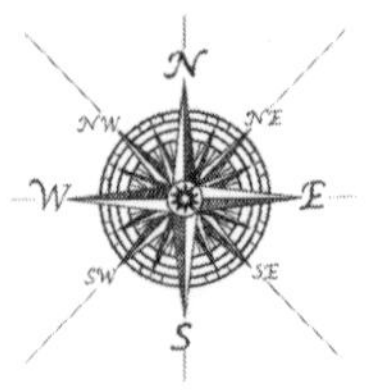

Unter Beschuss

Hach, ich weiß nicht, ob ich mich mehr nach einem Bett oder all den wundervollen Dingen sehnen soll, die ich darin mit dir machen kann«, flüsterte Miguel, schlang seine Arme um Simon.

»Darüber können wir uns Gedanken machen, wenn wir ein Bett oder die Freiheit finden«, gab Simon belustigt zurück, der sich durchaus nach beidem sehnte.

Angespannt lauschten sie auf die Rufe über ihnen, die Geräusche reger Betriebsamkeit und waren umso verwunderter, als bald darauf Lamar nicht nur mit seiner üblichen Begleitung zu ihnen herabkam. Dieses Mal begleiteten ihn vier Bukaniere, deren Pistolenläufe sich vor allem auf Miguel richteten.

»Er will euch sehen«, brummte Lamar, klang nicht besonders begeistert. »Umdrehen. Hände auf den Rücken. Ohne Fesseln kommt ihr da nicht raus.«

»Bitteschön.« Schwungvoll drehte Miguel sich herum, überkreuzte seine Hände. »Ein geringer Preis für etwas bessere Luft.« Mit gemischten Gefühlen tat es ihm Simon gleich. Das Gefühl des rauen Seils um seine Handgelenke war gleichsam vertraut wie verhasst. Was hatte Jean vor? Warum ließ er sie an Deck bringen? Ihm schwante nichts Gutes. Ob er sie angesichts des Heimathafens doch noch töten wollte? Ein Exempel statuieren? Scheinbar unbeeindruckt von jeder Furcht, auf den Lippen einen weiteren Scherz, marschierte Miguel vorweg, als sich die Tür öffnete und sie nach oben geschoben wurden.

Der Wind brachte den Duft von Rauch, Erde und Pflanzen heran und Simon erspähte sofort das Land, welches sich vor ihnen ausbreitete. Es schien eine Insel zu sein, deren Hinterland in leuchtendem Grün das Auge erfreute. Hinter einem sehr schmalen Strand reckten sich links von ihnen schroffe Felsen in die Höhe, gekrönt von einem gemauerten Bollwerk, das offensichtlich die schmale Einfahrt rechts von ihnen überwachte. Wenn dahinter der Hafen lag, dann war dieses Nadelöhr gerade mal für ein Schiff auf einmal passierbar. Mit der Festung, die die Zufahrt überragte und jederzeit mit ihren Kanonen bestreichen konnte, war dieser Hafen nahezu uneinnehmbar.

Anerkennend pfiff Miguel durch die Zähne, kam womöglich zu demselben Schluss. Langsam umrundete die *Estrella* die vorspringenden Felsen und die Festung wurde immer besser erkennbar.

»Ich dachte mir, dass du dies hier gerne sehen würdest.« Simon fuhr zusammen, als er Jeans Stimme erkannte, der zu ihnen kam, mit einem verschmitzten Lächeln Miguel zunickte und nach oben zu der Festung deutete. Seltsam entspannt wirkte er, als ob er nicht zu seinen Gefangenen sprechen würde, sondern einem Freund etwas zeigen wollte. Misstrauisch beäugte Simon ihn, fürchtete, diese Stimmung könnte leicht umschlagen.

»Erkennst du es?«, fragte Jean gespannt, trat an die Reling und wirkte merkwürdig stolz.

»Ist das …?«, begann Miguel verblüfft, blinzelte in das Sonnenlicht und seine Augen wurden immer größer. »Sag nicht, du hast sie wahrhaftig gebaut?«

»Exakt nach Plan und allen Anregungen. Gute drei Jahre hat es gedauert, doch nun schützt sie uns. Kein Schiff, das nicht die richtigen Signale der Bruderschaft kennt, wird je den Schlund passieren. Die Feuerkraft dieser Festung ist groß genug, um jedes Eindringen zu verhindern, zehn 32-Pfünder bestreichen die Einfahrt und drei Mörser verhindern ein Erklimmen der Felsen, falls jemand versuchen sollte, am Strand davor zu landen.

»Teufel noch eins!« Fassungslos starrte Miguel abwechselnd Jean und die Festung an, bemerkte Simons verwirrten Blick und erklärte, noch immer den Kopf schüttelnd: »In meinem Leben bin ich in viele gut gesicherte Gebäude und Festungen eingedrungen. Irgendeine Schwäche hatten sie immer. Nun, irgendwann, wir hatten sicher schon ein wenig zu viel Rotwein oder Rum getrunken, entwarf ich den utopischen Plan für eine Festung, die man nicht so einfach einnehmen könnte.«

»Und das ist sie: Libète«, erklärte Jean mit unverhohlenem Stolz, seine Augen blitzten, und wenn Simons gefesselte Hände nicht eindeutig daran erinnerten, dass dieser Mann unberechenbar war, dann hätte er geglaubt, jenen Jean zu sehen, der sein Herz berührt hatte und der Miguels enger Freund gewesen war.

»Jean … Du hast es wirklich umgesetzt? All deine Pläne?«, fragte Miguel skeptisch, während die *Estrella* sich dem schmalen Kanal näherte, hinter dem sich ein lang gestrecktes Hafenbecken erahnen ließ, dessen Kais weit Inlands gebaut worden waren.

»Ja, das habe.« Mit einem höchst zufrieden wirkenden Lächeln auf den Lippen reckte Jean den Kopf. »Ich habe das Paradies geschaffen, von dem wir immer gesprochen haben. All unsere Diskussionen, Vorstellungen und Utopien, ich habe sie umgesetzt. Eine Zuflucht, ein Ort der Freiheit, ohne moralische Zwänge. Ein Ort, an dem jeder gleichgestellt ist, unabhängig von Herkunft, Glauben, Vergangenheit oder Hautfarbe.« Sein Blick streifte Simon, als ob er auch von ihm Beifall erwarten würde, doch Simon war viel zu perplex, um entsprechend zu reagieren. Das also war Jeans Paradies. Eine Kommune der Bruderschaft. Ein eigenes Reich. Wie vielfältig dieser Mann doch war.

»Ich beglückwünsche dich. Du hast es geschafft«, bemerkte Miguel ohne die geringste Spur Spott. Es klang absolut ehrlich und beeindruckt. Langsam wandte er den Kopf, ein wehmütiger Zug auf den dunklen Zügen. »Du weißt, Nouel hätte diesen Ort gemocht. Er hat deine Fantasien stets gutgeheißen.«

Innerhalb eines Lidschlags verhärtete sich Jeans Antlitz, das Kinn wirkte wie gemeißelt, die Augen zusammengekniffen. Aber er sagte nichts, während die *Estrella* gemächlich unter wenig Segel zwischen der Festung und der gegenüberliegenden Landzunge hindurchglitt. Weiter hinten konnte man nun den Hafen erkennen, drei Schiffe, die dort vor Anker lagen, eine Ansammlung von Häusern. Das Hafenbecken schien eine Bucht zu sein, gespeist von einem Fluss, der sich zwischen den Häusern ins Landesinnere erstreckte.

»Jean?«, bemerkte Miguel, krauste die Stirn nachdenklich, kniff die Augen zusammen, musterte die Festung mit einem zunehmend alarmierten Ausdruck. »Gibt es einen besonderen Grund, warum nur zwei Kanonen auf die Zufahrt, die restlichen auf das Inland gerichtet sind?«

»Was?« Hastig riss Jean sein Fernrohr hervor, richtete es nach oben. »Verdammt! Was hat das zu bedeuten?«

»Teufel auch, mein Finger juckt wie Hölle. Das ist eine Falle«, stieß Miguel hervor, drängte Simon zurück, ungeachtet der Bukaniere, die noch immer mit gezogenen Pistolen neben ihnen standen, nun jedoch ebenso verblüfft zur Festung aufsahen. »Und wir sind mitten hineingesegelt.«

Gleich darauf brüllte Jean Befehle, die Männer hasteten über das Deck und an die Kanonen, während sie immer weiter in das Hafenbecken glitten. Geduckt drängte Simon sich an den Mast, spähte zur Festung, wo die zwei Kanonen drohend herabragten. Das harte Metall des Messers, das er in den Ärmel geschoben hatte, drückte sich gegen seine Haut. Vorsichtig versuchte er es herauszuschütteln, was schwerer war als gedacht. Womöglich konnte er ihre Fesseln damit durchtrennen. Wenn sie von Bord sprangen, hatten sie vielleicht eine Chance, dem Beschuss zu entgehen.

»Das ist doch Wahnsinn«, knurrte Miguel, zerrte an seinen Fesseln. »Von da oben können sie die *Estrella* jederzeit leicht versenken. Wenn sie es gewollt hätten, wären wir schon Fischfutter. Und wir können sie nicht einmal erreichen, dazu müssten wir senkrecht nach oben zielen. Er sollte lieber sehen, dass wir rasch aus der Reichweite kommen. Zurück geht es nicht mehr. Wir sind drin.«

Zu demselben Schluss kam wohl auch Jean, obwohl er die Kanonen abfeuern ließ, die jedoch nutzlos gegen die Felsen prallten. Erstaunlicherweise kam von der Festung keine Antwort, lediglich die zwei Kanonen, die die Fahrtrinne bestrichen, wurden abgefeuert, ihre Kugeln schlugen schadlos in das Wasser weit hinter ihnen. Eher eine Warnung, die Tür hinter ihnen war zugefallen.

»Was geht hier vor sich?«, murmelte Miguel. »Das stinkt zum Himmel. Und nicht nach Engländern. Verzeih, mi amado, du warst natürlich nicht gemeint. Deinen Wohlgeruch möchte ich nicht missen.«

»Keine Soldaten?«, flüsterte Simon, spähte angestrengt zur Festung, über der kein Banner wehte. Je weiter sie auf den Hafen zuliefen, umso deutlicher konnte er erkennen, dass die Kanonen in diese Richtung gedreht worden waren. Auf dem flacheren Hang, über den ein Pfad sich zur Festung wand, lagen die Körper mehrerer Menschen. Definitiv, dort hatte ein Kampf stattgefunden.

»Ich fürchte, dieser Gestank ist der eines abtrünnigen Teils der Bruderschaft«, antwortete Miguel, hob den Kopf, um über die Reling zum Hafen zu blicken. »Und die Kanonen und Mörser sind dorthin gerichtet, woher man Angreifer erwartet. Was für ein Glück für Jean. Da scheinen jedoch treue Anhänger im Hafen auf uns zu warten.«

Tatsächlich winkten ihnen zahlreiche Männer vom Kai aus zu, jubelten und warfen ihre Hüte in die Luft. Hinter ihnen grollte es und zwei Kugeln schlugen sinnlos in das Kielwasser der *Estrella*.

»Plumpe Machtdemonstration, so weit reichen zwar ihre Kugeln, aber die Zielgenauigkeit lässt zu wünschen übrig.« Energisch spie Miguel aus, rappelte sich hoch. »Wenn mich nicht alles täuscht, dann war es ein Fehler, den Langen Jacques hier alleine zu lassen. Das trägt seine Handschrift.«

Erneut brüllte Jean Befehle über das Deck, ein Teil der Mannschaft kümmerte sich um die Segel, leitete das Manöver ein, was sie längsseits an den Kai brachte. Der andere Teil stand jedoch mit Waffen parat und blieb an den Kanonen, als sie sich dem Kai näherten.

»Ledoux!«, riefen die Menschen an Land, jubelten ihm zu, begrüßten die *Estrella* wild, während sie an die Kaimauer glitt, die entlang des Flusses gebaut worden war.

»Außerhalb der Reichweite der Kanonen fühle ich mich deutlich wohler«, brummte Miguel erleichtert. »Kommst du an das Messer heran? Vielleicht wäre es gerade ein guter Zeitpunkt, uns in dem Freudentaumel zu verabschieden.«

»Ich versuche es schon die ganze Zeit«, flüsterte Simon, drehte die Hände und zog an den Fesseln. Die Bukaniere waren anderweitig beschäftigt, wenn sie unbemerkt von Bord kamen, gab es womöglich eine Chance. Wenn er dieses verflixte Messer nur endlich einsetzen konnte. Wie wild jagte das Blut durch seine Adern. Eine bessere Gelegenheit würde sich kaum ergeben.

»Warte.« Miguel sank auf die Knie, lächelte ihn verschmitzt an. »Nicht, was du denkst. Später vielleicht. Dreh dich mal um, ich kann meinen Mund auch da einsetzen.« Rasch wandte Simon sich um, hielt ihm die Hände hin, spürte Zähne am Stoff reißen, unter dem das Messer lag, dessen Griff nicht am Bund vorbeiwollte. Ein leises Geräusch verriet, dass der Stoff riss und gleich darauf erklang ein gedämpfter Laut aus Miguels Mund. Mit dem Messergriff zwischen den Zähnen grinste er Simon an, machte hektische Bewegungen mit dem Kopf, aus denen Simon schloss, dass er die Fesseln durchschneiden wollte. Ungeduldig wartete er darauf, dass sich der Druck der Fesseln lockerte, unterdrückte einen Laut, als das Messer Haut ritzte. Wenn sich Miguel nur beeilen würde. Noch beachtete sie niemand, die Zeit lief ihnen davon.

Endlich rutschte das Seil herab und hastig befreite er seine Hände, schnappte sich das Messer, um Miguels Fesseln zu durchtrennen, als dieser tief aufseufzte und mit einem missfälligen Lächeln hinter ihn schaute.

Sofort ließ Simon das Messer fallen und Miguel schob sich darüber, zwinkerte ihm verschwörerisch zu. Er war ein erfahrener Dieb, sicher konnte er es verschwinden lassen.

»Hättet ihr nicht etwas länger beschäftigt bleiben können?«, grollte Miguel, noch immer kniend. Etwas bohrte sich in Simons Rücken, die Mündung einer Waffe. Sofort hob er instinktiv die Hände, wandte sich mit kaltem Rücken langsam um. Verflucht auch, da standen drei Bukaniere mit gezückten Pistolen und auch Jean kam heran.

»Sieht so aus, als ob du eine Laus im Pelz ins Paradies eingeschleppt hast, mein Freund«, meinte Miguel, erhob sich ächzend. »Und nun sitzt du in deinem eigenen Mauseloch fest.«

Zornig ballte Jean die Faust und Simon spannte sich an, bereit, sich dazwischenzuwerfen, wenn er seine Wut an Miguel auslassen würde.

»Ich erwähne es nur ungern, aber genau vor Jacques habe ich dich schon einmal gewarnt«, fuhr Miguel scheinbar unbeeindruckt fort. »Ein Bukanier, der deine Einstellung nicht in jeder Hinsicht teilt. Gleiche Anteile? Nur, wenn er den größten erhält. Mir scheint, er hielt deine Abwesenheit für den geeigneten Moment, sich zum König der Bruderschaft aufschwingen zu wollen.«

»Wir werden sehen, wer dahintersteckt«, knurrte Jean, der Blick glitt suchend über die Menge am Kai. »Wer auch immer mich verraten hat, wird eines grausamen Todes sterben.«

»Oh ja, darin bist du recht geübt, nicht wahr?«, warf ihm Miguel schnippisch zu, brachte Simons Herz damit zum Aussetzen. Bei Gott, er sollte Jean besser nicht provozieren. Mit angehaltenem Atem, jeden Muskel angespannt starrte Simon Jean an. Was würde der tun?

»Der Zeitpunkt ist nicht gerade passend, mit einem Glas Rotwein in der Hand würde es sich netter plaudern, ich dachte nur, ich sollte noch mal betonen, dass Nouel nie auf dich geschossen hat. Trotz Befehl«, ergänzte Miguel in einem weiteren Anflug von lebensmüdem Leichtsinn. Hart schluckte Simon, atmete flach, bewegte die Finger verstohlen. Konnte er eine Pistole herunterschlagen, wenn sie sich auf Miguel richtete? Würde er Jean nötigenfalls umstoßen können?

Stattdessen lächelte Jean plötzlich, schüttelte vage den Kopf. »Du änderst dich nie, Miguel. Schafft sie beide vom Schiff. Wo zur Hölle ist Dzifa? Lebt er noch?«

»Und ob!« Von unten erklang ein Brüllen und aus der Menge drängte sich ein großer, dunkelhäutiger Mann mit kurzem, gekräuseltem Haar nach vorne.

»Wird Zeit, dass du heimkehrst, Ledoux!«, rief er nach oben, stemmte die kräftigen Arme in die Hüften. Seine Haut war so schwarz wie die Nacht, die Lippen und Nase breit und im krassen Gegensatz dazu leuchteten die Augäpfel extrem weiß. Das musste ein Afrikaner sein, ein ehemaliger Sklave. Man sagte, dass viele von ihnen nach der Flucht sich den Bukanieren anschlossen. In Jamaika hatte es einige Aufstände gegeben, wie Simon wusste. Sklaven hatten gegen ihre Herren auf den Plantagen rebelliert, diese getötet und die Waffen erbeutet. Man hatte die Aufstände blutig niedergeschlagen, die Anführer gevierteilt oder erhängt, aber natürlich waren auch viele entkommen.

»Sieht so aus, als ob ich dich nicht mal kurz alleine lassen kann, Dzifa!«, rief Jean ihm zu, während die Bukaniere mit den Waffen Miguel und Simon über den Landgang vorwärtsschoben. Neugierige Blicke trafen sie, die Menge um den Schwarzen wich etwas zurück, der sie skeptisch beäugte. Jean jedoch, der dicht hinter ihnen das Schiff verließ, grinste er mit lückenlosen, aber in dem dunkeln Gesicht besonders hell leuchtenden Zähnen an.

»Hast ihn wieder, wie es aussieht«, meinte er, musterte Simon gefällig, der sich augenblicklich aufrichtete und dem Blick begegnete. Der Oberkörper des Mannes war blank, er trug nur eine schmutzige Leinenhose, in deren Bund und Gürtel indes zahlreiche Pistolen, Messer und sogar ein Säbel gesteckt waren. Brandwunden hatten seine Haut verunstaltet, die eine Schulter hing tiefer als die andere. Mit offenen Armen trat er auf Jean zu und umarmte ihn.

»Willkommen zurück, Bruder. Verzeih uns, wir konnten dich nicht entsprechend vorwarnen. Dieser hinterfotzige Hund dort oben lässt uns nicht mal einen Schritt in die Richtung der Feste machen. Sogar die Felder hintenraus bestreicht er mit den Mörsern und Kanonen. Keine Woche, nachdem du fort warst, fing er an, sich aufzuspielen.«

»Jacques? Verflucht soll er sein. Ich werde ihn seine Eingeweide kosten lassen«, knurrte Jean, begrüßte weitere Bukaniere, wechselte hier und da ein paar Worte. Es war eine kunterbunte Mischung aller Hautfarben, Frauen wie Männer, die sie empfingen. Nie zuvor hatte Simon derart viele unterschiedliche Menschen gesehen. Wiedersehensfreude war auf vielen Gesichtern zu sehen, Frauen und auch Kinder drängelten sich nach vorne, um die Mannschaft zu begrüßen.

»Nun, das ist also sein Paradies. Gleichheit und Brüderlichkeit. Mir scheint, es ist ihm gelungen. Bis auf die unschöne Tatsache, dass das mit der Brüderlichkeit offenbar nicht bei allen Brüdern angekommen ist«,

murmelte Miguel neben ihm, schnalzte anerkennend, als sich eine Frau mit hellen Freudentönen und voluminösem Busen ausgestattet um den Hals eines der Piraten von der *Estrella* warf und zog gleich darauf reumütig den Kopf ein, warf Simon ein schuldbewusstes Schmunzeln zu.

»Quinn, lass das Schiff abladen, wir bringen Beute mit«, rief Jean einem rothaarigen, gedrungenen Mann zu, der sofort weitere Männer heranrief. »Dzifa, ich will genau wissen, was passiert ist. Wer lebt noch? Bringe sie zusammen und dann gebt ihr mir Bericht. Steht mein Haus noch?«

»Aber sicher doch. Die Schäden in der Siedlung sind nicht erwähnenswert. Die Feiglinge hatten es gleich auf die Festung abgesehen. Ich hole alle Brüder zusammen. Paco ist tot. Turner und Ramirez hat der Mörser zerfetzt. Fredward wurde angeschossen, zweifelhaft, ob er durchkommt. Bryant hat vermutlich eine Kugel im Schädel, aber den tötet nichts so leicht.« Der Schwarze nickte grinsend mit einem knurrenden Laut, tippte sich grüßend an die Schläfe und drängte sich durch die Menge.

»Jorge, nimm vier Männer, bringt die beiden zu meinem Quartier. Bis ich Genaues weiß, traue ich keinem anderen«, befahl Jean, ohne Miguel oder Simon anzusehen. Zwischen seinen Augenbrauen hatte sich bei Dzifas Bericht eine immer steilere Falte entwickelt, die Augen sprühten vor Hass und Wut. Offenbar bemerkte auch Miguel, dass Jean in diesem Gemütszustand gerade äußerst gefährlich war, denn er ließ sich gehorsam umdrehen und marschierte, ohne ein provokantes Wort, neben Simon einher.

»Warum lässt er uns in sein Quartier bringen?«, wisperte Simon ihm zu, warf immer wieder flüchtige Blicke um sich, sich der Piraten in seinem Nacken nur zu bewusst.

»Och, vielleicht wegen der guten alten Zeiten? Vielleicht hat auch er Lust auf eine gitterlose Wiederholung zu dritt«, raunte Miguel verschmitzt zurück, stieß die Zunge seitlich in die Wange und zog die Augenbrauen bezeichnend ein paar Mal hoch. Alleine der Gedanke … Erschrocken fuhr Simon zusammen, Furcht kroch heran, ließ seine Arme frösteln.

»Miguel!«, stieß er mühsam gedämpft und recht entsetzt hervor. Konnte der sich dergleichen wirklich wünschen? Würde Jean …? Bei Gott, nein, das würde er sich ganz sicher nicht gefallen lassen.

»War nur so eine Idee«, beschwichtigte Miguel ihn sogleich grinsend, wurde übergangslos ernst und wisperte: »Sollte er diese Art von Versuch unternehmen, dann habe ich da ein Messer zwischen meinen Händen versteckt, was seine edlen Teile zu schmecken bekommen werden. Die guten alten Zeiten hin oder her.«

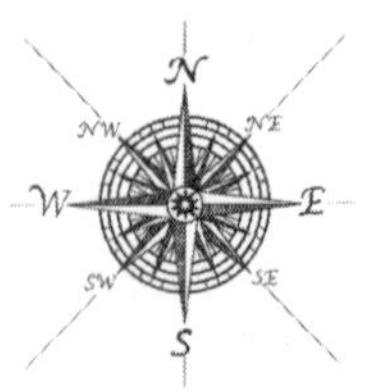

An einem Tisch

»Donnerwetter, wenn er was anpackt, dann macht er es ordentlich«, stieß Miguel bewundernd aus, während sie die befestigte Straße zwischen den eng stehenden Häusern am Hafen hinter sich ließen, in denen es Lagerhäuser, Handwerksbetriebe, Geschäfte und Tavernen gab. Dahinter erstreckten sich Dutzende von Feldern, unterteilt von einem Bewässerungssystem und dazwischen lagen vereinzelte Häuser. Flüsternd nickte Miguel nach links und rechts, erklärte Simon, was die Bukaniere mit der Siedlung alles erschaffen hatten, dabei war seine Begeisterung so groß, dass die Stimme immer wieder laut wurde. Wären seine Hände frei gewesen, wäre er sicher wild gestikulierend herumgelaufen. Auch so musste Simon ob seiner Begeisterung mehrfach lächeln und konnte nicht umhin, selbst Bewunderung zu empfinden. Wer hätte gedacht, dass Jean dergleichen erbauen konnte? Dass er sich so sehr für die Menschen interessierte? Hinter seinen zwei Gesichtern lag offenbar wirklich mehr verborgen, als sich erahnen ließ.

»Ich fasse nicht, dass Jean all dies wirklich umgesetzt hat. Als unsere Wege sich trennten, da war er auf dem besten Wege, als grausamster, rachsüchtigster und skrupellosester Pirat aller Zeiten in die Geschichte einzugehen. Also noch schlimmer als L'Olonnais, und glaub mir, der war schlimm. Und dann erbaut er klammheimlich diesen Ort, an dem jeder frei ist, für alle gesorgt ist und die Regeln der Bruderschaft für alle zum Gesetz geworden sind. Teufel noch eins, Simon, dies ist ein Ort, an dem man durchaus gut leben könnte.« Mit einem Stoß der Schulter setzte er raunend hinzu: »Wenn es nicht ein viel schöneres Gut in Spanien geben würde, wo ich dich mit niemandem teilen müsste.«

Schief lächelte Simon zurück, konnte den Gedanken indes nachvollziehen. Dieser Ort war eine wahr gewordene Utopie und er konnte sich durchaus vorstellen, dass die Menschen hier zufrieden waren. Wie hatte Jorge es genannt? Einen Ort, an den die müden Bukaniere zu ihren Wurzeln zurückkehren, jagen, Felder bestellen und ihren Kindern von den Abenteuern auf See erzählen konnten.

»Da schau an«, murmelte Miguel, als der Weg sich in einem Bogen um ein Wäldchen schwang. Inmitten eines sorgfältig angelegten Gartens erhob sich ein gemauertes Haus im entfernt viktorianischen Stil, jedoch sehr schlicht gehalten und nur einstöckig.

»Die Residenz des Marquis Ledoux«, raunte Miguel anerkennend, als sie durch das offene Tor den Garten betraten. Es gab einen Springbrunnen, dessen Wasser kristallklar über eine kleine Steinkaskade in ein Becken lief, das mit einem Mosaik in grünen und blauen Tönen ausgemauert worden war. Alles wirkte eher dezent als protzig, ließ jedoch erahnen, dass der Bewohner durchaus wusste, was man von einem Adeligen erwartete.

Sie wurden in einen großen Raum gebracht, dessen Mitte von einem ovalen Tisch eingenommen wurde, an dem gut zwanzig Männer Platz haben mochten. Neugierig musterte Simon die gerahmten Bilder, Zeichnungen und Karten an den Wänden. Auch auf dem Tisch lagen zahlreiche davon, zusätzlich Baupläne und diverse handschriftliche Notizen. Ein Teil davon jedoch von einer dünnen, unverkennbaren Staubschicht bedeckt.

Wie lange mochte Jean nicht hier gewesen sein? Das Haus roch angenehm, sicher kümmerte sich in seiner Abwesenheit jemand um die Räume. Jorge bedeutete ihnen, sich an die Wand zu stellen und zu warten, zog sich einen Stuhl heran, legte die Füße auf den Tisch und behielt seine Pistole in der Hand. Obwohl er immer wieder mit Miguel scherzte, ließ er weder ihn noch Simon aus den Augen. Die anderen Vier schienen weniger auf der Hut, lümmelten sich auf die Stühle und die rot gepolsterte Ottomane.

Es dauerte nicht lange, bis Jean in Begleitung von Dzifas und sechs anderen Männern in den Raum kam. Zwei davon meinte Simon bereits in der Bukanierssiedlung gesehen zu haben, in der ihn Jean zu Beginn gefangen gehalten hatte. Ein schwarzhaariger Mann, der sich schwer auf einen Stock stützte und einen Verband um die Stirn trug, humpelte herein, maß Miguel mit einem pikierten Blick, der ihn ebenfalls zu kennen schien und sich spielerisch verbeugte.

»Sei gegrüßt, Bryant. Wie ich höre, bist du nach wie vor nicht leicht zu töten.«

»Zum Teufel, was macht der Spanier hier?«, zischte Bryant an Jean gewandt, die Hand lag an der Pistole.

»Er lief mir zufällig über den Weg, oder vielmehr habe ich ihn in einem Lagerraum entdeckt. Er war Teil einer besonderen Beute. Vergiss jetzt deine Rachegefühle, Bryant. Es gibt Wichtigeres, als den Mann zu kastrieren, der dir deine Tochter entjungfert hat und deine Frau verführte.« Energisch klopfte Jean auf den Tisch, breitete eine der Karten aus, die offenbar die Insel und Siedlung darstellte.

»Warum hast du ihn und den Jungen da hergebracht? Wir haben Zellen für solches Ungeziefer!«, zischte Bryant unversöhnlich, stieß mit dem Stock einen Stuhl zurück und ließ sich ächzend darauf fallen.

»So lange ich nicht sicher sein kann, wem ich vertrauen kann, bleiben diese beiden in meiner Nähe. Für Jorges Treue verwette ich mein Leben, ebenso für Dzifa. Und auch wenn du deine Gründe hast, Miguel zu hassen, ich weiß genau, dass er und der junge, ehrenwerte Engländer hier nichts mit Jacques oder den abtrünnigen Männern von Bernard zu schaffen haben. Bist du dir deiner Männer ebenso sicher, Bryant?«, gab Jean unüberhörbar scharf zurück. Grollend rutschte Bryant auf dem Stuhl zurück, nickte kurz.

»Was ist geschehen, während ich fort war?« Jean schaute einen nach dem anderen an, die Männer wirkten unentschlossen, wer berichten sollte. Schließlich war es Dzifa, der sich mit beiden Händen auf den Tisch stützte.

»Es begann knapp eine Woche, nachdem die Männer Bernards mit dem Langen Jacques eintrafen. Nach dem Gesetz der Bruderschaft teilten wir die Quartiere mit ihnen, wiesen ihnen Land und Baumaterial zu. Jacques indes verlangte mehr, geriet immer öfter in Streit mit mir und Bryant, war mit nichts zufrieden. Wir waren erleichtert, als er nach zwei Wochen mit seinen zwei Schiffen davonsegelte«, erklärte Dzifa, verzog den breiten Mund unwirsch. »Besser, er wäre nicht zurückgekehrt.«

»Er hat sich meinem Befehl widersetzt? Keiner sollte die Siedlung verlassen, ehe ich zurückkehre. Wer von euch hat es ihm gestattet?«, stieß Jean aus, funkelte die anderen Männer wütend an. Sehr wohl bemerkte Simon, wie sie alle etwas zusammenfuhren, sich kleiner machten, einander ansahen.

»Keiner direkt«, brummte einer der anderen Männer. »Du kennst Jacques. Er hat so einige aufgewiegelt, es sei zu wenig von allem da. Er versprach ihnen reiche Beute.«

»Ein großer Teil von Bernards Männer ist ihm gefolgt, und als sie loszogen, da wollte sich keiner von den übrigen ihren ehemaligen Kameraden in den Weg stellen und sie zum Bleiben zwingen«, ergänzte der andere Mann betreten.

»Es gab ihnen zu wenig Rum, zu wenig Huren«, nuschelte ein weiterer, grinste ein zahnloses Lächeln. »Und eine Hacke konnte keiner von denen bedienen. Die pflügten nur was anderes.«

Jeans zorniges Schnauben brach jedes anzügliche Grinsen und Kichern ab.

»Ein Schiff haben sie versucht aufzubringen und sind dabei an die verfluchten Engländer geraten, die sie eskortierten. Sie verloren eins der Schiffe an den Feind, Jacques' *Iseulte* steckte einige schwere Treffer ein, schaffte es aber zurück«, fuhr Bryant fort. »Du hast sie im Hafen gesehen, sie benötigt Rep…«

»Wurden die anderen gefangen genommen? Lebend?«, unterbrach ihn Jean harsch. Nickend bestätigte Bryant, man sah ihm an, wie unbehaglich er sich fühlte.

»Aye. Und du kannst davon ausgehen, dass sie plaudern werden. Weder Bernards noch Jacques' Männer sind für ihren Mut bekannt. Sie werden uns verraten.«

»Und dann haben wir die ganzen verdammten englischen Schiffe auf dem Hals«, knurrte Dzifa.

»Wie unschön, dass eure wundervolle Festung dann nicht einsatzfähig sein wird, weil sich eine Laus dort eingenistet hat«, warf Miguel ein, erntete einen zornigen Blick Jeans, der ihn jedoch nicht weiter beachtete, sondern die anderen zum Weitererzählen aufforderte.

»Als Jacques zurückkam, kam es zum Streit. Er wollte alle Schiffe haben, die gelagerte Beute in Sicherheit bringen, die Siedlung aufgeben. Der behauptete doch glatt, du würdest nicht zurückkehren und hättest gegen die Gesetze der Bruderschaft verstoßen, einen Pakt mit den Engländern gemacht. Verlangte der Hund doch deinen Anteil und Besitz und wollte sich über uns alle aufschwingen«, stieß Bryant wütend aus, spie auf den Fußboden.

»Nachts haben sie versucht, die Lagerhäuser zu plündern«, ergänzte einer der anderen, stieß den Griff seiner Muskete auf den Boden. »Eins der anderen Schiffe wollten sie kapern und damit fliehen. Elende Stümper. Zu nichts fähig.«

»Sie scheiterten und wir trieben sie zusammen, aber dieser feige Verräter hatte zuvor Männer in die Festung gebracht, die unsere Männer dort

im Schlaf töteten. Sie flohen in die Festung, brachten die Kanonen gegen uns in Stellung und wehrten jeden der bisherigen Angriffe ab.«

»Wie kurzsichtig kann ein Mann sein«, brummte Miguel kopfschüttelnd neben Simon. »Da oben ist er vor uns sicher, und ich bin überzeugt, wenn ihr dieses Bollwerk nach meinen Ideen gebaut habt, dann gibt es einen Keller voller Lebensmittel, sodass aushungern wenig bringen wird.«

»Ich sage es ungern, aber der Spanier hat Recht«, knurrte Bryant.

»Und wenn ihr diese Festung nach meinen Plänen für ein uneinnehmbares Bollwerk erbaut habt, dann ist es auch genau das: uneinnehmbar. Seid froh, dass er die *Estrella* nicht versenkt hat. Wobei das Schiff auch nicht viel nützt, da es nicht hinaus, noch die Festung beschießen kann.«

»Ich frage mich, warum er nicht geschossen hat. Das waren Warnschüsse, er wollte, dass Ledoux passiert«, meinte Dzifa grübelnd.

»Und dann in der Falle sitzt. Wenn ihr mich fragt, dann wird er demnächst einen Boten zum Verhandeln schicken«, erklärte Miguel. Leicht irritiert schaute Simon ihn an. Hatte er wirklich gerade so gesprochen, als ob er einer von ihnen wäre? Vielleicht waren sie das auch für den Moment, denn sie steckten ebenso fest wie die anderen.

Der Blick auf die Pläne hatte seine Annahme, es handle sich um eine Insel, jedoch nicht bestätigt. Stattdessen schien das Hinterland aus Sumpf und Urwald zu bestehen, der Fluss entsprang außerhalb der Karte. Den Symbolen auf der Karte nach zu urteilen, war die restliche Küste von Riffen, Untiefen und so einigen gefährlichen Strömungen umgeben. Damit war ein Anlanden viel zu riskant. Der einzig sinnvolle Angriff konnte über die Hafeneinfahrt erfolgen. Es sei denn, die Soldaten nahmen einen tage- womöglich wochenlangen Marsch durch den unwegsamen Urwald in Kauf, was sehr unwahrscheinlich bis unmöglich schien. An sich ein wirklich gut gewählter Ort. Leider war damit auch für ihn und Miguel eine Flucht kaum möglich und mit einem sehr hohen Risiko verbunden.

Von draußen erklangen Stimmen und Miguel schnalzte breit grinsend, lehnte sich in einer scheinbar lässigen Haltung, die mit gefesselten Händen natürlich nicht recht gelang, an die Wand. »Da kommt er auch schon. Sagte ich es nicht?«

Wahrhaftig, da kamen zwei Männer herein, hielten mit Messern und Pistolen einen anderen in Schacht, der ein weißes Tuch trug und sich unsicher umsah.

»Der da kam von der Feste, sagt, er soll was ausrichten«, meinte einer der Piraten, stieß den anderen nach vorne. Langsam richtete sich Jean auf, musterte den Boten aus kalten Augen, sagte jedoch keinen Ton. Die Stille gewann an Substanz, Simon konnte gut beobachten, wie der Bote immer unsicherer wurde, weil Jean ihn nicht zum Reden aufforderte und schließlich einfach herausplatzte: »Jacques verlangt das Schiff, die *Estrella,* die Hälfte der Beute und freien Abzug für sich und die Männer.«

Die anderen Männer schnaubten wütend, stießen knurrend ihre Missbilligung aus, keiner wagte indes, vor Jean das Wort zu ergreifen, der den Boten noch immer musterte.

»Wir haben alle Kanonen, die Mörser und einen großen Teil der Musketen. Genug Schwarzpulver, um alles in die Luft zu sprengen«, stieß der Mann hervor, blickte jeden der Reihe nach an. Aus stechenden Augen starrte Jean ihn an, die schmalen Lippen kräuselten sich zu einem bösartigen Lächeln.

»Als Antwort würde es genügen, dir den Bauch aufzuschlitzen und jeden von uns hineinpissen zu lassen, ehe wir dich vor seinen Augen in Stücke reißen.« Schaudernd fuhr Simon zusammen, hatte keinen Zweifel, dass Jean keine leere Drohung aussprach. Auch der Bote wurde etwas blass, umklammerte das weiße Tuch fester.

»Mein Messer würde sich freuen«, knurrte Bryant, zog es aus dem Gürtel. Der Adamsapfel des Boten begann hektisch zu hüpfen, in Simons Magen regte sich Übelkeit und Angst. Definitiv würde er nicht zusehen können, wenn sie ihre Drohung wahr machten. Trotz allem war dies ein Mensch.

Ein kurzes Nicken und die Männer packten zu, zwangen dem Boten die Arme auf den Rücken. Scharf sog Simon die Luft ein, seine Hände ballten sich, unentschlossen, ob er eingreifen sollte. Aber bei Gott, er konnte doch keinen Mord geschehen lassen.

»Jean! Nicht«, kam es über seine Lippen, viel schneller, als er die Worte überdenken konnte. Entsetzt wich er etwas zurück, als sich die Blicke der Männer auf ihn richteten, während der Bote sich heftig gegen sie wehrte. Auch Jean bedachte ihn mit einem Blick, zog langsam ein Messer aus der Scheide am Gürtel. Sekundenlang hielt er Augenkontakt und Simon wusste nicht, was er tun sollte, ob Jean nicht vielleicht auch ihn zurechtweisen würde. Er hatte kein Recht sich in diese Angelegenheit zu mischen, sein Mitleid war gewiss fehl am Platze, aber sein Herz zog sich zusammen bei dem Gedanken, wie grausam sie diesen Mann sterben lassen wollten.

»Dreht ihn herum, weg mit dem Hemd, bäuchlings auf den Tisch«, befahl Jean, wandte Simon den Rücken zu, der plötzlich gegen Miguel stieß, der sich vor ihn schob, stumm den Kopf schüttelte.

»Mein Messer wird dir die Antwort in den Rücken ritzen, damit Jacques sie auch lesen kann«, zischte Jean, setzte das Messer an und zog damit blutige Linien über den Rücken des wimmernden Mannes. Kälte ballte sich in Simons Magen, bebend krallte er die Hände zusammen, stand jedoch still und Miguel sorgte dafür, dass er es blieb.

In großen Lettern stand ein »Niemals« auf dem Rücken des Mannes, das Blut lief herab, ließ die Buchstaben verschwimmen.

»Bring ihm meine Botschaft«, verlangte Jean, zerrte den Mann hoch und stieß ihn zur Tür. »Der einzige Bote, den ich hier noch akzeptieren werde, ist Jacques selbst, mit seiner Kapitulation! Fort mit dir. Lasst ihn passieren.«

Stolpernd rannte der Mann aus dem Haus, eine Spur aus Blutstropfen hinterlassend.

»Das nenne ich eine deutliche Handschrift«, bemerkte Miguel, klang allerdings nicht ganz so spöttisch wie gewohnt. »Lass sie dort oben ihre Spielchen spielen, sich am Trockenfleisch überfressen, mit Rum besaufen und in einem Jahr haben sie sich alle gegenseitig die Kehlen aufgeschnitten. Dumm nur, dass in absehbarer Zeit eine ganze Armada von englischen Schiffen heransegelt, um uns den Garaus zu machen.«

Das Messer noch immer in der Hand, wandte Jean sich ihm zu, die Augen funkelten und nun war es Simon, der sich vor Miguel schob, dessen freche Zunge verfluchte. Was sollte das, wieso provozierte er Jean? Was beabsichtigte er nur?

»Ich sehe, wie es in deinem Kopf arbeitet, Jean, mein Freund. Du hast da eine uneinnehmbare Festung und ein heranschipperndes Problem. Wie wäre es, wenn mir jemand die Fesseln abnimmt und die Pläne der Festung zeigt? Ich meine, wenn ich sie entworfen habe, dann finde ich womöglich auch einen Weg, eine uneinnehmbare Festung … nun, eben einzunehmen.«

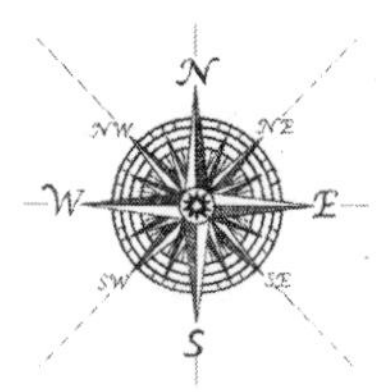

Mut und Wahnsinn

Der Spanier ist ein Verräter. Vertraue ihm nicht«, knurrte Bryant, schlug mit seinem Stock auf den Tisch.

»Mein lieber Bryant, nur weil eure wunderschöne Tochter so begierig darauf war, die unbekannten Regionen eines Mannes zu erkunden und eure noch hübschere Frau ihr dabei nur zu gerne behilflich sein wollte, lässt das nicht den Schluss zu, ich würde die Bruderschaft verraten. Zumal eure Frau vielleicht ein klein wenig zornig war, weil ihr drei Nächte lang die Taverne und den Schoß der Huren darinnen nicht verlassen habt«, wandte Miguel zuckersüß lächelnd ein. »Ich möchte erwähnen, dass ich zwar den Engländern die Lage von Bernards Schlupfwinkel gab, dieser aber wochenlang vorher gewarnt wurde. Bluthunden wirft man auch einen Köder hin, den sie schlucken und den Rest des Bratens in Ruhe lassen. Es ist kaum mein Fehler, wenn der fette Braten sich weiterhin im Ofen räkelt, weil es ihm dort angenehmer erscheint. Und die Hunde ihn dann eben auch fressen.«

Neben Dzifa schmunzelten auch die anderen Piraten, warfen Miguel belustigte Blicke zu. Selbst Jorge lachte kurz auf, stieß das Messer in den Tisch. »Recht hat er, Bernard war ein selbstgefälliges Schwein, der nie auf irgendetwas hörte. Jemand, der das bezweifelt?«

»Es ist dennoch Verrat«, brummte Bryant verstimmt, schaute Jean Beifall heischend an.

»Wenn Miguel uns einen Weg hinein zeigen kann, bin ich geneigt, den Rest zu vergessen«, meinte einer der anderen Männer. »Ich erinnere mich gut daran, wie er uns immer überall hineingebracht und reiche Beute gewittert hat, wie ein Trüffelschwein.«

»Einige der Brüder würden nicht mehr leben ohne ihn«, brummte Jorge recht leise, behielt den Kopf gesenkt.

»Mein Hals würde in einer zu engen Schlinge stecken und ich im Wind verrotten, wenn er nicht gewesen wäre«, ergänzte ein anderer wesentlich mutiger und lauter.

»Verbindlichen Dank, Herve. Da erinnert sich jemand an meine guten Seiten. Wenn mir dann mal jemand die Fesseln abnehmen würde? Oh, Moment, das kann ich ja auch selbst.« Spitzbübisch grinsend nahm Miguel die Hände nach vorne, schüttelte die Reste des durchschnittenen Seils herab. Wo war das Messer geblieben? Verwundert schüttelte Simon den Kopf. Dieser Mann war wirklich ein Trickser und Täuscher. Sein Geschick war beispiellos. Kein Wunder, dass er sich bisher stets aus schwierigen Situationen befreien konnte. Die Worte der Männer über Miguel zu vernehmen, ließ Simons Herz warm werden vor Stolz. Das Herz am rechten Fleck, so war sein Geliebter.

»Willst du mir jetzt das Messer in den Bauch rammen oder mir die Pläne zeigen?« Mit verschränkten Armen trat Miguel auf Jean zu, legte den Kopf leicht seitlich und musterte ihn. »Soll ich dich daran erinnern, wie sehr wir beide in die Idee dieser Kolonie vernarrt waren? Überrascht es dich wirklich, dass ich so einiges tun würde, um sie und die Menschen hier zu schützen?«

»Du willst in erster Linie ihn schützen«, vermutete Jean. »Soll er dein Preis sein? Eure Freiheit?«

»Ja, denn du weißt es längst selbst, ohne dass Simon es dir ins Gesicht hätte brüllen müssen: Er liebt dich nicht. Du ihn auch nicht. Also lasst ihr uns euch nun helfen oder willst du uns weiterhin einsperren und hoffen, dass er oder ich dadurch in unendlicher Liebe zu dir entbrennen?«

Jeder der Männer hielt den Atem an. Man hätte ein Sandkorn fallen hören können, so still war es. Wie hart Jean den Kiefer anspannte, das Messer bebte ganz leicht in seiner Hand, aber auch Simon war sich sicher, dass er nicht zustoßen würde. Was auch immer diese beiden Männer verband, es war noch da. Das Seil vielleicht dünner und ausgefranster als früher, aber die Bindung hielt.

Mit einem harten Stoß trieb Jean das Messer in den Tisch, zog einen Plan heran und schob ihn Miguel zu. Neben ihm entließ Jorge geräuschvoll den Atem, grinste Simon schelmisch an, steckte seine Pistole ein und nickte anerkennend zu Miguel hin. Wie ein großer Felsbrocken fiel die Anspannung von Simon ab und er trat neben Miguel, um ebenfalls einen Blick auf die Pläne zu werfen.

Mit gerunzelter Stirn und dem Zeigefinger auf dem Papier, schaute sich Miguel die Zeichnungen an, pfiff ab und an durch die Zähne, verzog die Lippen, kratzte sich am Kinn.

»Nun, ich würde sagen, diese Festung hat jemand erbaut, der ganz sichergehen wollte, dass sie nicht erobert wird. Es gibt deswegen auch keinen Geheimgang, keine unterirdischen Gänge oder Luftschächte, durch die sich jemand zwängen könnte. Einfach nichts. Ungesehen kommt niemand da rein. Die Pläne eines Genies halt. Und wenn die Kanonen zur Seeseite ausgerichtet sind, dann würden sie alle angreifenden Schiffe abwehren können. Uneinnehmbar eben.«

»Verdammt. Es muss doch einen Weg geben. Können wir sie ausräuchern?«, meinte Herve. »Das hat doch schon einmal gut geklappt.«

»Ja, damals kamen wir auch dicht genug an die Festung heran, um Feuer hineinzuwerfen. Diese hier ist ganz anders gebaut.« Miguel schüttelte den Kopf.

»Also gibt es keinen Weg.« Verärgert stieß Bryant abermals den Stock auf den Boden.

»Von der Landseite aus ist es sinnlos. Aber die Kanonen sind von der Seeseite abgezogen worden. Damit ist diese Seite ungeschützt. Die *Estrella* hätte genug Feuerkraft, eine der Mauern so zu beschädigen, dass ein paar Männer an den Felsen hochklettern und ins Innere gelangen könnten«, erklärte Miguel, zog Jeans Messer heraus, warf es kurz in die Luft. Es landete exakt mit der Spitze in der Karte am Strand vor der Festung. »Wie unpassend, dass die *Estrella* festsitzt und jeder Versuch, den Hafen zu verlassen, fehlschlagen wird. Selbst ein kleines Boot würde bemerkt werden. Wir kämen nicht einmal dicht genug heran, um schwimmend zum Strand zu kommen, geschweige denn würden unsere Waffen dabei trocken bleiben. Wir bräuchten ein Wunder, was die *Estrella* mal eben von hier«, er tippte auf den Hafen, »nach hier zaubert.« Der Finger zeigte auf die Küste mit den Riffen und Untiefen.

»Ein Schiff ist nicht dazu geschaffen, über Land zu reisen«, knurrte Dzifa missgelaunt. »Die Gewässer dort sind tückisch. Abgesehen davon, dass es unmöglich ist, das Schiff dorthin zu bekommen.«

»Wie weit ist der Fluss denn beschiffbar?«, warf Simon ein, dem plötzlich eine Idee gekommen war. »Bis zu dem Nebenarm dort?« In Richtung der Küste zweigte ein sehr schmaler Nebenarm des Flusses ab, der offenbar eine Art See speiste.

»Vermutlich nicht weit. Das Wasser wird nicht tief genug sein, das Schiff würde auf Grund laufen.« Skeptisch schaute ihn Jean an, schien

seine Einmischung zumindest nicht als Affront anzusehen, eher mit Neugierde. »An was denkst du?«

»Da der Seeweg verschlossen ist, bleib uns nur der Landweg.« Zögernd deutete Simon auf die Karte. »Wenn man das Schiff bis hierhin bringen und dann dort wieder zu Wasser lassen könnte, dann würde das Manöver von der Festung aus unbemerkt bleiben.«

»Selbst wenn wir das Schiff mit Zauberhand bis zum Nebenarm, durch den Urwald und über die Felsen zum Meer bringen könnten, dann wäre es ein absolutes Wagnis, durch die Strömungen und Riffe zu versuchen, das offene Meer zu erreichen«, erklärte Herve, besah sich die Karte ganz genau.

»Mit einem Fischerboot haben wir es bereits geschafft«, wandte einer der anderen Männer ein, deutete auf die Stelle auf der Karte. »Man muss sehr vorsichtig sein, es darf kein hoher Wellengang herrschen, doch es könnte möglich sein, auch ein großes Schiff hindurchzulotsen.«

»Was soll das denn nützen? Zwischen dem Fluss und dem Strand liegt gut eine Meile Urwald. Es ist unmöglich, ein derart schweres Schiff über Land zu bewegen«, warf Bryant mürrisch ein.

»Nicht unmöglich. Ich habe Berichte gelesen, wie sie in Ägypten schwere Felsbrocken für die Pyramiden bewegen und andere, in denen Schiffe über Land bewegt wurden, indem man Schlitten und Baumstämme darunter benutzte, Seilrollenblöcke, Ochsenkarren und spezielle Vorrichtungen mit Rädern«, wandte Simon ein. »Es ist möglich.«

»Der Junge fantasiert doch. Das ist ein Ding der Unmöglichkeit, ein dummes Vorhaben«, knurrte Bryant. »Wir sollten die Festung nachts noch einmal angreifen, ein paar der Schiffskanonen in Stellung bringen und …«

»Reichen dir die Toten nicht, die der letzte Versuch uns beschert hat?«, fuhr ihn Dzifa an. »Willst du den Hang mit noch mehr Leichen bedecken? Nur zu, wenn die Engländer kommen, dann lebt keiner mehr, der Frauen und Höfe verteidigen kann. Wir sollten fliehen, solange wir noch können. Todsicher werde ich nie wieder in die Sklaverei zurückkehren.«

»Durch den Urwald und die Sümpfe? Bist du des Wahnsinns? Ein einzelner Mann kommt kaum hindurch, geschweige denn Ochsenkarren mit Frauen, Kindern, Hunden und unserem Hab und Gut beladen«, stieß Herve aus. »Aus gutem Grund wurde die Kolonie hier errichtet, wo wir vor Angriffen von Landseite aus sicher sind.«

»Erzähle mir nichts von der Flucht durch den Urwald. Was denkst du, wie ich meinem Herrn entkommen bin? Hundert waren wir, als wir ihn töteten und die Plantage verließen. Kopfgeldjäger, Soldaten und Hunde

auf unserer Fährte. Gerade einmal dreißig von uns haben es überlebt. Die Coromantee sind stark und widerstandsfähig.«

»Weswegen man auch keine mehr auf den Sklavenmärkten anbietet«, warf Miguel augenzwinkernd ein. »Nahezu alle Sklavenaufstände wurden von den Coromantee angeführt.«

»Dreißig von Hundert sind zu wenig. Solche Verluste können wir nicht riskieren«, schnaubte Herve. »Die Menschen kamen her, weil sie ein freies Leben führen wollten, nicht, um in den Sümpfen zu verrecken.«

Mit einer herrischen Geste schnitt Jean Dzifa und den anderen das Wort ab, beugte sich noch einmal über die Landkarte, zog das Messer heraus und tippte mit dessen Spitze auf den Fluss.

»Simon, kannst du mir Pläne zeichnen, wie diese Vorrichtungen ausgesehen haben? Schreibe mir alles auf, was du darüber gelesen hast. Lamar, nimm zwei Männer und ein kleines Boot den Fluss hinauf. Lotet jeden Fußbreit bis zu dem Nebenarm aus und notiert ihn in einer Karte. Herve, wie viel Männer haben wir, die den Urwald roden könnten? Dzifa, wie viele Ochsen und Fuhrwerke können wir stellen? Wie viel Seile lagern wir und wie lang sind diese?«, fragte Jean, erntete verblüfftes Schnauben und ungläubiges Staunen.

»Du willst nicht allen Ernstes …?« Mit einer hilflos anmutenden Geste der Hände starrte Dzifa ihn an.

»Ich werde nichts unversucht lassen, diese Kolonie zu retten«, gab Jean scharf zurück. »Mein Leben lang habe ich dafür gekämpft, diesen Ort zu schaffen. Ich werde lieber sterben, als ihn preiszugeben und die Menschen den Engländern oder den Krankheiten der Sümpfe und des Urwaldes zu opfern. Also?«

»Das ist ein so genialer Plan, er könnte von mir stammen«, bemerkte Miguel anerkennend. »Niemals würde Jacques vermuten, dass die *Estrella* ihm in den Rücken fallen kann.«

»Wird sie auch nicht. Das ist zum Scheitern verurteilt. Bei allem Respekt, Jean, hast du dir mit dem Jungen da unterwegs den Verstand rausgevögelt?« Ächzend erhob sich Bryant, stützte sich schwer auf seinen Stock. »Oder der Spanier dir mit Honigworten die Eier weich geleckt?«

»Also, sie waren nie weich, wenn ich sie gele…«, begann Miguel, schwieg augenblicklich, als Jean einen unwillig knurrenden Laut ausstieß, sich vorbeugte und Bryant mit zurückgezogener Oberlippe ansah.

»Hat dir die Kugel in deiner Stirn den Mut geraubt?« Verächtlich schnaubte Jean. »Wenn ihr nicht meiner Meinung seid, dann bleibt mir vom Leib und behindert uns nicht. Wenn dieser Plan nur den Hauch einer Chance hat, werde ich es wagen.«

Langsam nickte Bryant, senkte den Kopf, biss sich kurz auf die Unterlippe. »In zwei Seegefechten bin ich dir blind gefolgt. Bei drei Angriffen hast du uns zu fetter Beute geführt. Ich mag alt geworden sein, und diese Kugel, die hinter der Stirn brennt, soll mich womöglich an meine Sterblichkeit erinnern, aber mir wird nicht der Mut fehlen, noch einmal mit dir zu kämpfen. Was an Äxten und Beilen aufzutreiben ist, werde ich herbeischaffen. Wir werden viel Holz brauchen und viele Männer, um den Urwald breit genug zu roden, damit ein Schiff hindurchpasst.« Mit einem kurzen Gruß humpelte er hinaus, gefolgt von den anderen.

Ob Simon es wollte oder nicht, er musste diese rauen Männer bewundern, die um den Erhalt der Kolonie kämpfen würden. Auf einem Tisch an der Seite erspähte er Tinte und Feder, nahm sich Pergament und machte sich an die Aufgabe, aus dem Gedächtnis alles zu zeichnen, über das er gelesen hatte. Hinter ihm erläuterten Miguel, Jorge, Herve und Jean weitere Pläne, planten den Angriff von der Seeseite auf die Festung.

Verstohlen blickte sich Simon immer wieder zu ihnen um. Lächelnd, gelegentlich lachend und eindeutig vertraulich gingen sie miteinander um. Fast konnte man glauben, sie wären nie Feinde gewesen, sondern die Freunde geblieben, die sie einst waren.

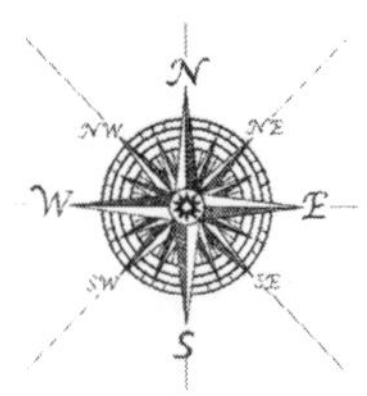

Durch den Urwald

Zum wiederholten Male wischte sich Simon mit dem Ärmel den Schweiß von der Stirn. Schwüle Luft umgab sie wie ein Kokon, nur selten erreichte ein frischer Windhauch das Deck. Dafür umgab sie eine gewaltige Wolke aus Mücken, die sich auch von dem Gestank des Schweinefetts und der Asche nicht vertreiben ließen, was sich viele der Bukaniere dick ins Gesicht und auf die Arme geschmiert hatten.

»Anderthalb Faden«, erklang der Ruf von vorne. Der Seemann holte das Lot wieder ein und warf es erneut aus. Von der anderen Seite gab ein weiterer Bukanier die Tiefe durch. Langsam, Schritt für Schritt, schob sich die *Estrella* den Fluss hinauf, gezogen von Männern und Ochsen auf dem Weg daneben. Im Laufe der letzten Wochen war aus einem schmalen Pfad am Uferrand eine Straße entstanden, die bis zu der Schneise im Urwald führte, die sie hineingeschlagen hatten. Breit genug, um die *Estrella* hindurchzubringen, wenn sie das Flussbett verlassen musste.

Das Schicksal hatte es gut mit ihnen gemeint, der Fluss und auch der erste Teil des Nebenarms boten genug Tiefe, sodass ihnen wirklich nur etwas mehr als anderthalb Meilen über Land bleiben würden. Wie besessen hatten die Männer und auch viele der Frauen und sogar Kinder daran gearbeitet. Bäume waren gefällt und entastet worden, lagen entlang des geplanten Weges bereit. Gewaltige Mengen an Pflanzen und Strauchwerk hatten zur Seite geschafft werden müssen. Ein großer Schlitten war nach Simons Zeichnung der in Ägypten verwendeten angefertigt worden, auf den sie die *Estrella* wuchten würden. Zudem hatten die Zimmerleute Gestelle entworfen, die das Schiff zusätzlich stützen würden. Alles an Räder, was in der Siedlung zu beschaffen war, wurde verwendet. Das Schiff selbst

war von allem unnötigen Ballast befreit worden und führte auch nur noch die Hälfte der Kanonen. Genug, um die Mauer der Festung zu durchschlagen und ihnen einen Weg hinein zu ermöglichen.

Wenn ihr Plan gelang.

Dessen war sich Simon längst nicht sicher, die Last der Verantwortung drückte immer schwerer auf seine Schultern. Was, wenn es nicht funktionierte? Was, wenn all dieser Aufwand, der Schweiß der Männer umsonst gewesen war?

Seine Sorgen hatte er natürlich nur Miguel anvertraut, wenn sie beieinanderlagen, zu müde für mehr als Schlaf, die Knochen und Muskeln schwer von der Arbeit. Sie hatten ein Quartier bekommen, einen kargen Raum, der gut und gerne auch eine Zelle hätte sein können, durften sich indes frei bewegen. Eine Flucht war ohnehin reichlich sinnlos angesichts des sich meilenweit erstreckenden Urwalds.

Die Wochen harter Arbeit, der unbedingte Wille, die Kolonie zu schützen, den Langen Jacques aus der Festung zu werfen und für das Eintreffen der Engländer vorzubereiten, hatte sie mit den Bukanieren zusammengeschweißt. Es war erstaunlich, wie rasch die Männer sie, oder vielmehr ihn, akzeptiert hatten, denn Miguel bewegte sich mit einer Leichtigkeit zwischen ihnen, die eine Kunst für sich war. Selbst wenn sie abgekämpft waren, die Nerven der Männer blank lagen, die Schwärme an Stechinsekten sie fast in den Wahnsinn trieben, stets hatte er ein Lächeln auf den Lippen, ein paar Worte, die alle zum Lachen brachten oder erhitzte Gemüter beruhigten.

Sehr gut konnte sich Simon vorstellen, wie er einst an Jeans Seite gewesen war, und tatsächlich schien er diesen Platz wie selbstverständlich wieder eingenommen zu haben. Selbst Bryant begegnete ihm weit weniger mürrisch als zu Beginn. Mit einem mulmigen Gefühl hatte Simon beobachtet, wie gut Miguel in diese Kolonie zu passen schien. Immer wieder fragte er sich, ob Miguel überhaupt bereit sein würde, diese Siedlung wieder zu verlassen. Vielleicht war es eher das Leben, was er leben wollte. Voller Abenteuer und rauer Männer. Womöglich passte er nicht hinein. So sehr Simon die Kolonie und ihre Gesetze bewunderte, für ihn erschien dieses Leben nicht erstrebenswert. Würde er also, wenn sie Jacques besiegt, den Angriff der Engländer abgewehrt hatten, alleine seines Weges ziehen? Der Gedanke war wie ein tief sitzender Dorn, den er sich nicht herausreißen konnte und der sich immer mehr entzündete, je länger sie hier waren. Hatte er ein Recht dazu, Miguel ein solches Leben zu verwehren? Hatte der nicht

gesagt, Liebe würde nicht eingrenzen, sondern freisetzen? Vielleicht war es Liebe, wenn er gehen und Miguel freigeben würde?

Hastig blinzelte Simon, rieb sich noch einmal über das Gesicht. Sein Herz wollte keinen Anteil an derlei Gedanken haben, es würde brechen, wenn er Miguel verlor. Nur zu gut konnte er verstehen, wie es Jean ergangen sein musste. Wahre Liebe, sie traf einen womöglich nur einmal im Leben.

»Woran denkst du wieder, mi amado?«, raunte es hinter ihm, Arme schlangen sich um seine Taille und warme Lippen drückten sich in seinen Nacken. Für einen Moment war Simons Kehle zu eng, um zu reden, er blieb stehen, lauschte auf das mittlerweile monoton klingende Ausrufen der Fadentiefe.

Energisch drehte Miguel ihn herum, umfasste seine Schultern und musterte ihn mit einem skeptischen Blick. »Was geht dir durch den hübschen Kopf?«

»Zu viel«, brachte Simon heraus, kämpfte wahrhaftig mit den Tränen. Auf gar keinen Fall wollte er sich hier eine Schwäche zugestehen. Nicht vor den anderen und schon gar nicht angesichts dessen, was vor ihnen lag.

»Worüber du dir auch immer Sorgen machst, es ist unbegründet. Zumindest, was mich oder Jean angeht«, murmelte Miguel, küsste sein Kinn, rieb den Daumen über seine Lippen.

»Dieses Leben hier. Die Menschen. All das …« Nein, er konnte es nicht ausdrücken, der Dorn saß so tief, entzündete sein Herz, die Schmerzen strahlten in den ganzen Körper aus.

»Das ist wunderbar, nicht wahr?« Strahlend lächelte Miguel, schob seinen neuen Hut etwas zurück und kratzte sich an der Stirn. »Unglaublich, was Jean geschaffen hat. Einst war das unser beider Traum. Es ist ein Traum, der wahr wurde. Aber nicht länger der meinige. Meiner steht vor mir und hat Angst, mich zu verlieren, nicht wahr?« So leise die Worte, so eindringlich. Simon riss ihn an sich, presste ihn derart fest, dass Miguel ein Keuchen entkam.

»Ja. Ich liebe dich und ich habe Angst, ich muss dich gehen lassen, weil ich dich so liebe«, wisperte er. Eine Hand strich fest über seinen Rücken.

»Niemals wirst du das. Es gibt nur einen Ort, an dem ich glücklich sein kann«, raunte Miguel. »Dort, wo du bist. Es gibt kein Paradies auf dieser Welt, das ohne dich für mich lebenswert wäre.«

Verdammt, die Tränen drückten nun mit aller Macht gegen Simons geschlossene Lider, egal wie schnell er schluckte, wie verzweifelt er versuchte, seine Gefühlsregungen zu verbergen. Wie immer spürte Miguel es, hielt ihn fest, bis er sich endlich gefahrlos räuspern konnte.

»Lass uns dieses Abenteuer gemeinsam angehen. Am Ende winkt unsere Freiheit und ein Glas guten Rotweins, den wir inmitten eines Gartens in Spanien auf Jean trinken werden«, flüsterte Miguel, klopfte ihm noch einmal auf den Rücken und wand sich aus seinem Griff. »Schau, da vorne ist die Rampe. Nun wird es ernst werden. Die *Estrella* verlässt das Wasser.«

Vom Heck klang Jeans Stimme herüber, der Befehle brüllte. Mit unbeweglichen Zügen hatte er dort gestanden, die ganze Zeit, in der sich die *Estrella* langsam den Fluss hinaufbewegte. In den letzten Tagen hatte Simon ihn selten zu Gesicht bekommen, er schien kaum zu schlafen, trieb die Männer jedoch gnadenlos an. Keiner wusste, wann die Engländer kommen würden.

»Vielleicht haben sie nicht geredet. Zumindest nicht gleich. Eventuell braucht es doch die Folter, um ihre Zungen zu lösen. Es gab auch tapfere Männer unter Bernards Leute«, hatte Jorge eines Abends am Lagerfeuer gemeint, um das sie sich zum Essen versammelt hatten. Es gab frischen Braten, den die Bukaniere mit ihren langen Musketen geschossen hatten. Manche der Männer, die den ganzen Tag geschuftet hatten, waren noch vor dem Essen vor Erschöpfung eingeschlafen.

»Es wird auch des Befehls eines Admirals bedürfen«, hatte Simon ergänzt. »Mein Vater ist zwar der Gouverneur in Saint Ibell, seine Befugnis reicht allerdings nicht sehr weit. Und die Admirale unterstehen der Krone. Sicher werden sie nicht auf einen Brief aus England warten, wohl aber genug Schiffe zusammenziehen und einen Angriff sorgfältig planen. Ein solcher Schlag kann sie mit einem Mal berühmt machen und sie sind stets auf ihre Reputation bedacht.«

»Jeden Tag, den sie länger brauchen, soll mir recht sein«, hatte Herve gemeint. »Ich frage mich ja, was der Lange Jacques tun wird, wenn Segel am Horizont auftauchen und die englische Flagge weht. Wie schnell werden sie die Kanonen zurückschaffen können, und wird er es riskieren, auf sie zu feuern, während wir ihm in den Rücken fallen können?«

»Wenn die Engländer sich blicken lassen, wird er den Schwanz einkneifen und seine eingeschissene Unterhose als weiße Flagge hissen. Dieser feige Verräter weiß, dass ihn bei den Inselratten nur der Galgen erwartet. Wenn er hingegen Jean in die Hände fällt, wird sein Tod nicht so leicht sein«, meinte der rothaarige Quinn, ein Mann irischer Abstammung, der die Lagerhäuser verwaltete.

»Er gehört in Stücke gerissen und verspeist«, knurrte Dzifa. »Sein Herz zuerst. Wenn es noch zappelt, nachdem man es aus der Brust gerissen hat.«

»Sag bloß, das ist die übliche Ernährung der Coromantee? Seid ihr deshalb so berüchtigt für eure Stärke und den Widerstand?«, warf Miguel spöttisch ein, während Simon ernsthaft überlegte, den Lagerplatz vorzeitig zu verlassen. An die Grausamkeiten der Männer konnte er sich einfach nicht gewöhnen.

»Nicht meines Stammes«, erwiderte Dzifa. »Viele Stämme gehören zu den Coromantee. Ihr Oburoni bezeichnet uns, als ob wir ein Volk wären. Tatsächlich sprechen wir zwar eine Sprache, wurden alle von der Goldküste Afrikas als Sklaven hierher gebracht, ansonsten trennt unsere Stämme vieles.«

»Wir sind alle Menschen«, wagte Simon einzuwerfen. »Niemand sollte einen anderen töten oder verstümmeln wollen.«

Dzifa lachte gutmütig, deutete auf seine Narben. »Das hätte ich den Sklavenfängern und dem verfluchten Plantagenbesitzer auch gerne gesagt, der uns bis zum Umfallen schuften ließ. Weißt du, wie ich diese Narben erhielt? Ich brachte die Sklaven dazu, sich gegen ihn zu wehren. Leider schlugen die Soldaten den Aufstand schon im Keim nieder. Sie haben versucht, mich zu vierteilen und brennendes Öl über mich gegossen. Die anderen konnten es nicht mit ansehen, überwältigten die Soldaten, ließen sie das kochende Öl trinken, ehe wir fliehen konnten. Diese Welt ist voller Menschen, die keine Skrupel haben, andere zu töten. Besser, du achtest immer darauf, eine geladene Pistole zu haben.«

Unbehaglich hatte Simon den Blick gesenkt, mit zunehmendem Entsetzen vernommen, was Dzifa von seiner Zeit als Sklave erzählte. Nie würde er dies vergessen. Kein Mensch durfte so viel Macht über einen anderen haben, ihn wie ein Stück Vieh zu verkaufen und arbeiten zu lassen. Es gab vieles, was er nie erfahren hätte, wenn er nicht entführt worden wäre.

»Auf geht es.« Miguel stieß ihn an, brachte ihn zurück an Bord der *Estrella* und zu dem Wagnis, an dem er einen Anteil hatte. Behände kletterte Miguel vor ihm die Strickleiter hinab. Einzig Jean blieb auf dem Schiff, vorne am Bug. Aus parallel liegenden Baumstämmen hatten sie behelfsmäßige Gleise gemacht, auf dem der Schlitten, auf zahlreichen Baumstämmen gelagert, entlanggleiten konnte. Dutzende von Seilen führten zu Geschirren für Ochsen und Menschen gleichermaßen. Zwar war der Urwald in einer schmalen Schneise gerodet worden, der Untergrund jedoch nicht vollkommen eben. Die Männer und Tiere mussten genau drauf achten, wohin sie traten. Das größte Hindernis stellte ein Anstieg kurz vor dem Strand dar, der zum Teil aus Felsen bestand und dessen Überwindung all ihre Kraft kosten würde.

»Und zieh!«, brüllte Jorge. Die Seile spannten sich, brüllend warfen sich Männer und Tiere in die Seile. Besorgt behielt Simon die Seilrollen im Blick, die an stehengelassenen Bäumen seitlich befestigt waren. Diese besonderen Seile liefen von der *Estrella* aus zu den Rollen und wurden umgelenkt. Die Männer, die daran zogen, bewegten sich entgegengesetzt der anderen. Immer wieder würden sie die Seilrollen lösen und weiter vorne neu montieren müssen, sie würden das Ziehen jedoch erleichtern.

Mit einem ächzend klingenden Laut schob sich der Rumpf der *Estrella* über die flache Rampe aus dem Wasser. Stück für Stück glitt das gewaltige Schiff hinauf. Atemlos verfolgte Simon das Schauspiel, rief den Männern an den Seilrollen Befehle zu. Miguel befand sich auf der anderen Seite, achtete auf seine Stimme. Ganz gleichmäßig mussten sie ziehen, das Schiff musste erst stabilisiert werden, ehe sie den eigentlichen Weg angehen konnten.

»Zieh! Und zieh«, feuerte Jorge sie an. Seile knarrten, Holz knirschte, die Luft war erfüllt von dem Keuchen der Männer, während die *Estrella* sich nur widerwillig aus ihrem Element zu erheben schien. Erst als der gesamte vordere Rumpf auf dem Schlitten lag, die Handwerker hastig die Stützen und Räder anbrachten, wurde es ein wenig leichter für die Männer.

»Der Klabautermann soll mich holen, es gelingt«, stieß Herve hinter Simon aus, als das Schiff Fuß für Fuß auf den Gleisen entlangglitt. Immer wieder mussten sie pausieren, die Seilrollen neu anbringen. Hier und da riss ein Seil, stürzte ein Mann. Mitunter mussten sie die Baumstämme neu ausrichten, doch quälend langsam schob sich das mächtige Schiff auf dem Weg durch den Urwald.

»Das ist gewiss ein Anblick, von dem ich meinen Enkeln berichten werde«, stieß Bryant aus, der es sich nicht hatte nehmen lassen und auf einem der Fuhrwerke der Handwerker mitfuhr. »Wenn mich diese Kopfschmerzen nicht vorher den Verstand verlieren lassen.« Mit schmerzverzerrtem Gesicht rieb er sich über die Stirn. Wie Simon erfahren hatte, hielten die medizinisch versierten Männer in der Kolonie es für zu gefährlich, die Kugel zu entfernen, die knapp hinter dem Stirnknochen saß. Daher behalfen sie sich mit Umschlägen und Kräuter, nur ob das Bryant heilen würde, konnte keiner mit Sicherheit sagen.

Es kostete sie einen ganzen Tag, die Hälfte der Strecke zu überwinden, und die Männer waren am Ende ihrer Kräfte. Einen Ochsen, der gestürzt war, hatten sie erlösen müssen. Sein Fleisch briet an jenem Abend über den Lagerfeuern inmitten des Urwalds. Nur wenige kehrten zur Siedlung zurück, weil ihre Beine sie schlicht nicht mehr trugen. Auch Miguel und Simon hatten sich ein behelfsmäßiges Lager aus Palmblätter geschaffen, schliefen eng aneinandergedrängt, um den Mücken wenig Angriffsfläche zu bieten.

Am folgenden Tag erschwerte Regen ihnen zusätzlich die Arbeit und sie kamen kaum voran. Immer wieder mussten sie die Baumstämme neu ordnen, einige verschlissen, mussten ersetzt werden. Zwei Seilrollen sprangen in Einzelteile. Zum Glück hatten die Handwerker vorsorglich mehrere angefertigt, sodass sie rasch neu angebracht werden konnten. Die Seile waren durch Schweiß und Erdreich schlüpfrig geworden, der Regen, der unaufhörlich herabprasselte, machte es fast unmöglich, sie zu halten. Fluchend rissen sich die Männer die Hände wund, umwickelten die Handflächen mit Stoff. Mit größter Bewunderung verfolgte Simon ihren unbändigen Willen. Sie alle wussten, worum es ging, dass ihre Zukunft, ihre Leben auf dem Spiel standen. Der Einzige, auf den sie lauthals fluchten, war der Lange Jacques.

»Zum Teufel auch, das wird nichts. Wir kommen kaum voran«, schimpfte Herve, der von Kopf bis Fuß voller Schlamm war, nachdem Jean ihnen endlich eine Pause erlaubte und vom Schiff zu ihnen herabkam. »Niemals kommen wir so über diesen Hügel, geschweige denn in die Nähe. Dabei rieche ich das Meer schon.«

Schwer atmend standen sie im Kreis, warteten, was Jean entscheiden würde.

»Wir sollten den morgigen Tag abwarten. Wenn der Regen nachlässt«, schlug Quinn vor, der eine Schramme über dem Gesicht von einem zerrissenen Seil trug.

»Völlig sinnlos. Über den Hügel schaffen wir es nicht, das Schiff ist zu schwer. Selbst bei trockenem Boden und ausgeruhten Männern«, stieß Bryant aus, das Gesicht wirkte wächsern, und ob die Feuchtigkeit darauf Schweiß oder Regen war, vermochte Simon nicht zu sagen.

»Und der Anker?«, brachte er hervor, wischte sich die dreckigen Hände an der noch schmutzigeren Hose ab.

Laut lachte Bryant ihn aus. »Junge, der Anker wiegt nicht derart viel, dass es einen wesentlichen Unterschied ausmachen würde.«

»Nein, ich meine, wenn wir den Anker auf ein Fuhrwerk laden?«, entgegnete Simon.

»Wozu?« Skeptisch musterte ihn Bryant, die anderen und auch Jean hingegen schauten ihn erwartungsvoll an. Mehrfach holte Simon Luft, bis sein Herzschlag sich etwas beruhigt hatte.

»Einer der Kapitäne meines Vaters erzählte davon, wie er sein Schiff durch eine wochenlange Flaute gebracht hat. Indem sie den Anker ins Beiboot luden, vorausfuhren und ihn versenkten. Anschließend wurde er eingeholt und das Schiff zog sich selbst voran.« Erneut holte er Luft, sich der Blicke aller Bukaniere bewusst, denn auch die umstehenden musterten ihn neugierig.

»Teufel noch eins!«, stieß Herve hervor, ballte die Faust.

»Das könnte klappen, wenn man den Anker hinter den Hügel platziert«, nahm Jean die Idee nachdenklich auf. »Wir ersetzen die Trosse mit stabilen Seilen. Das mindert das Gewicht.«

»Und die *Estrella* zieht sich selbst ins Meer. Grandios! Junge, mir gefällt deine Art zu denken!«, energisch schlug Quinn Simon auf den Rücken, der überrascht einen Schritt nach vorne taumelte, ehe er sich fing.

»Simon, du erstaunst mich«, bemerkte Jean mit einem besonderen Schmunzeln, deutete ein anerkennendes Nicken an. Sein Lob rann warm über Simons Rücken, machte ihn verlegen.

»Mich auch. Immer wieder«, gab Miguel zu, grinste breiter und strahlender als die Sonne, zog Simon zu einem Kuss heran, während Jean bereits Befehle rief.

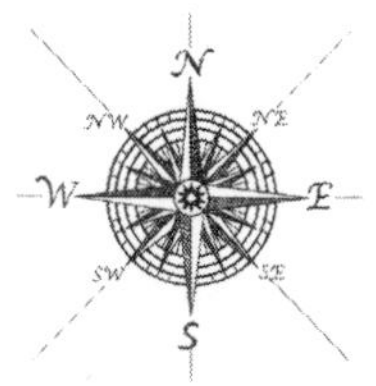

Unter vollen Segeln

Simon blinzelte in die tief stehende Sonne, erfüllt von einem unsagbaren Glücksgefühl, einem wahren Rausch an Euphorie, der nicht abnahm, je mehr der Bukaniere ihm auf die Schulter klopften. Dutzende von ihnen lobten ihn grinsend oder wollten mit ihren Rumkrügen mit ihm anstoßen. Direkt im seichten Wasser am Strand lag die *Estrella*, im Licht des Sonnenuntergangs, schwang in der leichten Dünung hin und her, schien froh zu sein, endlich wieder in ihrem Element zu sein.

Es hatte funktioniert. Gott verdammt, es war wirklich gelungen, sie durch den Urwald, über den letzten Hügel, den Strand hinab wieder ins Meer zu bringen. Fassungslos schüttelte Simon den Kopf, der von nur wenigen Schlucken Rum viel zu leicht geworden war. Natürlich feierten sie, auch wenn vor ihnen noch der unsichere Weg durch die Riffe hinaus auf das offene Meer lag. Der erste Abschnitt war genommen worden.

Derzeit tauschten einige der Männer vor dem Anbruch der Nacht noch die schweren Seile am Anker gegen die eigentliche Trosse aus, schafften Proviant und Waffen an Bord und alles, was zuvor wegen Gewichtserleichterung hatte weichen müssen.

Ächzend und knirschend hatte die *Estrella* sich selbst den Hügel hinaufgezogen, der Anker tief in Erdreich und Felsen vergraben. Kurz bevor sie die Kuppe erreicht hatte, sah es so aus, als ob er sich lösen würde, die Seile dem Druck nicht standhalten würden. Wenn sie sich losriss, würde sie alle mit sich reißen. Brüllend hatten sich die Männer noch härter in die Seile geworfen, die das Schiff zusätzlich zogen, jede verfügbare Hand hatte mit angepackt und das Schiff die letzten Fuß hochbugsiert. Was für ein Jubel, als der Bug sich neigte und die Anhöhe endlich bewältigt

war. Erst als das Schiff den Strand erreicht hatte, war Simon mit wunden Händen, schweißgebadet im Sand vor Erschöpfung auf die Knie gefallen, wie fast alle anderen mit ihm.

Sogar Jean war zu ihm gekommen, kaum hatten sie die *Estrella* zu Wasser gelassen, hatte kurz gezögert, dann die Hand zu dem respektvollen Gruß eines Kapitäns an die Stirn erhoben und ihn auf eine Weise angelächelt, die durch und durch ehrlich und offen schien.

»Simon? Mi amado? Wo bist du? Schönster, schlauester, mutigster und verflucht ehrenvollster Mann von allen?« Ach herrjemine, Miguels Stimme klang nicht mehr ganz nüchtern. Schmunzelnd blickte Simon sich um, entdeckte ihn am Strand, wo er sich gerade mit einem offensichtlich leeren Krug hinsetzte und dann beim Trinken hintenüberfiel.

Gemächlich schlenderte Simon zu ihm, schaute liebevoll auf ihn herab. Mit einem seligen Lächeln blickte Miguel zu ihm auf, das dunkle Gesicht von den Anstrengungen gezeichnet, mehrere Mückenstiche auf der Stirn, dreckig, schwitzend und erschöpft wie sie alle. Wunderschön war er. Wild und ursprünglich, ein Dämon mit Charme und einem besonderen Herzen.

»Mi amado!«

»So betrunken, wie du bist, ist es verwunderlich, dass du mich noch erkennst.« Lachend kniete sich Simon über ihn, strich ihm die schwarzen Haare aus der Stirn, ließ die Finger über die rauen Wangen fahren, über den Hals, das Kinn und die blanke Brust unter dem halboffenen Hemd. Dieser Mann, der ihn liebte, den er liebte. Was für ein Geschenk er war.

»Unter Hunderttausenden. Jederzeit. Oh nein, so viele waren es gar nicht. Habe vergessen, zu zählen. Das meiste waren Frauen, die sind viel leichter zu umgarnen. Gelegentlich ein Mann, wenn mir der Sinn nach etwas Rauerem stand. Und dann kam dieser junge Engländer mit den Augen in der Farbe funkelnder Jade. Aufrecht und stolz. Eine Herausforderung, und ein Mann, um den es sich zu kämpfen lohnt«, flüsterte Miguel etwas schleppend, breitete die Arme weit aus und schaute zum Himmel hoch, der sich zunehmend in das Gewand der Nacht kleidete. »Und nun bin ich so verliebt wie nie. Ich bin im Himmel gelandet oder eher in seinen Armen.«

»Deine Zunge beherrscht fürwahr die Honigworte sehr gut«, raunte Simon ihm zu, legte sich kurzerhand auf ihn, küsste die Mückenstiche, die Nasenspitze, entzog sich schmunzelnd, als Miguel hungrig nach seinen Lippen schnappte.

»Und sie leckt so gerne über Eier«, kicherte Miguel, packte Simons Hintern und presste ihn an sich. »Mit Honig oder ohne.«

Erneut musste Simon lachen, küsste Miguel, ließ ihn zurückküssen. Der süße Rum wärmte sein Blut, er war indes zu müde für mehr und die alte Scham noch stark genug, sich nicht in Sichtweite der anderen Bukaniere mit Miguel zu vergnügen. Diese Art der Zweisamkeit gehörte nur ihnen und erlaubte keine Zuschauer.

Zwar kannte Miguel diese Zurückhaltung natürlich nicht, aber Simon wehrte sanft und doch entschlossen seine Vorstöße ab. Sich küssend und streichelnd lagen sie beieinander, bis die Dunkelheit sich ganz über sie gelegt hatte und nur das flackernde Licht vereinzelter Lagerfeuer den Strand erhellte.

Simons Magen knurrte, er war jedoch viel zu träge, sich zu erheben, den mittlerweile nahezu schlafenden Miguel aus seinen Armen zu entlassen. Keine lange Pause war ihnen vergönnt. Beim ersten Tageslicht schon würden sie die *Estrella* versuchen, aufs offene Meer zu bringen. Jene drei Bukaniere, die die Untiefen und Riffe bereits mit einem Fischerboot passiert hatten, würden dabei sein.

»Engländer, da brutzelt ein besonders saftiges Stück Fleisch nur für dich«, rief vom Lagerfeuer Herve herüber, winkte ihn heran.

»Der kostet erst noch ein anderes, heißeres Stück«, grölte einer der anderen.

»Spanisches Filet.«

»Verbrenne dir nicht die Lippen!«

Brüllend lachten sie los, die zotigen Sprüche flogen nur so hin und her. Mit ein wenig glühenden Wangen drückte Simon sein Gesicht gegen Miguels Hals. Ob er sich je daran gewöhnen würde, dass für diese Männer Freiheit auch bedeutete, dass jeder bei jedem liegen konnte, gleich welchen Geschlechts? Eine Freiheit, die sie in Spanien nicht genießen würden, noch irgendwo anders. In der Tat hatte Jean einen ganz besonderen Ort geschaffen. Gerade für Männer wie sie.

»Dieser Spanier würde lieber Eier kosten. Mit Honig«, nuschelte Miguel schlaftrunken. »So viel Honig, dass er herabtropft. Dicke, klebrige, süße Tropfen, der über deine Beine rinnt, hin zu …«

»Miguel!«, zischte Simon leise glucksend, spürte die Wirkung der Worte augenblicklich in seinen Lenden pochen. »Komm, lass uns etwas essen.« Energisch versuchte er, sich aus der Umarmung zu befreien, Miguels gierigen Lippen zu entkommen, die sich auf die Suche nach jedem bisschen blanker Haut gemacht hatten.

»Hier schmeckt es schon nach Honig. So ein wenig zumindest«, murmelte Miguel, die Lippen an Simons Brust. Lachend entwand er sich, drückte Miguel energisch zurück und sprang rasch auf, ehe ihn Hände oder Lippen erneut erreichen konnten.

»Wenn wir in Spanien sind, dann besorge ich dir einen Topf Honig. Einen großen, und du kannst ihn verspeisen, worauf immer du willst«, versprach er mit dezent warmen Ohren, musste über sich selbst lachen.

»Oh, es muss doch einen Gott geben, irgendwo da oben zwischen Sternen und Mond«, seufzte Miguel glückselig grinsend, breitete die Arme abermals weit aus, während Simon rasch zum Feuer ging und ihnen das Fleisch holte. Als er zurückkehrte, schnarchte Miguel mit offenem Mund. Glücklich seufzend kauerte sich Simon neben ihn, füllte seinen Magen und kuschelte sich anschließend dicht an seinen Geliebten, verbannte alle Gedanken an die nächste Etappe ihres Abenteuers.

Für den Moment waren sie freie Männer in einer freien Kolonie. Niemand verbat ihnen ihre Liebe, niemand nahm Anstoß an ihrer Nähe. Und für den Augenblick gab es auch keinen Jean, dessen Eifersucht oder Sehnsucht sie bedrohte.

Ob er wirklich begriffen hatte, dass sie zusammengehörten? Würde er sich auf die Suche nach Nouel begeben, wenn sie die Festung zurückerobert, den Angriff der Engländer abgewehrt hatten? Gab es eine Zukunft für ihn und diesen unbekannten Mann? Trotz allem, was geschehen war, Simon wünschte es sich, wollte, dass auch Jeans Sehnsucht gestillt, sein zerbrochenes Herz gekittet werden würde.

Mit steifen Knochen, jeder Muskel schmerzend, quälte er sich in den frühen Morgenstunden aus dem kühlen Sandbett, hatte einige Mühe, sich aus Miguels Armen und Beinen zu befreien. Gähnend rollte sich Miguel herum, nuschelte etwas, wollte sich nicht recht dazu bewegen lassen, aufzustehen.

Mit schmerzverzerrtem Gesicht reckte Simon sich, betrachtete seine aufgeschürften Hände und ließ den Blick über den Strand schweifen. Überall regten sich Gestalten, ein paar saßen bereits an den rauchenden Überresten der Lagerfeuer, von irgendwoher kitzelte der Duft von Brot seine Nase. Ah, Dzifa hatte ihn erspäht, winkte ihn heran. Noch einmal und wesentlich energischer, schubste Simon Miguel, der sich unwirsch murmelnd schließlich erhob und hinter ihm her taumelte.

»Nimm, es ist noch heiß.« Vorsichtig auf das Stück leicht angekohlten Brotes pustend, reichte ihm Dzifa einen flachen Fladen, warf einen wenig mitleidigen Blick auf den noch immer halb schlafend wirkenden Miguel. Zwischen seinen breiten Händen formte er einen neuen Fladen, den er in Blätter einwickelte und in die Asche schob.

»Das schmeckt gut. Danke«, meinte Simon, verbrannte sich zwar die Zunge, war jedoch hungrig genug, nicht abzuwarten, bis der Rest abgekühlt war.

Immer wieder gähnend nahm auch Miguel sich ein Stück davon und als er etwas Wasser die Kehle hinabgeschüttet hatte, erwachten auch langsam seine Lebensgeister.

Nicht lange danach standen sie inmitten der Mannschaft an Bord der *Estrella*. Dzifa und Herve waren auch an Bord, wohingegen Bryant und auch Quinn an Land blieben.

»Wenn du seiner überdrüssig werden solltest, dann hätte ich da noch eine wunderschöne Tochter, die weiß, wie sie einen Mann verwöhnen kann«, hatte Bryant Simon zugeraunt und den Arm vertraulich um ihn gelegt. »Männer mit Verstand sind selten. Das gäbe famose Kinder. Überlege es dir gut.« Zum Glück hatte sein Atem nach Alkohol gerochen und er hatte nicht mit einer direkten Antwort gerechnet.

Es war ein etwas seltsames Gefühl, nun wieder auf dem Deck der *Estrella* zu stehen und dieses Mal aus freien Stücken.

»Es ist nicht nötig, dass du uns begleitest«, hatte Miguel zu ihm gesagt, nachdem das Wasser den Rest Rum in seinem Blut so weit verdünnt hatte, dass die Gedanken wieder schneller flossen. »Tatsächlich ist es ziemlich wagemutig und leichtsinnig. Wir werden an Seilen die Felsen hinaufklettern, warten, dass die *Estrella* ein genügend großes Loch in die Mauer gesprengt hat, hoffen, dass Jacques Männer Feiglinge sind und sich in die Festung verziehen, anstatt uns direkt am Loch mit ihren Musketen zu empfangen. Der Rest könnte recht unschön und blutig werden.«

»Wenn du auch nur einen Augenblick denkst, ich würde dich alleine dort hochklettern lassen, nicht an deiner Seite sein und alles tun, um dein Leben zu schützen, dann kennst du mich noch nicht gut genug, Miguel Arlez Arroyo«, hatte ihm Simon zornig entgegengeschleudert. Niemals würde er an Land bleiben und nicht einmal wissen, ob Miguel zurückkehren würde.

»Du kannst mit einer Pistole umgehen? Du wirst sie auf einen Menschen richten und abfeuern müssen«, hatte Miguel ihn gewarnt. Verbissen hatte Simon genickt. Wenn Miguel in Gefahr war, dann würde er den Finger krümmen können.

Erneut tastete er nach den zwei Waffen an seinem Gürtel, dem Degen, den er erhalten hatte. Der ursprüngliche Plan hatte sie bei Nacht angreifen sehen, war jedoch von Jean verworfen worden, denn sie konnten nicht

sicher sein, dass die *Estrella* beim Feuern in der Dunkelheit nicht aus Versehen die Kletterer erwischte.

»Es gibt einen kleinen, gezackten Felsvorsprung unterhalb der Mauer«, erklärte Miguel den zehn Armbrustschützen, die vor ihm standen, während die *Estrella* von den beiden Beibooten und unter ständigen Rufen der Tiefe und der Position der Riffe, gen Meer gezogen wurde. Es gab einen Engpass, wenn sie den überwunden hatten, ohne den Bauch des Schiffes aufzureißen, dann hatten sie es geschafft und würden unter vollen Segeln zur Festung segeln.

»Zielt sorgfältig, ihr werdet jeder kaum einen zweiten Versuch haben, wenn die Haken sich nicht dort verfangen. Und zielt ja nicht zu hoch mit den Bolzen. Ein Haken, der über die Mauer fliegt, wird von den Besetzern abgeschnitten werden, das Seil ist nutzlos. Trefft ihr dagegen die Felsenkante, so können sie die Seile von der Festung aus nicht erreichen. Keiner von euch«, er wandte sich an die Männer, »die mit ihnen hinaufklettern würden, klettert ein Seil hinauf, was nicht zuvor das Gewicht von zwei Männern hält. Vergesst nicht, wenn wir oben sind, folgen die anderen uns.«

Aufgeregte Rufe aus dem Beiboot unterbrachen ihn, alarmiert stürzten die Männer an die Reling, spähten nach vorne, wo die Beiboote hastig ihre Richtung änderten, die *Estrella* von einem Riff, das dicht unter der Wasseroberfläche durch die Fluten schimmerte, fortzuziehen.

Laute Anfeuerungsrufe erklangen, die gesamte Mannschaft trieb die Ruderer an, die es tatsächlich schafften und das Schiff kurz vor den scharfen Felsen wieder auf Kurs brachten. Der Einzige, der scheinbar unbeeindruckt am Heck stand und mit dem Fernglas alles beobachtete, war Jean.

Noch zweimal mussten sie zittern, einmal schrammte die *Estrella* an den Felsen entlang, doch es entstand zum Glück kein Schaden, ehe sie endlich das offene Meer erreichte. Jubelnd flogen Hüte in die Luft, die erschöpften Männer aus den Beibooten wurden wie Helden zurück an Bord begrüßt. Erwartungsvoll schaute Simon nach vorne, wo sich das blaue Wasser bis zum Horizont streckte, atmete tief den Duft von Seetang ein, schmeckte die salzige Luft. Sobald das Schiff sich stärker zu wiegen begann, die Männer die Segel setzten, meldete sich natürlich wieder sein Magen.

»Verstehe mich nicht falsch, ich hätte niemand lieber an meiner Seite. Nur, ehe jeder Bissen dieses köstlichen Brotes bei den Fischen landet …«, hatte Miguel zu bedenken gegeben. Zu Simons Glück hatte Dzifa ihm ein

Gebräu gegeben, auf das er bei Seekrankheit schwor. Es schmeckte äußerst bitter und eindeutig enthielt es Alkohol, schien seinen Magen jedoch so weit zu beruhigen, dass er nur ein leicht flaues Unbehagen fühlte, während die *Estrella* unter vollen Segeln über die Wellen schoss.

Nun kam es drauf an. Die Männer im Hafen und in der Siedlung hatten die übrigen Kanonen der *Estrella* in Stellung gebracht und würden den Auftakt zu einem Ablenkungsmanöver geben. Während sie von der Landseite aus die Festung beschossen, würde die *Estrella* es von der Seeseite aus tun.

Tief holte Simon Luft, spürte das aufgeregte Kribbeln in jeder Fingerspitze und griff nach Miguels Hand, der neben ihm an der Reling stand. Die Haare flatterten im Wind, er hatte sich statt des Hutes ein Tuch umgebunden. Kein Ton kam über seine Lippen, nur ein Lächeln, und der Druck seiner Hand wurde fester, als ob er ihn nie loslassen wolle.

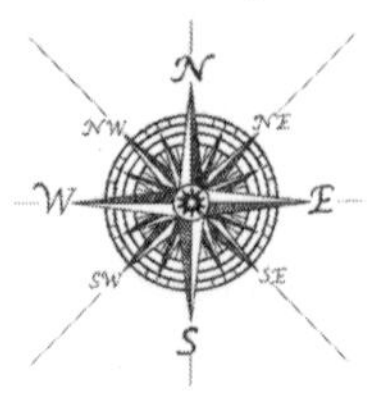

Zum Angriff

»Der Angriff hat begonnen, die Kanonen feuern. Hört ihr sie donnern?« Dzifa schirmte die Augen mit der Hand gegen die Sonne ab, blinzelte zu dem Felsvorsprung, den sie später umschiffen würden und der sie in Sichtweite der Festung brachte. »Hoffen wir, dass die da oben beschäftigt sind. Und da sie nicht einmal ahnen können, dass wir ein Schiff auf See haben …« Freudestrahlend spuckte er sich in die Hände, rieb sie aneinander. »Was sie wohl gedacht haben, als die *Estrella* flussaufwärts verschwand?«

»Sie müssen vermuten, dass wir die Kanonen alle heimlich von der *Estrella* geschafft haben und diese gegen sie einsetzen würden. Niemals werden sie mit einem Angriff von der Seeseite rechnen. Wer kommt schon auf so eine verrückte Idee, ein Schiff quer durch den Urwald zu bringen?«, frohlockte Herve, der sich auf seine Muskete stützte, beobachtete, wie eins der Beiboote zu Wasser gelassen wurde. Mit diesem würden sie übersetzen und versuchen, unbemerkt die Felsen zu erklettern.

»Wenn der Lange Jacques aus Furcht vor Jeans Rache nicht ganz wahnsinnig geworden ist, wird er wenigstens eine Wache zur Seeseite positioniert haben«, warf Miguel zweifelnd ein, beobachtete die vorspringende Felsnase sorgfältig mit dem Fernrohr. »Ein guter Plan Jeans, dicht an Land zu segeln, so können wir lange unbemerkt bleiben. Und selbst wenn sie uns bemerken, ohne Kanonen können sie nicht viel ausrichten. Die Schießscharten sind nicht für Musketen ausgelegt. Erinnere mich daran, Simon, dass ich diese Schwäche ändern lasse. Wenn es uns gelingt, in diese Festung zu kommen, könnten andere das später auf demselben Weg.«

»Wenn wir diese Ratten vertrieben haben, werden alle Kanonen sofort wieder in Position gebracht. Und wir mauern Erker, von denen aus man Angreifer auf der Felswand beschießen könnte«, erklärte Jean, der zu ihnen getreten war. »Bisher noch keine Spur von den Engländern. Hoffen wir, das bleibt noch länger so. Also dann: Alle bereit?«

Stumm nickte Simon, eine Hand auf dem Griff der Pistole. Das nervöse Flattern in seinem Magen nahm zu, als er sich über die Strickleiter ins schwankende Beiboot begab. Hoffentlich wirkte Dzifas Mixtur zuverlässig. Nicht auszudenken, wenn ihm mittendrin speiübel werden würde. Auf gar keinen Fall wollte er eine Last für die anderen sein, wo er schon derjenige mit der geringsten Erfahrung war.

»Leise«, ermahnte Herve unnötigerweise die Männer an den Rudern. Sie mussten nur wenige Schläge machen, die Strömung brachte sie ganz von alleine näher. Direkt hinter dem Felsvorsprung begann der schmale, steinige Strand unterhalb der Festung. Gut möglich, dass sie nicht gleich entdeckt wurden. Mit wild klopfendem Herz schaute Simon nach oben, wo sich die mächtigen grauen Mauern erhoben, nur durch die gähnend leeren Luken für die Kanonen unterbrochen.

»Keine einzige Kanone«, bestätigte auch Miguel, der angestrengt durch das Fernglas linste. »Bis sie auch nur eine der schweren Dinger an ihren Platz zurückgewuchtet haben, würden Stunden vergehen. Da sind wir längst oben. Auf geht es. Lasst die Schützen erst an Land. Noch einmal in die Hände gespuckt und dann heißt es, schneller klettern, als ein Affe mit brennendem Schwanz.« Leises, unterdrücktes Lachen war die Antwort. Hastig verließen alle das Boot, ein Schütze nach dem anderen ging in Stellung, wartete Herves Befehl zum Feuern ab. Von der anderen Seite dröhnten immer wieder die Kanonen, Pulverdampf stieg über der Festung auf, der beißende Geruch von Schießpulver drang bis zu ihnen herab.

»Die können nicht mal eine einheitliche Salve angeben.« Missbilligend schüttelte Dzifa den krausen Lockenkopf. Flüsternd gab Herve den Befehl zum Abschuss. Sirrend schossen die Bolzen davon, zogen das Seil mit dem Haken hinter sich her. Die Kunst bestand wohl darin, ein wenig über den Felsvorsprung zu zielen, damit sich diese Haken verankern konnten. Wie Miguel versichert hatte, wussten die Männer aus Erfahrung, was sie machten. Wie oft sie wohl auf demselben Weg in eine Festung eingedrungen waren?

»Sitzt«, bestätigte der erste Schütze.

»Zwei Männer!«, erinnerte Miguel ihn sofort, hängte sich mit ihm zusammen an das Seil. Es hielt. Weitere Schützen bestätigten den Erfolg und kurz darauf kletterten auch schon die Bukaniere an den Seilen hinauf. Simon war nicht schnell genug, ein anderer schnappte sich vor ihm das Seil und kletterte neben Miguel hinauf, derart schnell und geschickt, dass Simon einen weiteren Moment zögerte. Was, wenn er unterwegs nicht weiterkam, ihn die Kraft verließ? Verdammt, nein. Entschlossen griff er nach dem Seil, kletterte hinterher, auch wenn der andere noch nicht oben angelangt war.

Über ihnen regte sich nichts, sie schienen noch nicht bemerkt worden zu sein. Als Miguel etwa die Hälfte der Felsen erklettert hatte, zog er ein weißes Tuch hervor, signalisierte damit den zwei Männern, die das Boot wieder aufs Wasser gebracht hatten. Diese wiederum, gaben das Signal an die *Estrella* weiter. Nicht mehr lange und sie würde erscheinen, die Kanonen ausgefahren und über ihnen die Mauer beschießen.

Ihre Position seitlich an den Felsen war mehr als riskant. Eine fehlgeleitete Kanonenkugel, herumfliegende Felsbrocken oder Teile des Mauerwerks konnten jeden von ihnen treffen. Atemlos presste Simon sich gegen den Felsen, versuchte, mit den Füßen einen besseren Halt zu bekommen. Wie lange mussten sie warten? Laut Plan würde die *Estrella* eine Salve über die Mauern feuern, damit die Männer dahinter in Deckung blieben und dann gezielt eine Bresche in die Mauern schießen konnten. Jeder der Männer an den Kanonen war erfahren, sie waren von Jean in vielen Jahren auf Zielgenauigkeit gedrillt worden. Auch wenn dieser gerne selbst die Festung gestürmt hätte, war er an Bord geblieben, da er sein Schiff am besten kannte.

»Sie könnten einer fliehenden Ratte den Schwanz mit einer Kugel wegschießen«, hatte Jorge behauptet, als die Männer an den Schiffskanonen sich vorbereitet hatten. Bei Gott, Simon betete darum, dass er Recht hatte. Es war ein mieses Gefühl, an der Felswand zu hängen, auf die diese Kanonen gerichtet waren.

Mit ohrenbetäubendem Donnern entlud sich die erste Salve der *Estrella*. Über ihnen zischten die Kugeln durch die Luft, schlugen wie geplant über der Mauer in der Festung ein. Und endlich erklangen aufgeregte Stimmen, Alarmrufe, ein wildes Brüllen durcheinander. Da schlug auch schon die erste Kugel weit rechts in die Mauer, in kurzen Abständen von weiteren gefolgt. Eine weitere Salve jagte über die Mauer, der Lärm war so groß, dass Simon sich am liebsten die Hände auf die Ohren gepresst hätte. Seine Finger schmerzten bereits und er fragte sich, wie lange er sich noch

halten konnte. Immer wieder krachten die Kugeln in die Mauer und wahrhaftig dauerte es nicht lange, bis eine Lücke entstand, ein Teil der Mauer einstürzte und mit Getöse in die Tiefe fiel.

Eine kurze Pause entstand, dann jagte die nächste Salve von der *Estrella* über die Mauer und dieses Mal war Simon sich sicher, Schmerzensschreie zu hören. Ihm blieb indes keine Zeit, darüber nachzudenken, denn Herve gab das Signal, kletterte behände das letzte Stück nach oben, balancierte eng an die Mauer gedrückt zu der Lücke.

Nur nicht über die Tiefe nachdenken, immer nach oben schauen. Mit keuchendem Atem zog sich Simon Hand über Hand nach oben, erlebte einen Schreckmoment, als er nach der Kante griff und sich hinaufziehen wollte und lose Steine seine Hand abrutschen ließen. Hastig griff er nach dem Seil, spürte eine Hand an seinem Oberarm. Es war nicht Miguel, einer der anderen Bukaniere, der ihn anlächelte und erst losließ, als er wieder sicheren Halt hatte. Miguel kauerte unweit entfernt, eng gegen die Mauer gepresst, das Gesicht erschrocken und entließ erst erleichtert den Atem, als Simon ihm zunickte.

»Angriff!«, rief Herve vor ihnen, kurz bevor eine weitere Salve von der *Estrella* in die Festung flog, zog seine Pistole und verschwand in dem Loch in der Mauer. Brüllend folgten ihm die anderen, Säbel gezogen, Pistolen und Musketen im Anschlag und auch Simon hörte sich mitbrüllen, blieb Miguel dicht auf den Fersen.

Schüsse. Etwas zischte knapp an ihm vorbei, schlug dumpf in die Mauer neben ihm ein und Simon sprang hastig zur Seite, suchte hinter einem Schutthaufen Deckung. Woher kam das? Ah, dort hinten standen einige Männer, schossen auf die heranstürmenden Bukaniere. Der Hof hinter der Mauer war übersät mit Trümmern. Hinter der Mauer war ein Bogengang gewesen, der die Kanonen vor der Witterung hatte schützen sollen. Die Pfeiler und der Gang waren teilweise umgeknickt und eingestürzt, Steine herausgebrochen und von den Gebäuden waren ebenso Trümmer herabgefallen. Überall lagen Kanonenkugeln oder Reste davon. Eng entlang der Mauer standen zudem Fässer, deren Anblick Simon etwas irritierte. Deutlich vernahm er nun jedoch auch das Wimmern von Verletzten. Erneut schossen Jacques' Männer, trafen zwei der Angreifer, gingen gleich darauf jedoch unter dem Ansturm der anderen zu Boden.

»Wo ist dieser feige Hund? Wo ist Jacques? Wo hat er sich verkrochen?«, schrie Herve, feuerte einem Angreifer direkt ins Gesicht, schlug einem anderen seine Pistole über den Schädel.

Verzweifelt versuchte Simon, Miguel ausfindig zu machen. Wo war er? Hatte er ihn verloren? Lag er womöglich irgendwo verletzt? Panisch rannte er vorwärts, feuerte seine Pistole auf den Schemen eines Mannes ab, der sich ihm hinter einem der Pfeiler in den Weg stellen wollte. Simon nahm sich nicht einmal die Zeit, zu schauen, ob er ihn getroffen hatte. Wo war nur Miguel?

Ein scharrendes Geräusch warnte ihn vor. Der Stich eines Säbels verfehlte ihn nur knapp und er wirbelte herum, hatte den Degen auch schon gezogen, parierte den nächsten Angriff. Mit wutverzerrtem Gesicht griff der Pirat ihn an, hatte jedoch keine Chance, seine Deckung zu durchbrechen. Zu spät bemerkte Simon allerdings, dass dieser, statt den nächsten Angriff zu wagen, seine Pistole zog. Hastig wich Simon zurück. Da krachte auch schon ein Schuss. Der Pirat sank wimmernd in sich zusammen, Blut sickerte unter ihm hervor und er hielt sein verletztes Bein umklammert.

»Bleib dicht bei mir«, zischte Miguel, zerrte den verblüfften Simon mit sich, warf seine Pistole zur Seite. Überall tobte der Kampf, das Kanonenfeuer vor der Festung auf der Landseite war zum Erliegen gekommen, stattdessen brüllten nun die übrigen Bukaniere, die die Festung von dort zu stürmen versuchten. Wie wild hieben sie gegen das hölzerne Tor, das die Besetzer nur mit drei Mann bewacht gelassen hatten.

»In den Bau sind die Ratten geflohen. Dann wollen wir die Rattenfänger mal hereinlassen«, raunte Miguel Simon in der Deckung hinter einer Mauer zu, zog eine der Pistolen aus Simons Gürtel, spannte sie und drückte sie ihm in die Hand. »Achte auf meinen Rücken, mi amado.« Behände sprang er nach oben, hangelte sich auf einen Mauervorsprung und balancierte auf der Brüstung entlang, bis er schräg hinter den Männern war, die nur Augen und Ohren für die Meute dahinter zu haben schienen. Mit einem Kampfschrei sprang Miguel herab, hieb einem der völlig verblüfften Männer die Faust ins Gesicht, den anderen trafen seine Füße ins Kreuz. Simon wartete nicht, bis der dritte seine Pistole ganz gezogen hatte. Sein Finger krümmte sich ganz von alleine, der Schuss prallte vor den Füßen auf die Erde, stoppte ihn lange genug ab, damit Miguel ihn mit einem Hieb in den Magen außer Gefecht setzen konnte.

»Guter Schuss. Wir üben das noch etwas«, kommentierte Miguel. »Komm, pack mit an.« Keuchend stemmten sie die Verschlussbalken hoch, sprangen zur Seite, als das Tor aufschwang.

»Willkommen! Es gibt Rum genug für alle im Keller«, begrüßte Miguel die Bukaniere, die lachend und grölend an ihm vorbeistürmten, Pistolen und Musketen im Anschlag.

»Danke, mi amado, dich habe ich doch immer wieder gerne in meinem Rücken«, raunte Miguel ihm zu, grinste anzüglich und zog Simon, der sich wie betäubt vorkam, in eine Umarmung.

»Verzeih, ich konnte nicht … Ich habe es versucht, aber …«, stammelte Simon mit schlechtem Gewissen. Noch immer spürte er das Gewicht der Pistole in der Hand, dabei hatte er sie gleich nach dem Schuss fallengelassen. Er hatte auf einen Menschen geschossen.

»Du hast ihn nicht getötet. War auch nicht nötig, zerbrich dir darüber nur ja nicht den Kopf. Verdammt, mein kleiner Finger juckt schon wieder. Das ging fast zu leicht.«

»Miguel? Wozu dienen die Fässer hinten an der Mauer?«, brachte Simon hervor. Der Gedanke kam ganz plötzlich, drängte sich mit Macht in sein Bewusstsein.

»Fässer? Rum?« Spöttisch lächelte Miguel, sah sich zweifelnd um.

»Jean! Wo ist Ledoux? Zu feige, selbst herzukommen?« Über ihnen schrie jemand, verborgen hinter den Mauern eines Turmes.

»Es gibt nur einen Feigling hier, der sich wie die Ratte, die er ist, verkrochen hat«, brüllte Herve zurück, feuerte nach oben. »Kommt raus, ihr habt keine Chance.«

»Ich verlange freies Geleit«, rief Jacques von oben zurück. »Ihr bekommt die Festung zurück, wir ein Schiff, und unsere Wege trennen sich.«

Gelächter war die Antwort, vereinzelt fielen Schüsse, neben Simon bewegte Miguel sich unruhig, rieb seinen Finger. »Zeig mir, was du gesehen hast«, flüsterte er plötzlich, schob und drängte Simon zurück zum Hof.

»Wenn du glaubst, Ledoux wird auch nur einen von euch Verrätern verschonen, dann bist du dümmer als ein Schwein ohne Kopf«, rief Dzifa hinauf, ging gleich darauf in Deckung, als aus den Schießscharten des Turmes Musketenläufe ragten und Schüsse fielen. Hastig gingen Jeans Männer hinter den Trümmern in Deckung. Einige versuchten dennoch, im Schutz der Reste des Bogenganges, die Tür zum Turm aufzubrechen.

»Dort.« Simon deutete in den Hof. Neben fast jeder Öffnung, durch die die Kanonenläufe sonst ragten, stand ein kleines Fass.

»Rum ist das nicht. Ich habe eine böse, sehr böse Vorahnung. Wohin haben sie die Kanonen geschafft?«, murmelte Miguel, zog ihn rasch mit sich, bewegte sich in der Deckung der Trümmer wieder nach vorne. Zwischen den Männern im Hof und denen im Turm gab es weitere Wort- und Schusswechsel.

»Teufel noch eins. Das ist kein Zufall«, zischte Miguel, als sie die vordere Mauer einsehen konnten. Auch zwischen den Kanonen standen die kleinen Fässer. »Schießpulver. Und ich verwette meinen Hut, dass diese nicht als Reserve dort lagern. Jacques hat nichts zu verlieren.«

Rasch wandte er sich um, gab einen Schuss in die Luft ab, der indes im allgemeinen Lärm unterging. Fluchend stieß er Simon an. »Renn, raus aus der Festung, so schnell deine Beine dich tragen können. Bleib nicht stehen. Renne.«

»Was ist mit dir?«, stieß Simon atemlos aus. Den Teufel würde er tun, Miguel alleine zu lassen.

»Ich muss sie warnen«, gab Miguel gehetzt von sich. Krachend prallte der Holzbalken, den die Männer als Rammbock verwendeten, gegen die Tür.

»Lass uns unversehrt gehen oder wir vernichten die Festung«, brüllte Jacques von oben herab. Erneutes Gelächter erklang, vereinzelte Schüsse.

»Niemals lässt Ledoux euch gehen!«, schleuderte Herve ihm entgegen.

»Herve! Dzifa! Raus hier. Bringt die Männer raus«, schrie Miguel, richtete sich unvorsichtig auf. »Wir sitzen auf einem Pulverfass, er jagt alles in die Luft. Raus! Der Kerl hat nichts zu verlieren.«

Wie um seine Worte zu verdeutlichen, feuerte einer der Männer im Turm seine Muskete ab, traf eins der Fässer am Rand der Mauer. Etwas warf Simon um, begrub ihn unter sich. Eine ohrenbetäubende Explosion erklang, Gesteinsbrocken krachten in Gebäude und auf den Hof, schrille Schreie erklangen. Miguel! Er war es, der sich schützend über ihn geworfen hatte. Sofort tastete Simon nach ihm, in wilder Panik, ihm sei etwas passiert. Nein, er regte sich.

»Bist du unverletzt?« Hastig richtete Simon sich auf. Staub nahm ihm nahezu die Sicht.

»Raus hier. Alle!«, brüllte Miguel auch schon, kam stolpernd auf die Füße. Auf den ersten Blick konnte Simon zumindest kein Blut sehen, für mehr hatten sie keine Zeit.

»Ehe ich unter Ledoux' Händen den Tod finde, vernichte ich eher die ganze Festung!« Abermals schallte Jacques' Stimme herab, hatte einen leicht panischen Ton angenommen.

»Das ist Wahnsinn, Jacques, und das weißt du! Die Engländer kommen. Ohne die Festung werden sie den Hafen und die Siedlung überrennen«, rief Dzifa nach oben. Ah, er lebte noch. Wo war nur Herve? Wie viele hatte es getroffen? Atemlos sah Simon sich um. Die Explosion hatte eine

Bresche in die Seemauer gesprengt, einige der Männer lagen leblos auf dem Hof. Bei Gott, es hatte sie in Stücke gerissen.

»Raus. Raus«, zischte Miguel, zerrte einen nach dem anderen aus der Deckung, deutete auf das Tor. »Bringt euch in Sicherheit. Der Irre wird die Festung sprengen. Er sitzt genau über der Pulverkammer.«

»Lasst uns gehen und die Festung bleibt unversehrt«, wiederholte Jacques, die Stimme schrill. Panik schwang überdeutlich darin mit und plötzlich war sich Simon sicher, dass er genau wusste, dass er sterben würde. Niemals würde Jean ihn gehen lassen. Sein Tod stand fest. So oder so.

»Verdammt soll er sein. Dzifa, bring sie raus. Die Festung ist verloren«, schrie Miguel, packte Simon, stieß ihn vorwärts, als der nächste Lauf einer Muskete sich auf eins der Fässer an der Seemauer richtete.

»Rennt! Lauft!«, schrie Miguel, und endlich schienen die anderen seine Warnung zu verstehen, stürmten zum Tor. Polternd fiel der Holzstamm zu Boden, die Bukaniere rannten hinaus, stürzten übereinander den Hang hinab. Hinter ihnen flog das nächste Fass in die Luft.

»Er wird sich und alle anderen in die Luft sprengen«, knurrte Miguel beim Laufen. »Ledoux kennt keine Gnade und das weiß er ganz genau. Lieber ein rascher Tod, als …«

Ein gewaltiges Donnern, eine mächtige Druckwelle, die sie von den Füßen riss, noch ein ohrenbetäubendes Krachen. Und noch eines. In rascher Abfolge. Simon stürzte hart auf die Knie, rollte auf dem steinigen Hang hinab, riss die Arme schützend über den Kopf, während hinter ihm die Festung in weiteren gewaltigen Explosionen in die Luft flog.

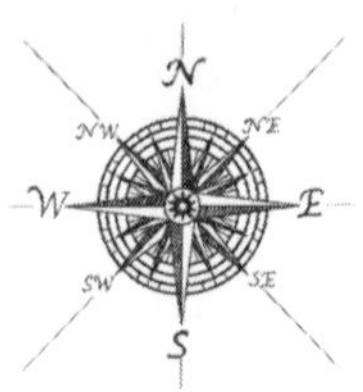

Bis in den Tod

Schleppenden Schrittes bewegte sich Simon durch die Trümmer. Noch immer lag die Ahnung von Staub in der Luft, der Geruch nach verbranntem Holz. In der Erinnerung stieg noch immer beißender Qualm in seine Nase und der süßliche Duft von Blut. Entweder war Dzifas Mischung ein Wundermittel gewesen oder der Anblick der zahlreichen Leichen und Leichenteile hatte ihn mittlerweile abgestumpft, sein Magen rührte sich nicht.

»Zu viele. Viel zu viele«, murrte Miguel neben ihm, wich nicht einen Fingerbreit von ihm ab, seit sie sich am Hang aufgerappelt, gegenseitig versichert hatten, dass sie keine Knochen gebrochen hatten. Die lodernden Flammen, zahlreiche kleinere Explosionen, gefolgt von weiteren Einstürzen, hatten es nahezu unmöglich gemacht, sich der Festung zu nähern. Dennoch hatten sie alle es versucht, so viele gerettet, wie es ging. Erst am folgenden Tag waren die letzten Flammen erloschen und das ganze Ausmaß der Zerstörung lag nun vor ihnen.

»Herve?«, fragte Jean, der mit steinernem Gesicht durch die Trümmer ging, mit dem Fuß den Überrest einer Kanone anstieß.

»Keiner hat ihn nach den ersten Explosionen gesehen«, erklärte Miguel leise. »Wir haben so einige unter den Trümmern hervorgezogen, aber er war nicht dabei. Es wird ihn direkt erwischt haben. Verdammter Jacques, er muss das vom ersten Moment der Besetzung an geplant haben. Lieber tot, als gefangen.«

In Jeans aristokratischen Zügen rührte sich kein Muskel. Die *Estrella* war in den Hafen eingelaufen, gerade als die Festung gesprengt wurde. Tatenlos hatten Jean und die Schiffsbesatzung zusehen müssen, waren gleich nach dem Ankern auf den Hang gestürmt und hatten mit ihnen zusammen die Verwundeten und Toten geborgen. Nicht alle der Angreifer hatten es rechtzeitig aus dem Tor geschafft. Der Preis ihres Lebens waren einige fehlende Gliedmaßen, Brüche, Schnitte und andere klaffende Wunden. Nicht jeder würde sein Leben bewahren können. Die Menschen der Siedlung hatten sich alle um die Verwundeten gekümmert, die in den Häusern im Hafen untergebracht worden waren. Ein beispielloses Miteinander, was Simon tief bewegte. Bis tief in die Nacht hinein hatten sie zugepackt, bis die Erschöpfung auch ihn und Miguel übermannt hatte und sie in einem Lager aus Heu zusammengesackt waren.

»So ein Wahnsinn«, stieß Miguel missmutig hervor. »Gut einhundert Mann hat er mit sich in den Tod genommen. Von unseren Männern.« Wie viele Tote es auf Jacques' Seite gegeben hatte, erwähnte keiner. Kein einziger von den Verrätern schien es überlebt zu haben.

Gemessenen Schrittes ging Jean in Richtung der ehemaligen Seemauer. Von ihr stand kaum noch ein Stein, der Blick ging weit aufs Meer hinaus, dessen strahlendes Blau im krassen Gegensatz zu Tod und Verderben an Land stand. Ganz dicht trat er an die Kante heran, schaute nach unten. Miguel zögerte, blieb einige Fuß davon stehen, reckte lediglich den Hals.

»Was ist?«, fragte ihn Simon irritiert.

»Zu hoch«, murmelte Miguel, zupfte sich nervös am Schnurrbart herum.

»Du bist doch hinaufgeklettert.« Perplex starrte Simon ihn an. Das mit der Höhenangst war also nur eine weitere Flunkerei gewesen, oder?

»Ja, da habe ich ja auch nicht nach unten geschaut, dann geht es«, wandte Miguel ein, fuhr schaudernd zusammen, senkte die Stimme zu einem Flüstern. »Nur, als du … Teufel noch eins, ich konnte mich nicht rühren, ich hätte dich fallen sehen und nichts tun können.«

»Miguel vergisst seine Furcht vor Höhen immer nur dann, wenn er in Gefahr ist«, bemerkte Jean, starrte blicklos auf das Meer. »Wie das eine Mal, als ich dich vom Dach holen musste. Hinauf warst du schneller als eine Katze geklettert, damit der Soldat dich nicht bemerkte. Nur herunter kamst du nicht mehr.«

»Du hast mir die Augen verbunden und mich geknebelt, ich hatte keine andere Wahl, als dir zu vertrauen, um wieder hinabzukommen«, ergänzte Miguel leise, schob sich einen halben Schritt näher und wich hastig zurück. Perplex hielt Simon den Atem an, hatte das Gefühl, Teil einer ganz besonderen Szene zu sein.

»Mein Fehler«, wisperte Jean mit starren Schultern.

»Mich mehrfach aus gefährlichen Situationen gerettet zu haben? Hm, also aus meiner Sicht nicht«, brummte Miguel unbehaglich. »Du hast sicherlich größere Fehler begangen, also …« Langsam wandte Jean sich um und Miguel verstummte, zuckte entschuldigend die Schultern.

»Nein, ich denke nicht, dass dies hier dein Fehler war. Oder vielleicht doch. In gewisser Weise«, brachte Miguel zögernd hervor. »Die Furcht vor deiner Gnadenlosigkeit, der Grausamkeit war eine starke Motivation, lieber die Festung zu sprengen, als sich dir zu stellen. Als Bukanier, als einer der Führer in der Bruderschaft der Küste, ein sorgsam gepflegter und mühsam aufgebauter Ruf. Aber wir beide, und sogar Simon hier, wissen, dass es neben Ledoux noch einen anderen Jean gibt. Und dieser fragt sich gerade, was er falsch gemacht hat.«

Noch immer sah ihn Jean ausdruckslos an und Simon fragte sich, ob er wirklich zuhörte oder Miguel gleich packen und hinabwerfen würde. Beides erschien möglich. Sein eigenes Herz schlug schwer, angesichts der Zerstörung und des Wissens, dass sie diese Festung nicht schnell genug wieder aufbauen konnten, ehe das erste englische Schiff erschien. Nur zwei der Kanonen, jene zur Hafeneinfahrt, waren noch intakt, die Festung ohne ihre Seemauer jedoch nutzlos. Wenn die Engländer mit ihrer Flotte eintrafen, würden sie ohne großen Widerstand in den Hafen einsegeln können. Die Kolonie war in allergrößter Gefahr.

»Vielleicht …«, fuhr Miguel fort, leckte sich nervös über die Lippen, holte langsam Luft. »Womöglich wäre es ratsam, die Kolonie zu verlassen, solange wir noch kön…«

»Niemals! Ich werde sie nicht aufgeben. Diese Menschen haben mir vertraut, ich bin für sie verantwortlich. Wir können nicht alles zurücklassen, was wir uns hier aufgebaut haben«, unterbrach ihn Jean harsch.

»Aber die Siedlung hat keinen Schutz«, wagte auch Simon einzuwerfen.

»Zu wenig Kanonen, keine Mauern, nichts, was die Inselratten lange genug aufhalten wird«, pflichtete ihm auch Dzifa bei, der zu ihnen gekommen war. »Wir sollten Frauen und Kinder fortschicken, jeden Mann, der gehen will. Eventuell schaffen es ein paar von ihnen durch den Urwald. Hier erwartet sie ein weit grausameres Schicksal, wenn die Feinde eintreffen. Ich für meinen Teil werde eher mit dem Säbel in der Hand sterben, als mich je wieder in Eisen legen zu lassen. Die *Estrella* ist ein gutes Schiff. Nimm sie und so viele Männer wie dir folgen wollen, und segelt zu einem neuen Hafen. Noch ist Zeit. Die Bruderschaft gewährt euch Unterschlupf, wo immer ihr anlandet.«

»Nein.« Scharf und hart klang es, Jeans Blick schien durch sie alle hindurchzugehen. »Ich werde nicht aufgeben, was ich erbaut habe. Dzifa, lass die Kanonen der *Estrella* hier hochschaffen, die an Land sind. Rufe alle Handwerker zusammen, wir errichten eine neue Mauer.«

»Das wird nicht genü…« Abrupt brach Dzifa ab, als ihn Jeans kalter Blick traf, er neigte das Haupt, zog sich zurück und rief die Männer heran.

»Zu lange habe ich hierfür gekämpft, ich bin es ihnen schuldig«, murmelte Jean, mehr zu sich selbst, schaute plötzlich hoch und blickte Simon direkt an. »Ist all dies nicht wert, dafür sein Leben zu geben?«

In Simons Kehle saß ein Knoten, der seine Stimmbänder lähmen wollte. Ganz dicht trat Jean an ihn heran, legte eine Hand an seine Wange. Verwundert, mit leicht geöffneten Lippen, starrte Simon ihn an, nicht sicher, ob Jean ihn küssen wollte, vollständig gefangen in der Trauer, die sich in den Augen widerspiegelte. So viel Leid darin, so viel Sehnsucht. Ja, dieser Mann hatte geliebt und liebte noch immer. Nicht ihn. Jenen Nouel, den er getötet zu haben glaubte. Seinen Traum zu verlieren, das Ende dieser Kolonie zu erleben, es würde den Rest von Jean zerstören. Denjenigen, der das Leben noch lebenswert fand.

»Das ist es«, wisperte Simon ergriffen, legte seine Hand über Jeans, drückte sie ganz leicht gegen seine Wange, sich Miguels unsicherer Blicke nur zu bewusst.

»Ich wusste, dass du mich verstehst. Ich habe es von Anfang an gespürt. In dir schlägt ein starkes, stolzes Herz, Simon. Eins, das niemand je brechen wird.« Die Hand glitt kraftlos herab, ein feines, melancholisches Lächeln überzog Jeans Lippen und er seufzte. »Ich weiß zu schätzen, was du und Miguel für unsere Kolonie tut, doch dieser Kampf ist nicht länger der eure. Wenn ihr fliehen wollt, dann seid ihr frei zu gehen. Ich, wir alle, stehen in eurer Schuld. Nehmt euch ein Lasttier, ladet Proviant auf und versucht den Weg durch den Urwald.«

»Nein.« Entschieden schüttelte Simon den Kopf, empört, dass Jean dergleichen auch nur erwog. »Wir werden bleiben und kämpfen.« Das Lächeln vertiefte sich, Jeans Brust hob sich unter einem weiteren Atemzug.

»Wir werden kämpfen, junger, stolzer Lord. Wir werden verteidigen, was alle hier aufgebaut haben.«

»Ich wurde zwar nicht gefragt, aber ich wäre dabei«, warf Miguel grinsend ein. »Übrigens solltest du mit dem Wiederaufbau rasch beginnen. Wenn mich meine Augen nicht täuschen, dann könnten das Segel sein, dort am Horizont. Oder auch nicht.«

Zum Glück täuschte er sich. Ihnen blieben vier Tage, ehe die Wachposten auf der Festung Alarm schlugen. Fünf Schiffe, berichtete der Mann atemlos, der von der Festung in die Siedlung gerannt war, wo sie sich im Hafen trafen. Mit unbewegtem Gesicht hörte Jean ihn an, während Bryant fluchte, Dzifa wütend ausspie und die anderen ebenso zornig reagierten.

»Wenn wir sie nahe genug herankommen lassen, schießen sie uns die Mauer sofort in Stücke.« Bryant wischte sich über das fleckige Tuch an seiner Stirn. Ein unangenehmer Geruch umgab ihn beständig und seine bleiche Haut war wächsern, schimmerte unter einem fortwährenden Schweißfilm. Die Kugel saß noch immer in seiner Stirn, die Wunde hatte sich zudem entzündet. Unsägliche Schmerzen mussten ihn beharrlich begleiten, die er mit Rum zu betäuben versuchte. Wie lange er noch bei Verstand und am Leben bleiben würde, war fraglich.

»Wir werden sie nicht herankommen lassen. Jorge, mach das Schiff klar. Jeder meiner Männer, der bereit ist, sein Leben zu geben, kommt mit. Wir werden uns ihnen stellen, sie aufhalten, so lange es möglich ist.«

»Fünf Schiffe, Jean! Fünf extra ausgewählte englische Kriegsschiffe, bemannt mit Männern, die nichts lieber sehen würden, als deinen Tod. Die *Estrella* nur mit der Hälfte ihrer Kanonen«, brachte Miguel hervor, schüttelte bedenklich den Kopf. »Ist wirklich keins der anderen Schiffe seetauglich?«

»Keins. Und nun genug der Worte.« Mit einer herrischen Bewegung schnitt Jean ihm weitere Worte ab. »Dzifa, du wirst dich um den Widerstand an Land kümmern. Baut Blockaden, riegelt die Straßen ab, bringt Pulverfässer an, wo immer es nötig ist. Verkauft euer Leben so teuer wie möglich, sie werden keine Gnade zeigen. Jeder Mann wird am Galgen baumeln, den sie lebend fangen.«

»Aye, Kapitän. Schick diese Inselratten auf den Meeresgrund. Wenigstens zwei ihrer Schiffe. Eins für mich und eins für Herve«, stieß Dzifa grimmig aus, stürmte los.

»Mein Schiff ist schon vor langer Zeit unter einem jüngeren Kapitän in die Fluten der See gesunken. Einst habe ich zwei Gegner zugleich angreifen können. Fünf wären eine Herausforderung, die mir so recht schmecken würde«, meinte Bryant. »Diese Kugel in meinem Schädel bringt mich um, die Kopfschmerzen sind die Vorboten der Hölle, in die ich auch gehöre. Es wäre eine Ehre, noch einmal in ein Gefecht zu ziehen. Ein letztes, damit meine wahre Braut mich umarmen kann.«

Wie kalte Finger, die über seinen Rücken glitten. Mit Schrecken erfasste Simon, was Bryants Worte wirklich bedeuteten: Sie segelten in den Tod.

Die Finger bebten, seine Lippen formten ein sinnloses: »Nein.« Mit einem Mal waren da all diese Gefühle, die Jean in ihm ausgelöst hatte, überfielen ihn alle zugleich und in einem wilden Durcheinander.

»Es ist mir eine Ehre«, sagte Jean schlicht, nickte Bryant und den anderen Männern kurz zu, die ihre Hüte herabnahmen, ihre Hände an die Stirn zum Ehrengruß hoben. Kein Wort fiel, nicht einmal Miguel durchbrach die bedrückte Stille.

Jeans Blick streifte ihn und Simon war sich sicher, dass er alles in ihm lesen konnte, dass diese Augen jedes Details seines aufgewühlten Gemüts widerspiegelten. Mit einem kaum hörbaren Seufzen nahm auch Jean den Hut ab, machte eine Geste mit dem Kopf und hastig stürmten die Männer davon, ließen ihn, Miguel und Simon zurück.

»Unsere Wege trennen sich hier, Simon. Es gibt vieles, was ich sagen könnte, einiges mehr, was ich fühle. Dein Stolz, dein unbeugbarer Stolz, bewahre ihn dir gut. Manchmal lässt sich das Schicksal nicht erzwingen.« Mit einem Lächeln beugte er sich vor, seine Lippen berührten Simons, der die seinen öffnete, den Kuss empfing. Im Herzen war Kälte, die Hände bebten, die entstehende Leere drohte ihn zu ersticken. Unmöglich, auszudrücken, was er empfand, wie seine Gefühle für diesen Mann waren.

Die Lippen lösten sich von ihm. Noch einmal strich ihm Jean zärtlich über die raue Wange, verhielt mit dem Zeigefinger an den Lippen. Mit einem Geräusch des Bedauerns zog er ihn zurück, wandte sich Miguel zu, auf dessen dunklen Zügen offensichtliche Verwirrung herrschte.

»Leb wohl, mein Freund. Oft haben sich unsere Wege getrennt, nur um an einer anderen Kreuzung erneut zueinanderzufinden. Jetzt trennen sie sich ein letztes Mal. Nein, diese Reise werde ich ohne dich antreten. Simon, achte gut auf ihn, meinen feurigen Spanier. Seine Zunge mag lügen und betrügen, aber sein Herz«, Jean berührte Miguel ganz leicht an der Brust, legte die Hand dann direkt darauf und wisperte: »Sein Herz tut dies niemals.« Beide Hände rahmten Miguels Gesicht ein, Jean küsste ihn, hielt ihn noch einen langen Moment fest, ehe er ruckartig die Hände zurückzog, den unter den Arm geklemmten Hut aufsetzte, ihnen noch einmal zunickte und sich umwandte.

Perplex, mit schmerzhaft pochendem Herzen, einer Faust, die sich um seine Kehle legte und unbarmherzig zudrückte, schaute Simon ihm nach. Sein letztes Gefecht.

»Jean!« Miguel hatte sich aufgerichtet, machte einen Schritt, als ob er ihm nachlaufen würde, und stoppte ab, als Jean sich langsam umwandte.

Noch einmal hüpfte Miguels Adamsapfel, die linke Faust ballte sich kurz. »Beaufort. Er nennt sich jetzt Josse Beaufort. Er arbeitet in einer Hafenstadt auf Jamaika. In Port Antonio. Im Hafen«, stieß Miguel aus, schien sich selbst vor seinen Worten zu erschrecken.

Ein Lächeln überzog Jeans Züge, wie Simon es noch nie zuvor an ihm gesehen hatte. Jede Härte und Kälte, jede grausame Linie schien daraus zu verschwinden. Noch immer lächelnd, nahm er noch einmal seinen Hut ab, drückte ihn gegen die Brust, ehe er sich abermals abwandte, den Hut aufsetzte und zur *Estrella* schritt, auf deren Deck die Männer bereits hektisch am Arbeiten waren.

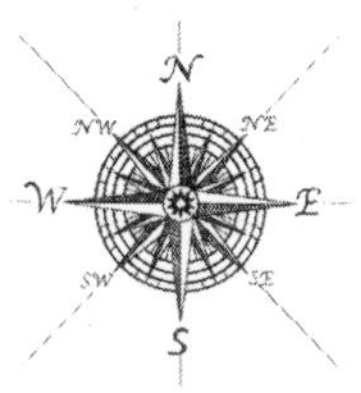

Ein letztes Gefecht

Oben auf der Festung blies ihnen der Wind ins Gesicht. Derselbe, der die Segel der fünf Schiffe füllte, die sich ihnen näherten. Unter ihnen verließ die *Estrella* gerade den Hafen, die Kanonen ausgerannt, eine Mannschaft an Bord, die zu allem bereit war.

»Sie segeln in den Tod«, murmelte der Ire Quinn neben Simon. »Kampflos ergibt sich ein Ledoux nicht. Eher geht er mit seinem Schiff unter, als an einem englischen Galgen zu baumeln. Sie kommen wegen ihm. Die anderen sind ihnen gleichgültig, sie wollen sich rühmen, Ledoux erledigt zu haben.« Energisch spie er aus, verzog sich von der Mauer zu den Kanonen, die neu in Stellung gebracht worden waren. Die Mauer war deutlich niedriger, weniger dick, aber so dicht an die Felsen herangemauert worden, dass niemand den gleichen Weg hinauf erklimmen konnte, wie sie zuvor.

Simon starrte nach unten, während die *Estrella* an Fahrt gewann, die Segel sich entfalteten. Ein schöner Anblick. Stolz, schnell, mächtig und gefährlich. Mit dem Fernglas konnte er Jeans Gestalt am Heck ausmachen, im dunklen Wams, den Hut auf dem Kopf, stand er unbeweglich. Sein Herz war schwer, seine Lippen brannten noch von dem letzten Kuss und er fühlte sich seltsam schwermütig.

»Simon?« Mit einem zaghaften Lächeln schaute Miguel zu ihm herauf und Simon sprang mit einem Seufzen von der Mauer, trat auf ihn zu.

»Mi amado. Mein wunderschöner Lord. Du musst vor mir keine Geheimnisse haben.« Sanft berührte er seine Wange, das Kinn, die Lippen. So zögerlich, als ob er Angst hätte, ihn zu zerbrechen. Da war ein unstetes Flackern in den dunklen Augen, welches Simon irritierte. Was meinte Miguel? Warum

betrachtete er ihn, als ob er es nicht wirklich dürfe? Diese Berührungen waren scheu, ganz anders als der Miguel, den er kannte.

»Ganz egal, wie dein Herz sich entschieden hat«, wisperte Miguel, in seinen Augen glitzerte es feucht. Er nahm Simons Hand, drückte sie gegen seine Brust, die Stimme wurde noch leiser, war nur noch gehaucht: »Meins wird für immer dir gehören.«

Hart sog Simon den Atem ein und stieß ihn wieder aus. Glaubte Miguel wahrhaftig, er …? Bei Gott, Jeans Kuss, die Art, wie er ihm nachgesehen hatte. Wie er nun hier stand.

»Oh Miguel, ich …«, presste Simon erstickt hervor, überwältigt von Scham und Schuldgefühlen. Wie hatte er Miguel nur glauben lassen, er würde auf diese Weise für Jean empfinden? Nach all der Zeit. Wie unsicher musste Miguel trotz seines großmundigen Verhaltens im Innern sein? Wie großherzig er war, wie absolut liebens- und begehrenswert.

»Dieses Herz …« Er nahm Miguels Hand, küsste sie, drückte sie gegen seine Brust. »Spürst du es? Weißt du denn nicht, dass es stark und mächtig nur für dich schlägt? Dass jeder Herzschlag deinen Namen raunt? Ich liebe dich. Oh wie sehr ich dich liebe.« Kurz zögerte er, dann lächelte er breit. »Mi … amado.«

War das wirklich eine Träne, die sich aus Miguels Augen löste? Nein, nicht nur eine, sie rannen nacheinander über die Wangen, verschwanden im Schnurrbart.

»Schsch …«, machte Simon, dessen Augen ebenso brannten. Ganz fest drückte er die Finger auf sein Herz, das wuchtig schlug, unter den Rippen dröhnte. »Mi amado. Ich weiß … Ich weiß, wie du fühlst.« Miguel presste die Lider zusammen, in dem verzweifelten Versuch, die Tränen zu unterdrücken. Ein Laut zwischen Schluchzen und Lachen entkam seinen Lippen, hart umklammerte er Simons Hand an seiner Brust, ließ die Stirn gegen Simons sinken. Lange standen sie beieinander, sich gegenseitig Halt gebend, ließen der Liebe und auch der vagen Trauer ihrer beiden Herzen freien Lauf. Erst, als die erste Kanone abgefeuert wurde, lösten sie sich hastig voneinander.

Stumm standen sie an der Mauer, während die Schiffe weit draußen aufeinandertrafen. Die *Estrella* segelte mitten zwischen sie und es war auf die Entfernung, selbst mit Fernrohr, kaum auszumachen, welches Schiff das andere angriff.

»Dieser Teufelskerl. Er trickst sie gegeneinander aus«, stieß Miguel bewundernd hervor. »So dicht, wie er an ihnen dran ist, behindern sie sich

selbst und schießen sich gegenseitig in Stücke.« Aufgeregt sprangen einige der Männer auf die Mauer, feuerten die *Estrella*, feuerten Ledoux an.

»Sieh nur, er rennt ihnen davon.« Mit dem Fernglas am Auge folgte Miguel dem Manöver. »Gut so. Er wird eins der Schiffe in die Reichweite unserer Kanonen bringen. Quinn? Hast du es gesehen? Seid ihr bereit?«

»Und wie. Sobald sie nahe genug sind, braten wir ihnen eins auf den Pelz«, schrie Quinn, dessen rote Haare in der Sonne wie Feuer leuchteten. »Kommt her, ihr Ratten. Noch näher. Seid ihr bereit?« Grölend stimmten die Männer zu, lauerten auf den Moment, als das englische Schiff in den Wind drehte und dichter herankam. Eine Salve dröhnte über das Wasser, die Kugeln zu knapp geschossen, um die *Estrella* zu treffen, die kurz vor der Küste einen Haken zu schlagen schien. Oh ja, Jean kannte alle Strömungen und jeden Fußbreit dieser Gewässer.

»Hach, da guckt ihr«, brüllte Quinn, gab gleich darauf den Befehl zum Feuern, während die Männer auf dem englischen Schiff sich abmühten, dieses aus der landwärtigen Strömung zu bekommen.

»Feuer!« Die Reihe der Kanonen krachte los, die Kugeln jagten dicht vor, hinter und auch auf das Schiff.

»Wisst ihr nicht zielsicherer zu treffen als zu scheißen? Nachladen. Feuer!« Die nächste Salve jagte auf das englische Schiff zu, das mit dem Manöver des Wendens zu tun hatte und ihnen noch immer den Bug präsentierte.

»Schon besser. Eine Runde Rum, wenn ihr den Hauptmast trefft, ehe sie uns beschießen können«, schrie Quinn. Die Hände auf der Mauerkrone zu Fäusten geballt, beobachtete Simon, wie das Schiff sich zu wenden begann, die Stückpforten waren offen und alles in ihm schrie danach, Deckung zu suchen. Die Mauer bot keinen großen Schutz, wenn das Schiff ihnen eine Breitseite herübersandte.

»Feuer!« Schrill klang Quinns Stimme, versank in dem Kanonenlärm. Die Segel des Schiffes wiesen plötzlich Löcher auf, es knirschte und knackte bis zu ihnen herauf und schließlich barst der Mast, knickte in sich zusammen, nachdem drei Kugeln ihn getroffen hatten.

»Treffer! Fresst das, englische Scheißratten!« Jubelnd quittierten die Männer ihren Erfolg, das Schiff dümpelte recht hilflos wirkend in den Wellen, der Mast lag zur offenen See hin.

»Eins weniger, was ihm gefährlich werden wird«, raunte Miguel, der das Fernrohr schon wieder am Auge hatte.

»Gebt es ihnen. Feuer!« Schonungslos krachten weitere Kugeln auf das Deck und in die Wände des havarierenden Schiffes, hektisch versuchte die

Mannschaft, den Mast zu kappen, was ihnen endlich auch gelang. Unter dem fortwährenden Beschuss drehte es sich langsam, ein paar Kanonen wurden abgefeuert, krachten gegen die Felsen unter ihnen. Ein eher halbherziger Versuch, die Mannschaft versuchte eher, das Schiff aus ihrer Reichweite zu bringen.

»Seid sparsamer mit der Munition«, ermahnte Quinn die Männer, unterband mit einer Geste den Beschuss. »Wir haben keine unendlichen Reserven.«

»Was für ein Glück, dass wir die Vorräte der anderen beiden Schiffe an Kugeln und Pulver hatten und Quinn, dieser Fuchs, ein zusätzliches Lager im Hafen angelegt hat. Nachdem Jacques die Pulverkammer hochgejagt hat, wären uns sonst nur Steinschleudern geblieben«, meinte Miguel, setzte das Fernrohr kurz ab. »Sie steckt ganz schön ein.«

»Einer gegen fünf. Nur Ledoux würde dies wagen«, meinte einer der Bukaniere.

»Er verschafft uns Zeit«, bestätigte Quinn, schaute durch sein Fernrohr zum Hafen zurück. »Gut. Die Barrieren stehen. Wenn sie durchbrechen, dann werden wir ihnen einen sehr heißen Tanz bieten. Ich wette, deren Soldaten haben noch nie gegen Bukaniere gekämpft, die mit Zähnen und Klauen ihre Heimat verteidigen werden.«

Zustimmendes Gemurmel erklang, untermalt vom entfernten Donnern der Kanonen. Mit morbider Faszination nahm Simon Miguel das Fernrohr ab, warf selbst einen Blick auf die Seeschlacht.

»Verdammt!«, stieß er aus, konnte gut erkennen, dass die *Estrella* unter starkem Beschuss stand. Eins der englischen Schiffe feuerte eine Breitseite auf sie ab, während sie viel zu gemächlich scheinend, abdrehte. Die zwei Heckkanonen feuerten zurück, schlugen in das englische Schiff ein. Leider kam von der anderen Seite ein weiteres Schiff heran, feuerte, auch wenn die *Estrella* noch nicht in ihrem Schussbereich war.

»Da geht Mittelgaffel und unterer Besan drauf«, stieß Quinn verärgert aus. »Bisher aber scheinbar noch kein Treffer unter der Wasserlinie, wohingegen der Engländer dort hinten wohl was abbekommen hat.«

»Sie nehmen sie in die Zange, Teufel auch. Ledoux, mach, dass du da wegkommst.«

»Schaut ihn euch an, der lässt mehr Segel setzen. Er geht direkt auf Kurs. Er wird den Engländer rammen!«

»Teufelskerl!«

»Ledoux, ramm sie auf den Meeresgrund.« Die Männer schrien wild durcheinander, Simon vernahm Miguels lauten Atem direkt neben seinem Ohr. »Was siehst du?«

»Er steuert direkt auf das Schiff zu. Wie es ausschaut, versuchen die Engländer zu wenden, ihm zu entkommen«, brachte Simon stockend hervor, drückte das Fernrohr so fest gegen sein Auge, dass es schmerzte. »Das andere Schiff dreht, sie werden die Kanonen abfeuern.«

»Das werden sie schön unterlassen, wenn sie ihresgleichen nicht treffen wollen. Ledoux ist zu nahe dran. Erwischen sie ihn, erwischen sie auch die Ratten«, stieß Quinn aus.

»Sie feuern in die Takelage«, brüllte weiter hinten einer der Bukaniere. »Den oberen Großmast hat es zerlegt.«

»Verflucht!« Energisch riss Miguel Quinn das Fernrohr weg, musste sich wohl selbst vom Geschehen überzeugen.

»Er rammt sie. Woah, hört ihr es krachen? Mitten in den Bug. Da geht ihr Großmast runter. Und diese Idioten da hinten feuern auf ihr eigenes Schiff.«

Atemlos verfolgte Simon, wie der Schwung die *Estrella* in das englische Schiff trug, es zur Seite drängte und drehte, bis es plötzlich zwischen Jeans und dem anderen Schiff zu liegen kam und damit mitten in den Kanonenhagel.

»Treffer ins Heck! Schaut, wie es splittert. Die haben ihm das Heck aufgerissen«, schrie einer der Bukaniere begeistert. Und die *Estrella*? Rasch schwenkte Simon das Fernglas, suchte das Schiff nach größeren Schäden ab. Bugspriet und Klüver waren zerstört. Stieg da etwa Rauch auf?

»Sie brennt! Verflucht sollen sie sein.« Das war Quinns Stimme.

»Nein«, widersprach Simon rasch und erleichtert. »Das ist der Engländer.« Angespannt folgte er der *Estrella*, die hinter dem Schiff, auf dem die Seeleute hektisch versuchten, das Feuer zu löschen, erneut drehte.

»Schick sie zur Hölle«, knurrte Miguel, seine Worte gingen in das Feuern der Kanonen über, als die *Estrella* eine volle Breitseite in ihren Gegner jagte.

»Weg da. Weg, die anderen kommen«, murmelte Simon besorgt, denn ein weiteres Schiff war bedenklich nahe gekommen. Oh weh, und noch eins. Sie liefen direkt auf die *Estrella* zu. Von den fünf Schiffen waren nun zwar zwei außer Gefecht gesetzt, die Menschen darauf kämpften ums Überleben, die anderen drei jedoch umkreisten die *Estrella*.

»Verflucht«, stieß Miguel abermals aus. »Weg. Jean, flieh endlich.«

Mit feuchten Händen, das Herz pochte mit harten, ängstlichen Schlägen, verfolgte Simon, wie die drei Schiffe der *Estrella* den Weg abzuschneiden

versuchten. Kanonen feuerten, der Fockmast splitterte, die Segel krachten herab. Fest presste Simon die Augen zu, dennoch brannte sich das Bild der Bukaniere in ihn ein, die dabei über Bord gingen. Und nun stieg auch Rauch von der *Estrella* auf.

»Zurück, Ledoux. Bring sie da raus!«, schrie Quinn, zog seine Pistole, feuerte in sinnlosem Zorn auf das Meer hinaus. Kleinmütig riefen die Männer durcheinander, während die *Estrella* unter schwerem Beschuss auf die immer kleiner werdende Lücke zwischen den feindlichen Schiffen zuhielt und damit auf den Hafen.

»Du schaffst das. Komm schon«, murmelte Miguel, setzte das Fernrohr ab, drückte es hastig Quinn in die Hand und rannte zu den Kanonen, die die Hafeneinfahrt sicherten. »Los, Männer. Geben wir ihm Deckung. Quinn, kümmere dich um die anderen Kanonen. Schießt ihm diese Läuse vom Pelz.«

Quälend langsam schob sich die *Estrella* zwischen den Schiffen hindurch, wie ein Vogel, der verzweifelt mit den verletzten Flügeln schlug. Simon ertappte sich dabei, dass er betete, darum flehte, dass sie es schaffen würden. Nicht mehr weit, hinein in den Hafen, dann wären sie in Sicherheit. Und dann würde der eigentliche Überlebenskampf erst beginnen.

»Komm schon. Komm«, murmelte Miguel, über die Brüstung zur Hafeneinfahrt gelehnt, hatte sich den Hut vom Kopf gerissen, ihn fest an sich gedrückt.

»Zeigt ihnen, dass wir sie zu schützen wissen«, zischte Quinn. »Vor den Bug, wenn ihr diesen trefft, noch besser.«

Die Kanonen feuerten, die Kugeln jagten dem englischen Schiff entgegen, das die Verfolgung der *Estrella* aufgenommen hatte und unter vollen Segeln wesentlich schneller war.

»Stümper! Das nennt ihr zielen? Zwei Einschläge? Ledoux wäre enttäuscht von euch. Feuer! Lasst die Rohre glühen und feuert.«

»Weiter, weiter«, beschwor Miguel die *Estrella*, aus deren Bug dichter Qualm aufstieg. Sie bewegte sich schwerfällig, kroch mehr heran, als dass sie segelte, die Masten geknickt und gesplittert, ein trauriges Abbild des einst so stolzen Schiffes. Hart schluckte Simon, richtete das Fernglas auf das Heck. Da stand er, er erkannte Hut und Wams. Scheinbar unverrückbar, segelte sein nahezu zerstörtes Schiff zur Einfahrt. Wenn Gott nur gnädig war, wenn er sie in den Hafen gelangen ließ. Das Schiff war verloren, aber das Leben der Männer, Jeans Leben noch nicht.

»Er dreht bei!« Keuchend stieß Miguel die Worte aus, abermals dröhnte eine Salve in Richtung der englischen Schiffe, die sich zu zweit näherten.

Das dritte hatte den Kurs gewechselt, versuchte wohl, die Überlebenden der anderen Schiffe zu erreichen.

»Was tut er?« Fassungslos, mit verblüfften Gesichtern, starrten sie nach unten. Simon konnte den Blick kaum von der aufrechten Gestalt abwenden. Was hatte Jean vor?

»Teufelskerl«, raunte Miguel, klang gleichermaßen bewundernd wie entsetzt. »Er blockt. Er verschließt den Hafen.«

»Sie werden ihn versenken«, schrie einer der Bukaniere an den Kanonen. »Verdammtes Pack.«

»Genau das will er. Die *Estrella* ist groß genug. Sie wird sinken und die Einfahrt versperren. Keins ihrer Schiffe wird in unseren Hafen gelangen«, stieß Miguel entgeistert hervor.

»Da, sie lassen die Beiboote zu Wasser.«

»Diese Inselratten sind gleich dran. Feuert, feuert, was die Kanonen hergeben!«

Wo war Jean? Plötzlich konnte Simon ihn nirgends mehr entdecken. Die Bukaniere kletterten in die Beiboote, manche sprangen in das Hafenbecken, schwammen zu ihnen hin, während die *Estrella* sich träge drehte und die volle Breite der Einfahrt einnahm.

»Verflucht noch eins, sie wird abgetrieben, die Strömung schiebt sie wieder hinaus«, bemerkte Miguel, mit ärgerlich verzogenem Gesicht. In seinen Augen schimmerte Furcht. »Wo ist Jean? Was tut er?«

So schnell er konnte, schwenkte Simon sein Fernrohr, suchte die Beiboote ab, die sich nun rasch vom Schiff entfernten, ein paar Männer hingen an den Seiten, hatten sich nicht die Zeit genommen, ins Boot zu klettern. Sie flohen.

Flohen wovor?

»Wo ist er?«, wisperte Miguel an ihn gewandt, blanke Panik sprach aus seiner Stimme und Simon schwenkte zurück zur *Estrella.* Dort stand er. Am Steuerrad, hielt es fest umklammert, nicht mehr so aufrecht wie zuvor. Wusste er, dass er verloren hatte?

»Der Kapitän verlässt sein Schiff nicht«, murmelte Quinn.

»Nein!« Es war Simons eigene Stimme, die seltsam fremd und ängstlich klang. Was hatte Jean nur vor? Wollte er wirklich dortbleiben und warten, bis die Engländer ihn versenken würden? Die mussten doch ahnen, dass sie sich selbst damit ausschließen würden. Und tatsächlich drehte das vorderste Schiff ab. Obwohl die Kanonen ausgefahren waren, löste sich kein einziger Schuss.

»Leb wohl, mein Freund«, flüsterte Miguel plötzlich, die Lippen zitterten, die Finger pressten den Hut ganz fest gegen seine Brust. »Mögest du finden, was du immer gesucht hast.«

»Was? Was hat er vor?«, wisperte Simon alarmiert.

»Ganz sichergehen, dass die Zufahrt versperrt bleibt, dass kein feindliches Schiff einlaufen kann«, erwiderte Miguel tonlos, griff nach Simons Hand und drückte sie so fest, dass es schmerzte.

»Aber wie …?« Mit einem ohrenbetäubenden Krachen barst die *Estrella.* Das Deck flog in die Luft, die Planken splitterten, Feuer und Rauch hüllte das Schiff plötzlich ein.

»Sie sinkt, sie sinkt!«

»Er hat sie hochgejagt!«

»Sie brennt!«

Wie betäubt stand Simon da, ließ das Fernrohr sinken, starrte fassungslos auf das zertrümmerte Schiff, das in der Mitte zusammenbrach. Das Meer schoss heran, wie gierige Zungen schlugen die Wellen zu, bemächtigten sich des Schiffes, sogen die Bordwände ein, die Segel, die Masten. Gurgelnd, mit einem Geräusch, das wie ein Schmatzen klang, sank die *Estrella*, nicht viel mehr als ein wirrer Haufen aus Holz, Teer, Segeltuch und Tauen.

»Leb wohl, Jean Baptiste Ledoux«, wisperte Miguel mit erstickter Stimme, und über seine Wangen liefen die Tränen. Seine Hand hielt Simons, dessen Blick verschwamm und der das Brennen nicht länger zurückhielt. Schluchzend hob sich seine Brust, der Schmerz drohte, ihm die Brust zu sprengen, während er auf die Stelle starrte, an der eben noch die *Estrella* gewesen war. Nur noch die Spitze des Großmastes ragte aus den Fluten, die schäumend und strudelnd nahmen, was ihnen zustand.

»Seine wahre Braut hat ihn endlich zu sich gerufen«, flüsterte Quinn ergriffen. »Mögest du an ihrem feuchten Busen deine letzte Ruhe finden.«

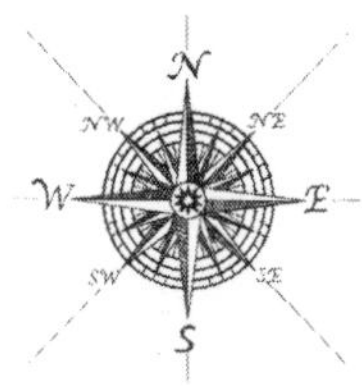

Matelotage

»Verdammt nein! Nein und nein und nein, das glaube ich einfach nicht. Das würde Jean nicht tun.« Wütend und hilflos lief Miguel an der Mauer auf und ab, hieb immer wieder zornerfüllt mit der Faust gegen die Steine. »Du kannst mich nicht täuschen, Jean. Du kannst nicht tot sein.«

»Miguel«, ermahnte ihn Simon, versuchte, nach seiner Hand zu greifen. »Ich habe ihn gesehen. Er stand am Steuerrad, hielt es fest, lenkte die *Estrella* so, dass die Strömung sie nicht forttreiben würde. Er wollte, dass sie exakt in der Einfahrt sinkt.«

»Ich habe ihn auch gesehen. Der Hut war unverkennbar«, warf Quinn ein, schrie die Männer an: »Nachladen. Lasst sie nicht glauben, wir wären am Ende.«

»Das passt nicht zu ihm, hörst du? Er ist stolz und mutig, manchmal ziemlich stur und dumm, aber er …« Hilflos brach Miguel ab, wisperte: »Du hattest seinen Namen, Teufel noch eins. Alles, was du hättest tun müssen, ist …« Abrupt blieb er stehen. Hinter ihnen ließ Quinn noch einmal auf die abziehenden englischen Schiffe feuern. Es schien, als ob der Tod des berüchtigten Ledoux, den sie ebenso klar und deutlich am Heck hatten stehen sehen, sie jedoch befriedigt hätte.

»Simon, lass uns zum Hafen runter. Ich glaube es erst, wenn Bryant oder einer der anderen es mir ins Gesicht sagt«, stieß Miguel aus, packte Simons Hand, zerrte ihn mit sich. Die Männer an der Mauer stießen vereinzelte Jubelschreie aus, so recht wollten diese jedoch nicht passen und ebbten rasch ab.

Es war ein Abstieg, der Simon mit dem betäubenden Gefühl des Verlustes konfrontierte. Jedes Detail, jedes Mal, bei dem er Jean erlebt hatte,

kam ihm zu Bewusstsein. Wie wäre sein Leben verlaufen, wenn dieser Mann ihn nicht entführt hätte? Wie viel öder, wie viel verzweifelter? So vieles hatte er ihm zu verdanken. Und so vieles, was er ihm nicht verzeihen sollte. Doch auch das fiel plötzlich nicht mehr sehr schwer.

Unten am Hafen legten die Beiboote an. Es gab so einige Verwundete, viele kletterten mit durchnässter Kleidung auf den Kai, Stimmen schwirrten durcheinander, die Stimmung war ebenso gedrückt wie oben auf der Festung.

»Sein Leben hat er für uns gegeben«, proklamierte einer der Männer. »Unten brannte schon die Lunte, da kehrte er aufs Deck zurück, hielt bis zu seinem letzten Atemzug das Steuerrad umklammert. Die *Estrella* war Teil seiner Seele, sie hat ihn mit sich in ihr Grab genommen.« Mit gesenkten Köpfen standen die Bukaniere da, murmelten Gebete, Flüche, der eine oder andere ließ der Trauer freien Lauf.

»Wo ist Jorge?«, fragte Miguel, drängte sich durch die Menge. »Und Bryant?«

»Bin hier.« Der Jamaikaner humpelte heran, sein Fuß war mit blutigen Bandagen umwickelt, an seinem Arm klaffte eine weitere Wunde. »Der Mast wollte mich erledigen«, meinte er auf Simons besorgten Blick hin. »Hat nicht geklappt, nur die Schulter getroffen und den Fuß zerschmettert.«

»Wo ist Jean? Er ist nicht wirklich mit ihr untergegangen, oder?«, fragte Miguel, in seiner Stimme schwang die Furcht deutlich mit.

»Aye, das ist er. Wir alle haben ihn dort gesehen, mit dem Rücken zu uns, hat er die Engländer ausgelacht. Die Tür ist zu. Da kommt keiner rein noch raus.«

»Und Bryant?«

Unbestimmt zuckte Jorge die Schultern. Auch keiner der anderen wusste so recht, wie und ob es den Bukanier erwischt hatte.

»War besser für ihn. Der Tod hatte ihn schon zu fest umarmt«, brummte Jorge, stützte sich auf einen anderen Mann, der ihn zu einem der Männer brachte, die die Wunden versorgen würden. Vorerst waren sie in Sicherheit. Es war sehr unwahrscheinlich, dass die Soldaten den Marsch durch den unwegsamen Urwald wagen würden. Sicher würden sie wiederkommen, doch vorerst hatten sie Zeit gewonnen.

Nachdenklich tippte sich Miguel gegen die Lippen, trat an die Kaimauer heran und schaute hinüber zu der Spitze des Großmastes, der wie ein mahnendes Zeichen aus der Tiefe ragte.

»Er ist nicht tot«, flüsterte Miguel Simon zu, schmunzelte mit einem Mal verschwörerisch. »Dieser Teufelskerl. Ich wusste es doch.«

»Aber ich und alle anderen haben ihn auch gesehen. Er ging mit der *Estrella* unter, an das Steuerrad geklammert«, wandte Simon nachsichtig ein. Wie gut er verstand, dass Miguel es nicht glauben wollte. Die Trauer war zu frisch, der Verlust zu groß. Wie viel ihres Lebens sie geteilt, welche Abenteuer sie erlebt hatten, konnte er nach wie vor nur erahnen.

»Was hast du gesehen? Seinen Rücken? Das schwarze Wams? Seinen Zweispitz?«

»Genau. Exakt das, was er zuletzt getragen hat«, bestätigte Simon, leicht verunsichert. Worauf wollte Miguel denn hinaus? Dessen Schmunzeln vertiefte sich, wirkte spitzbübisch.

»Ich hätte es mir gleich denken können. So ein raffinierter alter Hund.« Glucksend lachte Miguel, nahm Simon bei der Hand, zog ihn von den anderen fort.

»Komm, wir gehen rüber zum Strand, dort wo der Hafen endet und die Lagerhäuser sind. Mein kleiner Finger sagt mir, dass nicht alles wahr ist, wie es manchmal den Anschein hat.«

Völlig verdattert folgte Simon ihm, konnte sich keinen Reim auf Miguels Worte machen. Sie hatten doch alle Jean gesehen, wie er gekrümmt über das Steuerrad stand und das Schiff gegen die Strömung steuerte.

»Ich frag mich, ab wann sie das geplant hatten? Als das Schiff verloren war? Sie wussten beide, dass es nur den einen Weg gab, die Einfahrt zu blockieren, den Angriff der Schiffe auf den Hafen zu vereiteln«, murmelte Miguel, hielt noch immer Simons Hand umklammert, der mit einem Mal stutzte.

Zusammengekrümmt.

Davor hatte Jean aufrecht, stolz am Heck gestanden, den Engländern die Stirn geboten. Kurz vor der Explosion, da hatte er völlig anders gewirkt, als ob er sich abstützen müsse. Wie ein alter …

»Bryant! Das war Bryant«, brachte er hervor, stieß überrascht die Luft aus. »Bryant mit Jeans Wams und seinem Hut.«

»Du verbirgst erstaunlich viel Intelligenz unter deinen schönen Locken, mi amado. Ein Todgeweihter, der noch einmal das Steuerrad führen durfte und sein Leben für den Mann gab, der all dies aufgebaut hat«, bestätigte Miguel, schaute sich sorgfältig um. »Seine Tochter war zwar nicht außergewöhnlich schön, aber sie wusste wie er, genau, was sie wollte. Nein, Bryant, ich bedauere es nicht, sie entjungfert zu haben, aber nun stehe ich hier, und ziehe meinen Hut vor dir. Möge die Braut der See dir treuer sein, als deine eigene.«

»Aber …?«, begann Simon, konnte nicht fassen, dass es wirklich eine Chance gab, dass nicht Jean mit dem Schiff untergegangen war, sondern der Mann, dem der Tod mit der Kugel in der Stirn schleichend auf den Fersen gewesen war. »Wo ist er dann? Wieso ist er nicht in einem der Beiboote?«

»Weil er sie alle getäuscht hat. Der berühmte, stolze, unbesiegbare, grausame Bukanier Jean Baptiste Ledoux hat heute endlich den Tod gefunden. Und was für einen angemessenen. Welcher Triumph für die Engländer. Wie freudestrahlend sie deinem Vater und der Krone diese Nachricht überbringen werden. Und dann liegt auch noch die *Estrella,* der Schrecken der spanischen Silberflotte, auf dem Grund des Meeres. Gibt es hier kein verfluchtes Boot? Komm schon, Jean, du bist nicht abgesoffen, du bist ein viel zu guter Schwimmer.« Mit der Hand schirmte er die Augen ab, suchte mit Blicken den Hafen ab.

Perplex tat Simon es ihm gleich, riss gleich darauf das Fernrohr hoch, das er noch immer bei sich hatte. War das dort eine Bewegung? Trieb da ein Körper im Wasser?

»Dort! Miguel! Dort!«, rief er aus, drückte Miguel das Fernrohr in die Hand, entdeckte ein abgedecktes Boot am Strand und löste mit fahrigen Fingern das Segeltuch.

»Teufel auch. Rasch, nimm die Ruder, wir müssen das Ding ins Wasser bekommen.« Gemeinsam schoben sie das kleine Boot hinein, sprangen an Bord und Miguel ergriff sofort die Ruder, während Simon ihn dirigierte. Der Körper bewegte sich, die Schwimmbewegungen hingegen wirkten abgehackt, als ob die Kraft fehlen würde.

»Siehst du ihn noch?«

»Ja, langsamer. Etwas nach rechts. Zieh das Ruder ein, Miguel. Da ist er.« Rasch beugte sich Simon aus dem Boot, packte zu und zerrte Jean am Hemd zu sich heran. Braune Augen fixierten ihn, ein erschöpft wirkendes Lächeln erschien auf den schmalen Lippen.

»Teufelskerl! Jean, du Ausbund an … Verdammt sollst du sein, mir fehlen die Worte«, brachte Miguel hervor, packte Jeans Arm, zog ihn hoch. »Du bist verletzt? Was ist mit deinem Arm? Verflucht und verdammt sollst du sein, für jede Gefühlsregung deinetwegen.«

»Miguel, zieh ihn rein, lamentieren kannst du später«, raunzte Simon ihn an. Gemeinsam wuchteten sie Jean ins Boot.

»Verdammt sollt ihr beide sein, nun stehe ich in eurer Schuld«, murmelte Jean, richtete sich mühsam auf, besah sich seinen Arm, der wohl gebrochen war, mehrere Schnittwunden hatten das Hemd aufgerissen und auch sein Bein schien etwas abbekommen zu haben.

»Beinahe hätte sie mich doch noch mitgenommen«, raunte er, mehr zu sich selbst, lächelte, als Miguel fortwährend und durchaus liebevoll: »Teufelskerl, Teufelskerl«, murmelte. Schließlich schlang er die Arme um Jean, flüsterte ihm zu: »Ledoux, der Bukanier, ist heute gestorben. Einen Heldentod. Der Tod eines Märtyrers. Alle haben es gesehen. Die Engländer sind fort. Ledoux ist tot.« An den Schultern hielt er Jean vor sich, der seltsam selig lächelte.

»Und Jean Baptise Marquis de Brinvillier lebt.«

»Mehr oder weniger. Wir müssen ihn zu einem Arzt schaffen«, brummte Simon, versuchte seine Ergriffenheit zu verbergen. Niemals hätte er gedacht, dass er nach all dem so für diesen Mann fühlen würde.

»Hendrikus. Er ist der Beste«, meinte Jean, verzog schmerzhaft das Gesicht, als er den Arm bewegte. »Wie geht es den anderen?«

»Das wirst du gleich erfahren. Wenn sie dich am Leben lassen, nachdem du ihnen einen solchen Streich gespielt hast«, erklärte Miguel schmunzelnd, legte sich in die Riemen und brachte sie zurück zum Ufer, wo sich schon einige Neugierige eingefunden hatten.

»Wird ein hartes Stück werden, ihnen klarzumachen, dass Ledoux nicht zurückkehren wird. Wird er doch nicht, oder?« Skeptisch beäugte Miguel Jean, der sofort den Kopf schüttelte.

»Wenn Hendrikus mich zusammengeflickt hat und wir eins der anderen Schiffe zu Wasser lassen können, dann bringe ich euch beide in den nächsten Hafen und werde nach Jamaika segeln. Vielleicht wird er … Das Leben hier ist angenehm. Es könnte ihm gefallen.« Die letzten Sätze waren so leise gesprochen, dass Simon überzeugt war, er sprach nur seine Gedanken aus.

Es war nicht leicht. Weder die Menge zurückzuhalten, die Jean überschwänglich feierten, noch ihn durch sie hindurch zu dem Arzt zu schaffen, und noch viel schwieriger erwies es sich, in den folgenden Tagen allen Bukanieren klarzumachen, dass Jean nicht mehr derselbe sein würde.

»Er ist zu müde geworden«, erklärte Jorge immer wieder, dessen Fuß Hendrikus hatte amputieren müssen und der mühevoll lernte, auf Krücken zu laufen. »Wie viele von uns. Es gibt eine Zeit auf See, voller Abenteuer, den Kopf im nächsten Rumfass, die Hände an den Huren, und dann

irgendwann ist die Zeit, wo das Land dich ruft und du ihm folgst. Dieser Ort ist unsere Heimat. Wir haben ihn verteidigt und werden dies immer wieder tun. Lasst den Bukanier gestorben sein und freut euch, dass dieser Mann bei euch leben will.«

Mit geschientem Arm, der zweifach gebrochen war, hatte Jean sie ein paar Tage später in sein Haus gerufen. Auf dem Tisch lagen dieses Mal keine Karten, nur ein Pergament und eine Schreibfeder.

»Ihr seid hier, meine Brüder, um etwas zu bezeugen. Die Bruderschaft der Küste war schon immer eine besondere Verbindung«, begann Jean. »Einige der Männer, die im Kampf Seite an Seite standen, sich den Rücken deckten, waren mehr als Freunde. Es gibt den einen Vertrag, der dies regelt, den Matelotage. Viele von euch sind ihn eingegangen. Auch Ledoux. Seht ihr? Seine Unterschrift ist auf diesem Pergament. Und er hat gewollt, dass ein besonderer Name darauf steht. Es fehlt nur seine Unterschrift.«

Auffordernd schob er Simon das Blatt zu. In Jeans gerader, sauberer Schrift standen dort die Bedingungen des Vertrages und der Name war … seiner. Verblüfft schaute Simon hoch, runzelte fragend die Stirn. Dies war der Vertrag, den Jean Ledoux mit ihm hatte eingehen wollen. Er jedoch nicht. Zu keinem Zeitpunkt.

»Er wird gültig mit deiner Unterschrift. Ledoux ist tot. Sein gesamter Besitz geht nun an dich, wenn du unterschreibst. Ein erkleckliches Vermögen. Es steht dir zu. Sieh es als … Wiedergutmachung.« Schmunzelnd hob Jean die Schreibfeder, reichte sie ihm.

Hart stieß Simon die Luft aus, schüttelte den Kopf. »Nein. Ich will dieses Vermögen nicht. Zu viel Blut klebt daran.« Er wollte das Pergament ablegen, da umfasste Miguel sein Handgelenk sanft.

»Ah, mein ehrenvoller Engländer. Das Herz so stolz. So Recht hat er. Aber …« Miguel lächelte verschmitzt, beugte sich ganz nahe heran, seine Lippen berührten Simons Ohr, die Stimme war nur minimal gesenkt: »Eine Passage nach Spanien? Verträgt dein ehrenwertes Herz die womöglich? Das ist keine gewaltige Summe aber schwer zu beschaffen, wenn man rein gar nichts hat.«

Zögernd hob Simon das Blatt wieder hoch. In ihm arbeitete es. Es widerstrebte ihm, dies war blutiges Gold, erkauft mit dem Leben vieler Menschen. Allerdings … Sie hatten kein Geld, um die Passage legal zu erwerben, und außerdem … Noch einmal schluckte er, betrachtete seinen Namen auf dem Dokument, zögerte einen weiteren Moment. Dann griff er nach der Schreibfeder.

»Eine Passage nach Spanien. Und den Gegenwert von González' Ladung, das bin ich ihm schuldig. Ich werde ihn finden und bezahlen. Den Rest will ich nicht. Teilt ihn nach den Gesetzen der Bruderschaft auf. Behalte, was für dich zum Leben nötig ist«, erklärte er mit fester Stimme, setzte die Feder an und seine Unterschrift unter den Matelotage. Mit bebenden Fingern reichte er ihn Jean, dessen Lippen sich minimal anhoben und der ihm anerkennend zunickte.

»Aye. Ich denke, für uns beide beginnt ein neues Leben«, pflichtete Jean ihm bei, trocknete die Tinte sorgfältig, ehe er das Pergament herumgehen ließ, damit jeder es bezeugen konnte.

»Oh, und dieses Haus. Das soll dir gehören. Es ist groß genug. Für zwei Personen«, fügte Simon hinzu, musste plötzlich sehr breit grinsen. Freude durchströmte ihn heiß und erfüllend und war sehr zuversichtlich, dass irgendwann zwei Männer in diesem Haus leben und glücklich sein würden.

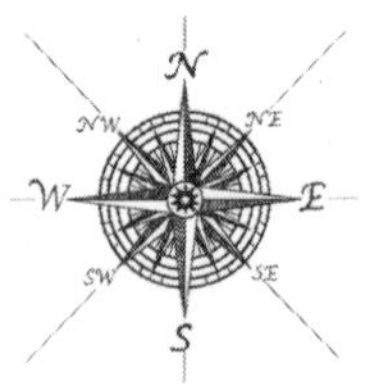

Epilog

Der Wind war trocken, voll des Duftes von Staub, trockenen Blättern und süßen, saftigen Trauben kurz vor der Ernte. Raschelnd trieb er die braunen Blätter vor sich her, häufte sie zu kleinen Hügeln, wirbelte sie herum und im Bogen über die Mauer aus hellem Stein, die das Anwesen umschloss. Das Tor knirschte, als Simon es mit der Schulter aufdrückte, sorgsam darauf bedacht, seine Ladung auf dem Rücken nicht zu verlieren. Noch immer glühte die spanische Sonne herab, ließ die Haut unter ihren Strahlen prickeln, auch wenn das Licht schon jenen Goldton angenommen hatte, der das Land bald in das Feuer des Sonnenuntergangs tauchen würde. Dies war die Tageszeit, in der er das Land am meisten liebte.

Ächzend lud Simon den Korb ab, stellte ihn zu einer Reihe von anderen, die nur darauf warteten, entleert zu werden. Mit leicht verzerrtem Gesicht reckte Simon seinen schmerzenden Rücken, strich sich die Haare mit dem Handrücken aus der Stirn. Nachdenklich betrachtete er seine Hände, die rau und rissig wirkten, voll der Spuren von Reben und Früchten. Die Hände eines Arbeiters.

Es war kein leichtes Leben. Das Weingut forderte sie jeden Tag mit neuen Aufgaben, der Erde ließ sich nur mit viel Aufwand die Grundlage für herrliche Weine entringen. Dennoch hatten sie es geschafft, sich mit den Jahren einen Ruf für feine, gute Weine zu erarbeiten.

Das zweistöckige Haus aus Kalkstein mit dem leuchtend roten Dach aus gebrannte Ziegeln, stand auf einer Anhöhe, die Weinberge erstreckten sich zu allen Seiten, machten den kleinen Garten um das Anwesen zu einer Art Insel im Rebenmeer. Wenn die kälteren Herbsttage das Laub färbten, dann explodierten die Farben, sättigten das Auge und ließen das Herz vor

Freude überquellen. Ein wunderschöner Ort, um zu leben. Abgeschieden genug, damit sie niemand störte. Die wenigen Arbeiter, die sie beschäftigten, lebten im Nachbarort. Sicher gab es Gerüchte, der eine oder andere deutete schon mal etwas an, aber man ließ sie in Ruhe.

Wenn die Arbeiter sich winkend verabschiedeten, dann waren sie alleine, dann störte niemand ihr trautes Beisammensein.

Gründlich wusch sich Simon in dem steinernen Trog die Erde von den Händen, fuhr sich mit feuchten Händen durch die Haare. Die starke Sonne blich sie aus, ließ den hellbraunen Ton darin zu einem Hauch von Kupfer werden. Sie hatte auch seine Haut so sehr gebräunt, dass er des Öfteren verwundert vor dem Spiegel im Eingang des Hauses stand und den fremden Mann betrachtete, der er geworden war. Wind und Wetter hatten die Haut gegerbt, sodass um Augen und Mund kleine Fältchen entstanden waren. Die harte Arbeit formte seine sehnigen Arme, die Schultern waren muskulöser geworden. Nur seine Augen schienen immer noch dieselbe hellgrüne Farbe zu haben, die auch den jungen Simon ausgezeichnet hatte.

»Wie Edelsteine aus Jade«, wisperte Miguel immer wieder gerne. Seine Zunge wusste definitiv noch, Honigworte zu finden. Und mit Honig anderes anzustellen. Lächelnd streifte sich Simon das schmutzige Hemd ab, wusch sich den Schweiß vom Körper. Aus der Küche des Hauses stahl sich der wunderbare Duft von Braten mit Kräutern und er konnte Miguel singen hören.

»Simon?« Miguels schwarzhaariger Schopf erschien in der halb offenen Küchentür. Erst als er sich vergewissert hatte, dass sie alleine waren, fügte er strahlend und anerkennend hinzu: »Mi amado, du wirst jeden Tag begehrenswerter. Wie dieses Wasser an dir herabrinnt … Es kitzelt meine Zunge, es abzulecken. Oh, aber mein Braten ist gleich fertig. Finde ich dich auf der Terrasse?«

»Natürlich. Und ich sterbe vor Hunger, ich könnte auch so einige Teile von dir mit Genuss verspeisen«, gab Simon neckend zurück.

»Später. Später. Señora Maria hat uns wieder Honig mitgebracht. Süß, dick und klebrig«, lockte Miguel, leckte sich bezeichnend über den Mund und ließ den Blick lüstern über Simons blanken Oberkörper wandern. Lachend warf Simon das Hemd nach Miguel, damit dieser wieder in die Küche verschwand.

Barfuß umrundete Simon das Haus, stieg die zwei Stufen zu der Terrasse mit dem Mosaikboden hinauf und ließ sich schwer auf den Stuhl fallen. Sein Blick glitt über die langen Reihen von Reben hoch zu einem

Falken, der über ihm jagte. Weit entfernt verriet eine Staubwolke, dass die Rinder ihrer nächsten Nachbarn den Weg zur abendlichen Tränke, einem kleinen Flüsschen zwischen ihren Anwesen, antraten. Es war herrlich still und friedlich. Weit weg von Kriegen und Gefechten, mit denen sich die Königshäuser der Spanier, Franzosen und Engländer herumschlugen. Ab und an vernahmen sie Nachrichten, doch hier schien die Zeit dafür nicht geeignet, alles weit weg zu sein.

Auf drei Briefe an seinen Vater hatte er keine Reaktion erhalten und es schließlich aufgegeben. Seinen Nachnamen hatte er in der Karibik gelassen, wie auch seine adelige Abstammung.

»Hier kommt er. Hach, dieser Duft. Das Fleisch wird auf der Zunge zergehen, das verspreche ich dir.« Vorsichtig balancierte Miguel mit der Platte heran, stellte sie auf den gedeckten Holztisch. Das Geschirr und Besteck waren einfach, sie leisteten sich keinen Luxus. Das Gut warf genug zum Leben ab und damit erfüllte es ihre Ansprüche.

»Señor González lässt durch einen Boten grüßen. Er erwartet mit Freuden eine neue Lieferung unserer Weine. Wie ich einer Notiz entnehme, die er mir hat zukommen lassen, bedauert er zwar deine Entscheidung, auf das Erbrecht zu verzichten, versichert aber gleichzeitig, er würde jederzeit zur Verfügung stehen, wenn du ihn brauchen solltest. So wie jeder seiner Männer.« Schmunzelnd schnitt Miguel den Braten an. Er war am heutigen Tag bei ihrem Nachbarn gewesen und mit einem halben Rind zurückgekommen, sodass er den ganzen Nachmittag damit beschäftigt gewesen war, das Fleisch zuzubereiten.

Sie ließen es sich munden, fütterten einander spielerisch, als sie längst satt und träge waren, kuschelten sich gemeinsam auf eine Bank an der Hauswand, die die Wärme des Tages gespeichert hatte und sie nun zurückgab.

»Was denkst du? Hat er ihn gefunden?«, murmelte Simon, Miguels Kopf in seinem Schoss, die Finger zupften an den schwarzen Haaren, in der anderen hielt er ein Glas Wein.

»Nun, er ist nicht hier aufgetaucht, um dich zurückzufordern oder an den unterschriebenen Vertrag zu erinnern. Ich bin guter Dinge.« Grinsend schnappte Miguel nach seinen Fingern, die er in den Wein getaucht hatte und Miguel willig überließ.

»Ich denke, er hat schließlich gefunden, was er immer gesucht hat«, ergänzte er nachdenklich. »Ich habe seine Sehnsucht stets gut verstanden. Bis ich dich gefunden habe.«

»Manchmal vermisse ich die Freiheit«, murmelte Simon in Gedanken an Libète. Solche Momente wie diese waren verboten, sie liefen stets Gefahr, eines Tages entdeckt zu werden. Niemals durfte er die Hand nach Miguel ausstrecken, dem Bedürfnis seiner Lippen nachgeben, wenn sie nicht für sich waren.

»Ich verstehe gut, wovon Jean geträumt hat.« Zärtlich strichen seine Finger über Miguels Stirn. Es gab keinen Tag, an dem er bereute, diesem Mann gefolgt zu sein. Die alten Dämonen waren fort und würden nie zurückkehren.

Miguel griff nach seiner Hand, drückte die Lippen darauf, schaute ihn etwas wehmütig wirkend an. »Irgendwann wird es so sein, mi amado. Irgendwann werden sich Menschen lieben und es ist völlig gleichgültig, ob sie gleichen Geschlechts sind. Irgendwann wird es überall so sein, daran glaube ich ganz fest.«

Stumm nickte Simon, füllte ihre Gläser erneut mit dem Wein, der ihr bester war. Dunkelrot, die Farbe von Blut und das Köstlichste, was Wein so hergeben konnte. Sein Daumen fuhr über die verschnörkelte Schrift auf der Flasche.

»Denkst du, er wüsste es zu schätzen, dass wir einen Wein nach ihm benannt haben?«

»Und wie. Dieser eitle Teufelskerl.« Lachend richtete sich Miguel auf, hob das Glas an seine Lippen, setzte es ab und stieß mit Simon an.

»Auf Jean und Nouel und alle Liebenden dieser Welt.«

Ende

MAIN Verlag

Chris P. Rolls

Bruderschaft der Küste
Die Entführung
Reiche Beute

ISBN: 978-3-95949-209-6

Die Entführung

Simon, der einzige Sohn des Gouverneurs Lord of Fenderwick wird von Piraten entführt und an Bord ihres Schiffes als Geisel gehalten. Kapitän Jean Baptiste Ledoux, berüchtigt für seine besondere Grausamkeit, scheint zudem ein spezielles Interesse an ihm zu entwickeln, welches Simon mehr als verwirrt. Wer verbirgt sich wirklich hinter dem Piraten Ledoux? Von klein auf moralisch streng erzogen und mit einem ausgeprägten Ehrgefühl versehen, gerät Simon schon bald in einen Zwiespalt der Gefühle dem charismatischen Mann gegenüber.

Reiche Beute

Entführt von dem gefürchteten Bukanier Jean Baptise Ledoux, dient der junge Simon, Lord of Fenderwick diesem als Geisel. Sein Leben ist seinem Vater sogar einen Freibrief zum Kapern wert. Als die Piraten ein holländisches Handelsschiff aufbringen, treffen sie auf den heißblütigen Spanier Miguel, der nicht nur Simons Gefühle reichlich durcheinander bringt. Zwischen den ungleichen Männern entspinnt sich bald schon ein Kampf, bei dem es nicht länger nur um die Beute aus Gold geht.